HANDBUCH FÜR PRESBYTER

EVANGELISCHE KIRCHE DER PFALZ
(PROTESTANTISCHE LANDESKIRCHE)

HANDBUCH
FÜR PRESBYTER

HERAUSGEGEBEN VOM
LANDESKIRCHENRAT IN SPEYER

1986
Evangelischer Presseverlag Pfalz GmbH, Speyer
Gesamtherstellung: Zechnersche Buchdruckerei GmbH & Co. KG, Speyer
ISBN: 3-925536-02-7

Vorwort

Liebe Presbyterin, lieber Presbyter, nach ihrer kürzlich erfolgten Neuformulierung sagt unsere Kirchenverfassung in § 13: „Presbyter und Pfarrer (Presbyterium) leiten zusammen die Kirchengemeinde. Sie tragen deshalb gemeinsam Verantwortung ..." Damit wurde dem seit langem spürbaren Wunsch und Erfordernis Rechnung getragen, die Aufgaben der Presbyter in ihrem vollen Umfang und mit Verfassungsrang auszusprechen. Die am 4. Dezember 1984 gewählten Presbyterien sind die ersten, die von Anfang an auf dieser neuen Basis arbeiten.

Wer in der Kirche Verantwortung trägt, dem schuldet sie Hilfe. Vor Ihnen liegt das neue Handbuch für Presbyter. Es bietet:

- Informationen rund um das Presbyteramt, einige grundsätzliche Perspektiven zum Verständnis dieses Dienstes, also Theorie, jedoch auch – vielleicht das Wichtigste! – praktische Anregungen.
- Texte, die ein Presbyter immer wieder zur Hand nehmen muß, von der Kirchenverfassung über staatskirchenrechtliche Regelungen bis hin zur Geschäftsordnung des Presbyteriums. So ist das Handbuch auch ein kleines Nachschlagewerk.

Das Presbyter-Handbuch enthält das Wesentliche für den presbyterialen Dienst. „Das Wesentliche" heißt aber nicht „alles". Im Blick auf den Umfang und die Handlichkeit mußten Grenzen gesetzt werden. Was aus Raumgründen nicht aufgenommen werden konnte, ist jedoch mit Hilfe des Fundstellenverzeichnisses leicht aufzuspüren. Beim Pfarramt, beim Dekanat oder beim Landeskirchenrat können die dort angegebenen Texte eingesehen bzw. angefordert werden.

Unsere Kirche braucht mündige, verantwortlich mitdenkende und mitarbeitende Gemeindeglieder. Mitarbeit aber kann nur dort gelingen und Freude machen, wo breiter Zugang zu Informationen und Anregungen eröffnet wird. In diesem Sinne wünsche ich dem vorliegenden Handbuch, daß es mithelfen möge, das Leben in unseren Kirchengemeinden und damit in unserer ganzen Pfälzer Kirche entsprechend dem Auftrag unseres Herrn Jesus Christus zu gestalten.

HEINRICH KRON, Kirchenpräsident

Inhalt

A
KIRCHENGEMEINDE UND PRESBYTERIUM

Wesen und Aufgaben einer Kirchengemeinde

Im Neuen Testament wird mit EKKLESIA (griech. = „die Herausgerufenen", „die Versammlung") zugleich die einzelne Ortsgemeinde wie auch die Gesamtkirche bezeichnet. Darin kommt zum Ausdruck, daß es sich bei Gemeinde/Kirche auf Ortsebene, Landesebene und Weltebene um gleichwertige Erscheinungsformen der einen EKKLESIA handelt. Gemeinde Jesu Christi ist überall dort, wo zwei oder drei in seinem Namen versammelt sind (Matth. 18, 20). Gemeinde in jeder Form und auf jeder Ebene ist daran zu erkennen, daß der Geist Gottes Menschen unterschiedlichster Prägung zusammenruft und zugleich beauftragt: „Die Gemeinde hat den Beruf, durch Wort und Sakrament eine Pflanzstätte evangelischen Glaubens und Lebens und eine Gemeinschaft brüderlicher Liebe zu sein" (§ 5 Kirchenverfassung). Dieser Auftrag ist Maßstab für alles, was in der christlichen Gemeinde geschieht, Gemeinde in welcher Form und auf welcher Ebene auch immer.

Rechte und Pflichten des Presbyteriums

Durch diesen Auftrag der christlichen Gemeinde werden Sinn und Aufgaben, Rechte und Pflichten des Presbyteriums bestimmt. Presbyter (griech. „Älterer", „Ältester") werden schon im Neuen

Testament genannt. Apostel, Bischöfe, Presbyter und Diakone sind in der frühen christlichen Gemeinde Bezeichnungen für besondere Beauftragungen innerhalb der Gemeinde. Presbyter erscheinen dabei vornehmlich als Vertreter des Bischofs und haben vor allem gottesdienstliche Aufgaben zu erfüllen. Später wird daraus das Priesteramt. Erst die Reformatoren, die die Autorität von Papst und Konzil in Frage stellen und auch die Stellung des Priesters in der Kirche kritisch prüfen, stoßen wieder auf die neutestamentliche Lehre vom allgemeinen Priestertum aller Gläubigen. Allerdings wird diese Entwicklung durch die Entstehung des landesherrlichen Kirchenregiments und die Übernahme der Kirchenleitung durch Konsistorien wieder gebremst, vor allem im lutherischen Bereich. Im reformierten Bereich dagegen, vor allem bei Johannes Calvin in Genf, wird das Amt des Presbyters als eines berufenen Gemeindevertreters eingerichtet. Gerade in den Verfolgungszeiten, die über die reformierten Protestanten hereinbrachen, haben sich die Presbyter in der Gemeindeleitung bewährt. Freilich haben die Aufgaben der Presbyter von der Reformationszeit bis heute mannigfache Wandlungen erfahren. Unsere Kirchenverfassung sagt: „Presbyter und Pfarrer (Presbyterium) leiten zusammen die Kirchengemeinde. Sie tragen deshalb gemeinsam Verantwortung für die Verkündigung des Evangeliums in Wort und Sakrament, die Seelsorge, die christliche Unterweisung, die Diakonie und Mission sowie für die Einhaltung der kirchlichen Ordnung" (§ 13 Abs. 1 Kirchenverfassung). In diesen entscheidenden Sätzen wird beschrieben, was presbyterial-synodale Kirchenverfassung auf der Ebene der Kirchengemeinde bedeutet: Gemeindeleitung ist eine gemeinschaftliche Angelegenheit. Der Pfarrer ist nicht der Monarch. Er ist nicht der Vorgesetzte der Presbyter. Umgekehrt sind auch die Presbyter nicht die Vorgesetzten des Pfarrers. Sie sind beide aufeinander angewiesen und aneinander gewiesen. Auch hier gilt die 4. These der Barmer Theologischen Erklärung: „Die verschiedenen Ämter in der Kirche begründen keine Herrschaft der einen über die anderen, sondern die Ausübung des der ganzen Gemeinde anvertrauten und befohlenen Dienstes."

Die Kirchengemeinde wählt das Presbyterium

Die gesetzlichen Voraussetzungen stehen in der Wahlordnung und werden zu jeder Wahl geändert oder angepaßt, so daß nur das Grundlegende hier eine Rolle spielt.

Die nächste Presbyterwahl beginnt bereits am Wahltag der vorhergehenden. Denn es sollten nicht nur die zur Wahl Kommenden unter dem Gesichtspunkt künftiger Kandidatur betrachtet werden, sondern es sollte auch durch Gespräche festgestellt werden, wer ein besonderes Interesse am Geschehen in der Kirchengemeinde hat. Dabei muß gerade die Wahlbereitschaft eines Gemeindegliedes, das selten im Gottesdienst zu sehen ist, als Zeichen von Interesse gewertet werden.

Auch die Einführung eines Presbyteriums steht im Zeichen der nächsten Wahl. Sie muß öffentlich bekannt gemacht und informativ gestaltet werden. Entscheidend aber für die Anzahl der Kandidaten bei einer Wahl ist das Klima im Presbyterium und die Achtung jedes Einzelnen mit seinem spezifischen Beitrag. Das bedeutet, daß vom Baufachmann nicht unbedingt eine theologische Stellungnahme erwartet wird und von einer Hausfrau nicht verlangt wird, daß sie vollen Durchblick in allen technischen Fragen hat. Man muß dafür sorgen, daß der eine dem anderen vertraut und so die verschiedenen Gaben zusammenwirken. Es sollte aber auch dafür gesorgt werden, daß nicht einige als Stars die Entscheidungen an sich reißen und die anderen zu Nickern machen. Man hat früher oft gesagt, daß im Presbyterium der Pfarrer bestimmt und die Presbyter nicken. Viel größer ist die Gefahr, daß einige wenige die Mehrheit bestimmen. Ein solches Verhalten schafft Unmut und führt dazu, daß mancher nicht kandidiert und mögliche Kandidaten abwirbt.

In vielen Gemeinden hat es sich bewährt, immer gemeinsam mit den sog. Ersatzpresbytern zu tagen. Ein eingängiger Begriff für dieses „große Presbyterium", das kirchengesetzlich das „erweiterte Presbyterium" heißt, ist noch nicht gefunden worden. Ob man die Ersatzleute Gemeindebeirat nennen sollte oder neue Begriffe erfindet, darauf kommt es nicht an. Wichtig ist, daß alle, die sich zur Wahl gestellt haben, nachher auch gebraucht werden und ihre Meinung sagen dürfen. Dann werden sie auch als Ersatzleute bereit sein, beim nächsten Mal wieder zu kandidieren. So ergibt sich bereits in der Mitte einer Sitzungsperiode die Aussicht, daß mehr als die Hälfte der bisher Mitwirkenden auf die Kandidatenliste zu setzen sind. Wenn dann noch von der letzten Wahl her der eine oder der andere rechtzeitig angesprochen wird, ist die gesetzliche Zahl schnell erfüllt.

Die Möglichkeit für jedes Gemeindeglied, Vorschläge zu machen, sollte propagiert werden und jedem Hinweis nachgegangen werden.

A) KIRCHENGEMEINDE/PRESBYTERIUM

Je früher die Kandidatenliste steht, desto mehr kann man sich auf die Werbung für die Wahl konzentrieren. Dabei wirbt ein Pfarrer und ein Presbyterium eben nicht für sich, sondern dafür, daß diejenigen, die überhaupt etwas von der Kirche halten – und das muß man allen, die noch nicht ausgetreten sind, unterstellen –, durch die Wahl ihr Interesse dokumentieren. Bei der Werbung sollte man Jugendliche und junge Ehepaare besonders ansprechen. Es ist nötig, daß man sich nicht versteckt, sondern die Kandidaten und die Wahl propagiert.

Gemeindeveranstaltungen zur Vorstellung der Kandidaten haben weniger den Sinn, Konzepte gegeneinander auszuspielen; denn die Entscheidungen sollten von denen, die dann gewählt sind, nach gründlicher Aussprache getroffen werden. Aber öffentliche Gespräche mit den Kandidaten bringen größeres Interesse an der Wahl überhaupt. Man hüte sich vor geistreichen Vorträgen, denn im Presbyterium muß auch Platz sein für Leute, die nicht viel sagen, aber viel tun.

Den Wahltag mit einem Gemeindefest zu verbinden, hat sich vielerorts bewährt. Mit Eintopf, Kaffee und Kuchen und Gesprächen in gemütlicher Runde lassen sich immer noch Gemeindeglieder anlocken.

Daß öffentlich ausgezählt wird und Kandidaten und andere Gemeindeglieder das Ergebnis aus erster Hand erfahren, ist im Rahmen eines solchen Festes ebenfalls gut möglich. Hier kann auch der Ärger über zu geringe Stimmenzahl abgebaut und die künftige Arbeitsgemeinschaft besiegelt werden.

Daß zur Presbytereinführung ein Abendmahlsgottesdienst gehört, ist die Überzeugung vieler Presbyter. Die Veröffentlichung der Namen der Gewählten ist dann eine Ehre, wenn man die Stimmenzahlen wegläßt. Nach der Einführung hat jeder Presbyter und jede Presbyterin ohnehin die gleichen Rechte und Pflichten.

Der Pfarrer in der Gemeinde

Von der Vielfalt der Ämter und Dienste in der frühen Kirche war schon im Abschnitt über „Rechte und Pflichten des Presbyteriums" die Rede. Diese Vielfalt wich im Laufe der Kirchengeschichte immer mehr einer Häufung aller wesentlichen Funktionen auf das Amt des Priesters (bzw. des Bischofs). Es war dann vor allem die Entwicklung der Sakramentslehre, die zur Überordnung des Priesters über die Laien führte. Wenn das Heil nur durch die Sakramente erlangt werden kann und nur der Priester die Sakramente zu spenden berechtigt ist, dann ist damit die Christenheit in zwei Klassen unterschiedlicher Rangfolge geteilt, in Priester und Laien. Zeichen dafür ist die als Sakrament verstandene Priesterweihe.

Martin Luther beschreibt in seiner Schrift „An den christlichen Adel deutscher Nation von des christlichen Standes Besserung" (1520) die Aufteilung der Christenheit in den geistlichen Stand und den weltlichen Stand, in Priester und Laien als einen Grundschaden der Kirche. Er beruft sich dabei auf die im Neuen Testament begründete Lehre vom allgemeinen Priestertum aller Christen (1. Petr. 2, 1–10). Alle Christen sind geistlichen Standes, die Taufe ist die Priesterweihe. Der Pfarrer ist also ein Christ wie jeder andere, nur das Predigtamt, die Beauftragung mit der öffentlichen Wortverkündigung, unterscheidet ihn von anderen Gemeindegliedern.

Diese für alle Kirchen der Reformation gültige Lehre vom Priestertum aller Gläubigen hat allerdings nicht verhindert, daß bei uns auch weiterhin von „Geistlichen" und „Laien" gesprochen wird und daß sich in der Kirchengemeinde alle wesentlichen Dienstfunktionen mit dem Amt des Pfarrers verbunden haben, daß es also nicht zu einer Neubelebung und Gleichrangigkeit verschiedener Ämter und Dienste in der Gemeinde kam.

Während eine Spaltung der Christen in zwei Stände für eine reformatorische Kirche nicht in Frage kommt, gibt es aber wohl eine theologisch begründete Spannung zwischen Predigtamt und Gemeinde. Unsere Kirchenverfassung zeigt dies an mit der Formulierung „Presbyter und Pfarrer (Presbyterium) leiten zusammen die Kirchengemeinde" (§ 13 KV). Der Pfarrer ist einerseits ein Mitglied des Presbyteriums und an die Beschlüsse der Mehrheit gebunden, andererseits ist er „Diener des Wortes Gottes" und „bei der Verkündigung des Evangeliums in Wort und Sakrament allein an Schrift und Bekenntnis gebunden", also nicht an Mehrheitsbeschlüsse des Presbyteriums oder Weisungen der Kirchenleitung (§§ 16–18). Darin kommt zum Ausdruck: Die Gemeinde beruft Menschen zum Predigtamt, aber sie ist nicht Meister über das Evangelium. Den Maßstab für alle setzt die Offenbarung Gottes in der Heiligen Schrift.

Darum bedeutet der Hinweis auf die §§ 16–18 unserer Kirchenverfassung nicht, daß der Pfarrer allen kritischen Anfragen der Presbyter oder anderer Gemeindeglieder an seine Verkündigung entzogen wäre. Wie der Pfarrer als Ausleger der Heiligen Schrift in kritischem Respekt auf die Stimme unserer Vorgänger im Glauben zu hören hat, wie sie in den „Bekenntnisgrundlagen" (S. 159ff.) zu finden sind, so hat er auch auf die „Zeitgenossen im Glauben" zu hören. Dies sind nicht nur die Fachtheologen an Universitäten und Hochschulen, sondern auch die anderen Gemeindeglieder, ob Presbyter oder nicht. Als theologischer Fachmann und Berater der Gemeinde wird der Pfarrer gerne in ein theologisches Gespräch eintreten, wie es ja vielfach schon längst in Predigtvor- oder -nachgesprächen, in Bibelabenden und in Gesprächsreihen mit spezieller Thematik geführt wird. Es wird in einer evangelischen Gemeinde immer wieder gegensätzliche Auffassungen geben, auch was den Inhalt der Verkündigung betrifft. An diesem oft neuralgischen Punkt wird sich zeigen, ob wir uns nur in feierlichen Stunden als „Brüder und Schwestern" anreden, ober ob wir es auch im alltäglichen Umgang miteinander sind. Sind wir es wirklich, dann werden sich in diesem Gespräch alle, Pfarrer, Presbyter und andere Gemeindeglieder, gemeinsam um die Wahrheit bemühen, keiner wird Unfehlbarkeit beanspruchen, keiner dem andern den Glauben und das Christsein absprechen. Gemeinsame Überzeugungen können nur am Ende eines offen und fair geführten theologischen Gesprächs stehen. Der Pfarrer hat seine Kenntnisse der theologischen Tradition, der kirchlichen Lehre und der kirchlichen Situation in dieses Gespräch einzubringen.

Außer dieser notwendigen gibt es jedoch auch eine höchst überflüssige, ja schädliche „Sonderstellung" des Pfarrers in der Kirchengemeinde, teils selbstverschuldet, teils fremdverschuldet. Selbstverschuldet, wenn der Pfarrer alles selbst machen will, statt die Begabungen und Fähigkeiten von Presbytern und anderen Gemeindegliedern zur Entfaltung kommen zu lassen. Fremdverschuldet dann, wenn Presbyter oder andere Gemeindeglieder sich vor Mitarbeit und Mitverantwortung drücken und immer wieder sagen: „Herr Pfarrer, Sie machen das schon richtig!" Kein Wunder, wenn der Pfarrer dann zum Hans-Dampf-in-allen-Gassen wird.

Die integrative Funktion des Pfarrers wird gelegentlich mit dem Begriff „Koordinator" umschrieben. Es ist jedenfalls seine Aufgabe, mit seinem Amt die Mündigkeit der Gemeinde im ganzen wie auch der einzelnen Gemeindeglieder nicht zu behindern, sondern zu fördern, mit seinem „Amt" die „Ämter" anderer Mitarbeiter der Gemeinde nicht zu erdrücken, sondern zur Geltung zu bringen.

A) KIRCHENGEMEINDE/PRESBYTERIUM

Bisher wurde oft, ausgesprochen oder unausgesprochen, an den Pfarrer die Erwartung gerichtet, daß er letztlich verantwortlich sei für alles, was in der Gemeinde geschieht bzw. nicht geschieht. Das mußte zu einem unevangelischen und damit gefährlich falschen Verständnis von der Rolle des Pfarrers führen. Mit Recht sagt darum die Kirchenverfassung jetzt: „Presbyter und Pfarrer (Presbyterium) leiten *zusammen* die Kirchengemeinde. Sie tragen deshalb *gemeinsam* Verantwortung..." Dies ist nicht immer der einfache, aber in einer reformatorischen Kirche der einzig verheißungsvolle Weg.

Die Kirchengemeinde im gesellschaftlich-politischen Umfeld

Die Kirchengemeinde ist keine geschlossene Gesellschaft. Sie ist Teil eines Netzwerks sozialer Beziehungen und Gruppierungen. Ihre Mitglieder sind vielfach zugleich Mitglieder von Vereinen, Parteien und anderen Institutionen am Ort. Gelegentlich gibt es auch in der Person von Presbytern oder Pfarrern Mitarbeit in den Vorständen solcher Gruppierungen.

Die wichtigste Veranlassung für die Kirchengemeinde und ihr Presbyterium, Kontakt zum gesellschaftlich-politischen Umfeld zu halten, liegt im Öffentlichkeitsanspruch des Evangeliums. Jesus Christus ist „Gottes kräftiger Anspruch auf unser ganzes Leben" (Barmer Theologische Erklärung, These 2, vgl. Seite 168), auch auf unser gesellschaftlich-politisches Leben. Es handelt sich darum nicht um „Politisierung der Kirche", sondern um die Wahrnehmung einer wichtigen Aufgabe, wenn das Presbyterium Kontakt hält zu Gruppen und Institutionen, die es mit dem Zusammenleben der Menschen im Bereich der Kirchengemeinde zu tun haben.

Kirchengemeinde und politische Gemeinde

Die Berührungspunkte ergeben sich im Überschneidungsfeld, genauer: Es geht um die Menschen im beiderseitigen Einzugsbereich, um ihre Probleme und Nöte. Grundsätzlich hat die Kirchengemeinde dabei ihr besonderes Augenmerk den gesellschaftlich Schwachen zuzuwenden. Konkret ergeben sich in der Regel folgende Berührungspunkte
- Kindergärten
- Einrichtungen der offenen Jugendarbeit

- Sozialstationen (Betreuung und Pflege gebrechlicher und kranker Mitbürger)
- Situation der Ausländer (und Asylanten)
- Angebote der Erwachsenenbildung
- Altenarbeit (Altennachmittage, Altentreffpunkte)
- Maßnahmen für arbeitslose Mitbürger
- Umweltprobleme vor Ort

In den Gesprächen über solche Fragen wird es um personelle und finanzielle Aufgabenteilung gehen, um den Beginn und die Zusammenarbeit bei solchen Aktivitäten, um die Bereitstellung von Räumen und Materialien.

Kirchengemeinde und Vereine

Vereine sammeln Menschen um ein gemeinsames Hobby. Sie schaffen menschliche Beziehungen in einem dritten Bereich, neben Familie und Beruf. So wirken sie sowohl den Vermassungswie auch den Vereinsamungstendenzen unserer Zeit entgegen.

Das Berührungsfeld von Kirchengemeinde und Vereinen ist die Freizeit der Menschen. Beide zielen mit ihren Angeboten auf diese Zeit und werden damit zu Konkurrenten (z. B. bei Veranstaltungen am Sonntagmorgen). Nicht immer lassen sich die Probleme durch die Mitarbeit von Presbytern oder Pfarrern im Vereinsvorstand lösen. In jedem Falle aber wird eine Lösung im Gespräch mit den Verantwortlichen der Vereine zu suchen sein. Dabei muß deutlich werden, daß die Kirchengemeinde die Vereine positiv sieht und nicht als lästige oder gar feindliche Konkurrenten betrachtet. Bei den unvermeidlichen Interessenkollisionen müssen vernünftige Kompromisse gefunden werden, wenn es auf beiden Seiten wirklich um die beteiligten Menschen geht und nicht um „Vereinsmeierei" mit stark beschränktem Horizont.

In vielen Dörfern und Stadtteilen hat sich die Führung eines Terminkalenders für Veranstaltungen bewährt, die die ganze Bevölkerung oder zumindest einen großen Teil betreffen. Gelegentlich gibt es auch die gute Sitte einer jährlichen Begegnung zwischen Presbyterium und Vereinsvorständen. Bei solchen Gelegenheiten können gemeinsam berührende Probleme schon im Entstehen erkannt und gelöst werden.

B
ARBEITSFORMEN DES PRESBYTERIUMS

Sitzung mit Tagesordnung (17) – Klausurtagung und Wochenendseminar (17) – Presbyter mit bestimmtem Auftrag (18) – Ausschüsse (19)

Sitzung mit Tagesordnung

Dies ist die regelmäßige Arbeitsform eines Presbyteriums: für eine Sitzung von 2 bis 3 Stunden Dauer werden die seit der letzten Sitzung angefallenen Themen und Ereignisse in Form von Tagesordnungspunkten aufgelistet, meist mit dem Ziel einer Beschlußfassung.

Wenn es vorrangig um das theologische Gespräch im Presbyterium oder um ein intensives Sachgespräch über ein Vorhaben geht, das noch nicht beschlußreif ist, aber in absehbarer Zeit zur Beschlußfassung ansteht, sollte die Tagesordnung nur diesen einen Punkt umfassen. So kann der für die Gespräche nötige Freiraum geschaffen werden. Erscheint dafür ein Zeitraum von mehr als drei Stunden erforderlich, empfiehlt sich eine Klausurtagung bzw. ein Wochenendseminar.

Klausurtagung und Wochenendseminar

Diese Arbeitsformen bieten besondere Vorteile: Das längere Zusammensein, entfernt von Berufsarbeit und Wohnung, ermöglicht intensive persönliche Begegnung der Presbyter untereinander und mit ihren Pfarrern.

B) ARBEITSFORMEN

Klausurtagung

Zu Beginn der Wahlperiode und dann je nach Bedarf kann die Klausurtagung (lat. „Einschließung") dazu dienen, die ganze Palette der Gemeindearbeit ins Auge zu fassen und jeweils erforderliche Schwerpunkte zu setzen. Die Klausurtagung gibt auch Zeit, den Stil des Umgangs miteinander in den Sitzungen zu bedenken und Konfliktstoff zu bearbeiten, der sich inzwischen angehäuft hat, wegen der Fülle der Tagesordnungspunkte aber immer wieder unerledigt liegenbleiben mußte. Dabei kann es von Vorteil sein, einen geeigneten Gesprächsleiter von außerhalb zu bitten.

Wochenendseminar

Beim Wochenendseminar geht es mehr um konzentrierte Arbeit an einem bestimmten Sachthema. Hier hat es sich bewährt, die Ehepartner und Kinder miteinzuladen mit dem Angebot von entsprechenden Aktivitäten für die Kinder. Es ist gut, wenn auch den Ehepartnern von Zeit zu Zeit Gelegenheit gegeben wird, Einblick in eine Arbeit zu nehmen, um deretwillen sie immer wieder auf den im Presbyterium tätigen Partner verzichten müssen.

Ob Klausurtagung oder Wochenendseminar – in jedem Falle gehören zum Programm außer der eigentlichen Arbeit nicht nur das gemeinsame Essen, sondern auch das zwanglose Gespräch bei einem Glas Wein zum Tagesausklang, gemeinsames Singen, Spielen und Tanzen, je nach Zusammensetzung des Teilnehmerkreises.

Presbyter mit bestimmtem Auftrag

Für jedes Glied am Leib Christi gilt, daß es bestimmte Gaben und Fähigkeiten hat (1. Kor. 12). Dies gilt auch für die Mitglieder eines Presbyteriums. Interessen und Neigungen der Presbyter sind verschieden. Hinzu kommt, daß kein Presbyter die Fülle der Arbeitsfelder in der Gemeinde in gleicher Weise in den Blick nehmen kann. Es hat sich deshalb bewährt, einzelnen Mitgliedern im Presbyterium je nach Interesse und Fähigkeiten bestimmte Schwerpunkte zuzuordnen. Solche Schwerpunkte können sein: Kindergarten, Jugendarbeit, Erwachsenenbildung, Kirchenmusik, Gemeindebrief, Sozialstation, Kontakt zu anderen christlichen Gemeinden am Ort und in der Nachbarschaft, Gustav-Adolf-Werk, Ökumene und Mission. Voraussetzung für das Gelingen einer solchen Schwerpunktbildung ist die Bereitschaft des Einzelnen. Niemand kann zur Übernahme eines solchen Schwerpunktes verpflichtet werden.

Aufgabe eines Presbyters mit bestimmtem Auftrag wäre es, die notwendigen Informationen, auch mit Hilfe des Pfarrers, zu sammeln, dadurch ein Anwalt dieses Aufgabenbereiches und ein sachkundiger Berater für das Presbyterium zu sein und gegebenenfalls den Vorsitz des einschlägigen Ausschusses oder eines kleinen Arbeitskreises zu übernehmen. Natürlich kann es nicht die Aufgabe eines solchen Presbyters sein, in seinem Auftragsbereich selbstherrliche Entscheidungen zu treffen.

Ausschüsse

Aufgabenteilung im Presbyterium kann auch durch die Bildung von Ausschüssen erreicht werden. Der Ausschuß prüft die Pro- und Contra-Argumente zu einem bestimmten Verhandlungsgegenstand und unterbreitet dem Plenum des Presbyteriums einen Beschlußvorschlag, der dort abschließend diskutiert wird. So können die Sitzungen des Presbyteriums besser vorbereitet und zeitlich gestrafft werden. Ausschüsse können ebenso wie das Plenum des Presbyteriums zu ihren Beratungen Sachverständige hinzuziehen. Auf diese Weise können Sachkenntnis und Fähigkeiten von Gemeindegliedern stärker als bisher in den Dienst der Gemeinde gestellt werden.

Beispiele für Ausschüsse:
- Jugendausschuß
- Ausschuß für Gemeindearbeit
- Finanzausschuß
- Bauausschuß
- Kindergarten-Ausschuß
- Diakonie-Ausschuß

C
PRESBYTERSITZUNGEN –
HINWEISE ZU VORBEREITUNG
UND VERLAUF

Termin

Die Sitzungstermine sollten frühzeitig verabredet werden, am besten ein halbes oder ein ganzes Jahr im voraus. Dies ist im Blick
auf die zeitlich teilweise stark beanspruchten Mitglieder des Presbyteriums erforderlich. Es ist auch ein regelmäßiger Sitzungstag
denkbar (Beispiel: jeder vierte Mittwoch im Monat).

Da die Sitzungen des Presbyteriums in der Regel öffentlich
sind, ist es wichtig, daß auf die Sitzungen im vorangehenden
Sonntagsgottesdienst, aber auch im Gemeindebrief und in der
örtlichen Presse hingewiesen wird. Wichtige Tagesordnungspunkte sollten dabei genannt werden. Auch wenn es selten dazu
führen wird, daß Gemeindeglieder als Zuhörer zu einer Sitzung
des Presbyteriums kommen, kann auf diese Weise die Arbeit des
Presbyteriums im Bewußtsein der Öffentlichkeit verankert werden.

Einladung

Die Einladung erfolgt durch den Vorsitzenden. Ist dieser ein
Laie, so wird er die Sitzung in engem Kontakt mit dem Pfarrer,
der den stellvertretenden Vorsitz innehat, vorbereiten. Ebenso
sollte aber auch umgekehrt dort, wo der Pfarrer den Vorsitz hat,
die Vorbereitung einer Sitzung in engem Kontakt mit dem stellvertretenden Vorsitzenden geschehen. Angabe von Ort, Tag und

21

Uhrzeit der Sitzung sowie die Tagesordnung gehören zu einer vollständigen Einladung.

Zur Vorbereitung auf einzelne Tagesordnungspunkte dienen Erläuterungen oder besondere Unterlagen (z. B. Protokoll, Haushaltsplan, Jahresrechnung), die der Einladung nach Möglichkeit beigefügt werden. Dadurch kann in der eigentlichen Sitzung viel Zeit gespart werden.

Die Sitzungen des Presbyteriums sind in der Regel öffentlich. Tagesordnungspunkte, die ihrer Natur nach oder kraft ausdrücklicher Regelungen vertraulich sind, werden nichtöffentlich behandelt. Dies gilt besonders für Personalangelegenheiten. Die Öffentlichkeit der Sitzungen muß auch bei der Wahl des Raumes bedacht werden. Wir sollten uns freuen, wenn Gemeindeglieder die Gelegenheit wahrnehmen, an der Arbeit des Presbyteriums Anteil zu nehmen.

Die Verschwiegenheitspflicht der Presbyter gilt für alle Tagesordnungspunkte, die im nichtöffentlichen Teil einer Sitzung verhandelt werden.

Bei der Einladung ist zu überlegen, ob außer den Mitgliedern des Presbyteriums die Ersatzpresbyter, ein Vertreter der Jugend, kirchliche Mitarbeiter, deren Arbeitsbereich durch einen Tagesordnungspunkt berührt wird, sachverständige Gäste sowie gegebenenfalls in der Gemeinde tätige Pfarrer im Hilfsdienst und Pfarramtskandidaten im Gemeindepraktikum eingeladen werden sollten.

Tagesordnung

Die Aufstellung der Tagesordnung gehört zur Vorbereitung der Sitzung. Wichtige Punkte gehören dabei an den Anfang. Vorsitzender und Stellvertreter sollten überlegen, wieviel Zeit jeder Tagesordnungspunkt voraussichtlich in Anspruch nehmen wird. Gegebenenfalls sollten wichtige Punkte, deren Behandlung nicht besonders dringlich ist, auf eine spätere Sitzung verschoben werden. Wenn die Tagesordnung zu umfangreich ist, so ist das ein Zeichen dafür, daß das Presbyterium zu selten zusammenkommt. Außerdem besteht dann die Gefahr, daß kein Punkt richtig behandelt werden kann.

Vor Eintritt in die Tagesordnung sollte festgestellt werden, ob Zusätze oder Veränderungen gewünscht werden.

Die Tagesordnung enthält in der Regel einen Punkt „Verschiedenes", in dem vor allem Kurzinformationen ihren Platz haben, keinesfalls dagegen wichtige Punkte, die der ausführlichen Diskussion bedürfen, oder gar Beschlußfassungen.

Zur Tagesordnung gehört auch ein Punkt „Wünsche und Anträge", damit jedes Mitglied des Presbyteriums die Möglichkeit hat, neue Anregungen einzubringen.

Die Tagesordnung kann schließlich einen Zeitpunkt für das Ende der Sitzung angeben. Hier liegt ein besonderes Problem. Im allgemeinen wird man sagen können, daß nach 22 Uhr Aufmerksamkeit und Konzentrationsvermögen nachlassen. Außerdem muß berücksichtigt werden, daß die berufstätigen Mitglieder des Presbyteriums in aller Regel am frühen Morgen an ihrem Arbeitsplatz erscheinen müssen. Auf keinen Fall sollten sie wegen ständiger zeitlicher Überdehnung der Sitzungen die Freude an der Mitarbeit im Presbyterium verlieren.

Sitzungsleitung

Der Vorsitzende
- eröffnet und beendet die Sitzung,
- stellt die Anwesenheit und die Beschlußfähigkeit des Presbyteriums fest,
- stellt die Tagesordnung zur Diskussion und läßt sie durch das Presbyterium bestätigen bzw. verändern,
- läßt das Protokoll der vorhergehenden Sitzung genehmigen,
- ist verantwortlich für eine gesprächsfreundliche Sitzordnung,
- ist verantwortlich für einen geordneten Ablauf der ganzen Sitzung.

Der Sitzungsleiter ist vor allem auch Gesprächsleiter. *Gesprächsleitung* will gelernt sein. Dabei ist besonders zu beachten: Der Gesprächsleiter erteilt den Mitgliedern das Wort in der Reihenfolge der Meldungen, wobei er gerade zurückhaltende Mitglieder zur Beteiligung am Gespräch ermutigt. Dies klingt selbstverständlich, ist aber entscheidend für den Gesprächsverlauf und die Zufriedenheit der Gesprächsteilnehmer. Wie die Erfahrung zeigt, hat die *Sitzordnung* für die Gesprächsbereitschaft der Teilnehmer eine große Bedeutung. Sitzordnung kann Gespräch erleichtern, aber auch behindern. Der Sitzungsleiter wird also auf eine möglichst gesprächsfreundliche Sitzordnung bedacht sein. Unsere Schaubilder wollen Hilfestellung dazu leisten, nicht nur für Presbytersitzungen, sondern auch für verschiedene Gelegenheiten der Gemeindearbeit.

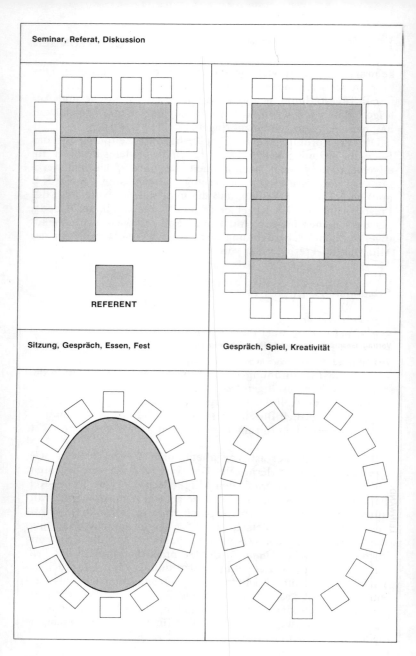

Seminar, Referat, Diskussion

REFERENT

Sitzung, Gespräch, Essen, Fest

Gespräch, Spiel, Kreativität

24

Vortrag, Gesprächsgruppen, Seminar

Vortrag, Gespräch, Geselligkeit im gleichen Raum

Verschiedene Elemente können in der gleichen Veranstaltung verwendet werden.

25

C) SITZUNGEN

Vor allem im Blick auf größere Presbyterien ist es hilfreich sich daran zu erinnern, daß der Gesprächsverlauf zu einem bestimmten Tagesordnungspunkt erfahrungsgemäß in Phasen gegliedert werden kann:

a) In der Sammelphase tragen die Teilnehmer Fragen, Einfälle, Problemanzeigen und Aspekte zum Tagesordnungspunkt zusammen. Der Gesprächsleiter ordnet die Beiträge. Tafel oder Wandzeitung können dabei zur Übersichtlichkeit für alle Beteiligten beitragen.

b) In der Arbeitsphase werden die Teilprobleme, die sich herauskristallisiert haben, gezielt diskutiert. Der Gesprächsleiter achtet darauf, daß die Teilnehmer die Teilprobleme der Reihe nach und nicht durcheinander diskutieren. Von Zeit zu Zeit macht er eine kurze Zusammenfassung, um den Gesprächsfortschritt festzuhalten.

c) In der Schlußphase diskutieren alle im Blick auf einen noch zu formulierenden oder in Rohformulierung bereits vorliegenden Beschluß.

Wenn der Gesprächsleiter, in der Regel der Vorsitzende, zur verhandelten Sache reden will, so übernimmt für diese Zeit der Stellvertreter die Gesprächsleitung. Im Blick darauf, daß Fähigkeiten nur durch Praxis erhalten bzw. weiterentwickelt werden, empfiehlt sich ohnedies ein gelegentlicher Wechsel in der Gesprächsleitung zwischen dem Vorsitzenden und seinem Stellvertreter.

Während alle Wortmeldungen, auch die des Gesprächsleiters, in der notierten Reihenfolge aufgerufen werden, kommen Teilnehmer, die sich zur Geschäftsordnung, in der Regel durch Aufheben beider Hände, melden, außerhalb der Reihenfolge zu Wort. Dabei ist streng darauf zu achten, daß sie zur Geschäftsordnung und nicht zur verhandelten Sache sprechen. Persönliche Erklärungen, die in der Regel eine persönliche Betroffenheit zum Ausdruck bringen wollen, haben ihren Platz am Schluß der Sitzung. Eine Aussprache darüber findet nicht statt.

Der Sitzungsleiter ist schließlich verantwortlich für die Zeiteinteilung während der Sitzung und für den rechtzeitigen Schluß.

Beschlüsse und Entscheidungen

Beratungen über einen Tagesordnungspunkt laufen in aller Regel auf eine Entscheidung bzw. Beschlußfassung zu. Das Presbyterium faßt seine Beschlüsse mit Stimmenmehrheit der anwesenden Mitglieder. Es ist beschlußfähig, wenn mehr als die Hälfte der Mitglieder anwesend ist. Im übrigen gelten die Bestimmungen der Kirchenverfassung (§§ 103–106).

Sitzungsniederschrift

Die Sitzungsniederschrift, meist „Protokoll" genannt, wird vom Schriftführer gefertigt. Er kann dies entweder während der Sitzung tun, dann ist das Protokoll bereits am Ende der Sitzung unterschriftsreif. Er kann die Sitzungsniederschrift aber auch später erstellen.

Die Protokollführung kann abwechselnd von verschiedenen Mitgliedern des Presbyteriums wahrgenommen werden.

Die Sitzungsniederschrift ist spätestens zu Beginn der nächsten Sitzung dem Presbyterium zur Genehmigung vorzulegen. (Dabei ist zu beachten: Sitzungsniederschriften protokollieren nur das Gesprächsergebnis, nicht den Gesprächsverlauf.)

Qualität der Sitzung

Nach alledem ist klar, daß die Qualität einer Sitzung des Presbyteriums nicht an der zeitlichen Länge, sondern an anderen Kriterien zu messen ist. Gelegentlich sollte deshalb im Presbyterium Raum gegeben werden, den eigenen Arbeitsstil und die Zusammenarbeit im Kreis der Presbyter kritisch unter die Lupe zu nehmen.

Dazu können folgende Fragen dienen:
- Was empfinden wir erfreulich in unseren Sitzungen?
- Was stört uns am Umgang miteinander?
- Wie gehen wir mit den Gesprächsbeiträgen der anderen um?
- Wie stark nehmen wir in unserer Arbeit die Gaben und Möglichkeiten der einzelnen Presbyter in Anspruch?
- Wie gehen wir mit Konflikten im Presbyterium um?

Information der Gemeinde

Der Vorsitzende des Presbyteriums sollte im Gottesdienst des folgenden Sonntags sowie über Gemeindebrief und örtliche Presse

C) SITZUNGEN

die Gemeindeglieder von den Ergebnissen der Sitzung unterrichten. Dabei wird immer wieder Gelegenheit sein, die Gemeindeglieder auch an ihre Verantwortung und ihre aktive Beteiligung an den Aufgaben der Gemeinde zu erinnern. Zugleich kann so die Arbeit des Presbyteriums im Bewußtsein der Gemeinde stärker verankert werden.

D
ARBEITSFELDER DES PRESBYTERIUMS

Bibel und Theologie im Presbyterium

Theologie ist nicht nur eine bestimmte Fachwissenschaft, Theologie ist vielmehr das Nachdenken über das Evangelium und seine Auswirkungen auf unser ganzes Leben, auf unser Denken, Reden und Handeln. Darum kann Theologie nicht nur eine Sache der Fachtheologen sein. Theologie gehört auch in die Gemeinde und damit auch ins Presbyterium.

Am Beginn einer Sitzung steht gewöhnlich ein Bibelwort, ein Gebet, ein Lied. Dies soll nicht eine „geistliche" Pflichtübung sein, auf die dann der „weltliche" Teil der Sitzung folgt. „Geistlich" und „weltlich" gehören zusammen. Wir sprechen heute gern von der ganzheitlichen Sicht des Christseins. Bibel und Theologie in der Sitzung des Presbyteriums erinnern uns daran, daß alles, was wir in der Gemeinde tun, seinen Ursprung und seinen Sinn darin hat, daß Gottes Liebe unter uns Menschen sichtbar und spürbar werden will. So verhindert die Besinnung auf das Bibelwort, daß unsere Sitzungen in leere Betriebsamkeit ausarten.

Diese Besinnung auf das Wort der Bibel kann in verschiedener Form stattfinden:

1. Presbyter, die sich dafür freiwillig bereiterklären, verbinden ein Schriftwort oder einen theologischen Gedanken mit einer kurzen Auslegung und mit einem anschließenden kurzen Gespräch im Kreis des Presbyteriums.

2. Der Pfarrer stellt den Predigttext des folgenden Sonntags vor und einen Hauptgedanken, den er in der Predigt in den Vordergrund stellen möchte. Die Presbyter geben dazu auf dem Hintergrund ihres familiären und beruflichen Alltags Hinweise zur aktuellen Bedeutung des Textes und des Hauptgedankens.

3. Wenn ein theologisches Problem zum Hauptthema gemacht werden soll, empfehlen sich entweder eine Sitzung ohne Tagesordnung, ein Studientag am Samstag, ein theologisches Seminar über einige Abende oder eine Klausurtagung am Wochenende (vgl. S. 18).

Jedes Arbeitsfeld der Kirchengemeinde enthält theologische Problematik. Es sind also Themen denkbar wie:

- „Die Verantwortung der Gemeinde für ihre Kinder (Kindertaufe, Kindergarten)"
- „Wie können wir das Abendmahl sinnentsprechend feiern?"
- „Das Verhältnis von Theologen und Laien in der evangelischen Kirche"
- „Wie kann die Bibel im persönlichen Leben und im Gemeindeleben richtig zur Geltung gebracht werden?"
- „Wie kann unsere Gemeinde ökumenischen Horizont gewinnen?"
- „Wie können auf dem Boden der Gemeinde unterschiedliche Auffassungen eingebracht und fruchtbar gemacht werden?"

Mit der Auflistung solcher möglicher Themen sind wir schon bei der Frage nach der Presbyterfortbildung.

Presbyterfortbildung

Wie sich im vorherigen Abschnitt gezeigt hat, muß von jedem Presbyter die Bereitschaft erwartet werden können, zur besseren Erfüllung seiner Aufgaben Neues hinzuzulernen. Es gibt darum in unserer Landeskirche verschiedene Wege und Angebote der Presbyterfortbildung.

Kirchengemeinde

Wie schon erwähnt, bieten Studientage, Seminare, Wochenendtagungen und Klausurtagungen verschiedene Möglichkeiten für ein Presbyterium, sich gemeinsam fortzubilden.

Kirchenbezirk

In vielen Kirchenbezirken gibt es schon seit langem die Einrichtung von Presbytertagen, wo Presbyter aus dem ganzen Kirchenbezirk die Möglichkeit wahrnehmen, sich durch Information und Gespräch in einer bestimmten Thematik fortzubilden. Zu solcher Presbyterfortbildung auf Kirchenbezirksebene wird in der Regel vom Dekan, oft in Verbindung mit dem Dekanatsarbeitskreis für Erwachsenenbildung, eingeladen.

Landeskirche

Auf Landeskirchenebene ist die Erwachsenenbildung mit Presbyterfortbildung beauftragt. Die Landesstelle für Erwachsenenbildung lädt zweimal jährlich zu Tagungen für Presbyter und Pfarrer ein. Hier nimmt der Erfahrungsaustausch quer durch Presbyterien der verschiedensten Regionen unserer Landeskirche breiten Raum ein. So können viele Anregungen von einem Presbyterium zum anderen vermittelt werden. Zugleich wird durch die eingehende Behandlung eines Themas die Kompetenz der Teilnehmer erweitert. Themen waren in den letzten Jahren unter anderem „Die Einführung der Konfirmanden in die Abendmahlsfeier", „Wie politisch darf der Pfarrer sein?", „Was kann unsere Gemeinde für die mittlere Generation tun?", „Erwachsenenbildung in der ländlichen Kirchengemeinde", „Die Rolle des Pfarrers in der evangelischen Kirche".

Mitarbeiter in der Kirchengemeinde

Gemeinde als lebendiger Organismus gestaltet ihr Leben, indem sie die Gaben ihrer Glieder einsetzt. Grundsätzlich ist jedes Gemeindeglied auch Mitarbeiter (§ 9 Kirchenverfassung). Mitarbeiter im besonderen Sinne sind Gemeindeglieder, die eine bestimmte festumrissene Verantwortung übernehmen. Sie sind gemeint, wenn es in § 13 Abs. 2 Kirchenverfassung heißt: „Zu den Aufgaben des Presbyteriums gehört insbesondere, für den Dienst der haupt-, neben- und ehrenamtlichen Mitarbeiter in der Kirchengemeinde Sorge zu tragen."

Wer ist Mitarbeiter in der Kirchengemeinde?

(Die Zuordnung erfolgt nach der Häufigkeit der Situation)
Hauptamtliche Mitarbeiter: Pfarrer, Erzieherin, Gemeindediakon, Hausmeister u. a.
Nebenamtliche Mitarbeiter und Teilzeitbeschäftigte: Chorleiter, Pfarramtssekretärin, Kirchendiener, Kirchenrechner, Organist, Raumpflegerin u. a.
Hauptamtliche Mitarbeiter von anderen Anstellungsträgern, die in die Kirchengemeinde hineinwirken: Mitarbeiter von Jugendzentralen und Sozialstationen, Religionslehrer aller Schularten, Sozialarbeiter und Psychologen von Beratungsstellen des Diakonischen Werkes, Regionalreferenten der Erwachsenenbildung, Bezirkskantor u. a.
Ehrenamtliche Mitarbeiter: Kindergottesdiensthelfer; Besuchsdienstmitarbeiter; Mitarbeiter in der Leitung von Jugendgruppen, Frauenkreisen, Ehepaarkreisen und Seniorenkreisen; Lektoren und Prädikanten; Mitarbeiter in der Nachbarschaftshilfe, in der freiwilligen Hauskrankenpflege; Mitarbeiter bei Sammlungen; Mitarbeiter bei aktuellen Vorbereitungs- und Aktionsgruppen und natürlich die Presbyter selbst.

Was heißt „Sorge tragen für den Dienst der Mitarbeiter"?

Die erste Aufgabe des Presbyteriums besteht darin, sich über den Dienst der Mitarbeiter zu informieren, über Chancen und Probleme des jeweiligen Dienstes im Gespräch zu bleiben mit den Mitarbeitern. Das Presbyterium sollte über Aufgabenfelder der Gemeinde nicht beraten und erst recht nicht beschließen, ohne die damit befaßten Mitarbeiter einzubeziehen. Klagen oder Beschwerden aus der Gemeinde sollten möglichst schnell mit den betroffenen Mitarbeitern besprochen werden. Nur so kann die unentbehrliche Vertrauensbasis geschaffen bzw. erhalten werden. Wer in der Kirchengemeinde mitarbeitet, braucht Freiraum dafür. So wächst seine Verantwortungsbereitschaft. Durch ständige Gängelung wird sie dagegen erstickt. Für die Hauptamtlichen gelten ohnehin die Regelungen der Dienstanweisung.

Die zweite Aufgabe des Presbyteriums gegenüber den Mitarbeitern ist die Förderung ihrer Fortbildung. Die verschiedenen gesamtkirchlichen Dienste bieten vielfältige Möglichkeiten der Mitarbeiterfortbildung an (vgl. S. 102ff.). Das Presbyterium sollte die Mitarbeiter dazu ermuntern, diese Möglichkeiten zu nutzen und die Kosten dafür mindestens teilweise aus dem Haushalt bestreiten. Wachsende Kompetenz und verstärkte Motivation des Mitarbeiters kommen ja der Gemeinde zugute. Wo das Presbyterium bei der Anstellung hauptamtlicher Mitarbeiter selbst mitzureden hat, wird es schon bei den Vorstellungsgesprächen mit den Bewerbern einen Stil pflegen, der der „Brüderlichkeit" als dem Grundgesetz des Umgangs in der Gemeinde entspricht. In Fragen der Eingruppierung und Höhergruppierung wird das Presbyterium gemäß den Forderungen handeln, die die Kirche immer wieder an die Arbeitswelt stellt. Dazu gehört die Beachtung der Rechte der Mitarbeitervertretung.

Die dritte Aufgabe des Presbyteriums besteht in der Koordinierung der verschiedenen Aufgabenfelder der Gemeinde und im Zusammenführen ihrer Mitarbeiter. Unbeschadet der Eigenart und Eigenverantwortlichkeit der verschiedenen Arbeitsfelder und ihrer Mitarbeiter bedarf es der Integration in die Gemeinde. Je größer und unüberschaubarer die Kirchengemeinde und ihre Mitarbeiterschaft ist, desto nötiger ist es, daß sich die Mitarbeiter mindestens einmal jährlich treffen und sich gegenseitig wie auch das Presbyterium (bzw. seine entsandten Vertreter) informieren. Dieses Treffen zwischen Presbyterium und Mitarbeitern sollte möglichst zu einer Zeit stattfinden, wo sinnvoll über die Planung des kommenden Jahres sowie über Wünsche und Vorschläge im Blick auf die Gestaltung des Haushaltsplanes gesprochen werden kann.

Gemeindearbeit

Zu den umfassendsten Aufgaben des Presbyteriums gehört es, „die Gemeindearbeit in allen Bereichen zu fördern" (§ 13 Abs. 2 Kirchenverfassung). Damit sind alle Lebensäußerungen der Gemeinde in die Zuständigkeit des Presbyteriums einbezogen. Über alles, was in der Gemeinde geschieht (oder nicht geschieht), kann und soll im Presbyterium das Gespräch geführt werden.

Die Arbeitsfelder der Gemeinde sind identisch mit denen der Gesamtkirche: „Die Verkündigung des Evangeliums in Wort und Sakrament, die Seelsorge, die christliche Unterweisung, die Diakonie und Mission" (§ 13 Abs. 1 Kirchenverfassung). Diese knappen Formulierungen sollen im folgenden praxisorientiert aufgeschlüsselt werden.

Verkündigung des Evangeliums in Wort und Sakrament

Damit wird der gesamte Gottesdienstbereich in den Blick genommen, der normale Sonntagsgottesdienst wie auch alle anderen Gottesdienstformen, die Häufigkeit und die zeitliche Festsetzung der Gottesdienste. Die Gottesdienstordnungen finden sich im Evangelischen Kirchengesangbuch. Grundelemente des evangelischen Gottesdienstes sind Bibelwort und Predigt, Lied und Gebet. Die Predigt, als die befreiende Botschaft von der Zuwendung Gottes zum Menschen in Zuspruch und Anspruch, steht im Zentrum des Gottesdienstes. Taufe und Abendmahl sind sichtbare Zeichen dieser Zuwendung. Vorschläge für die Gestaltung der Gottesdienste an den verschiedenen Sonn- und Feiertagen des Kirchenjahres finden sich in der „Agende" (lat. „das zu Verhandelnde; das, was zu tun ist"). Die Predigttexte werden im jährlichen Wechsel von der Landeskirche vorgeschlagen bzw. vom Pfarrer selbst ausgewählt. Aus der Fülle dessen, was zu diesem Bereich zu bedenken und zu beraten ist, können hier nur einige Stichwörter gegeben werden:

Abendmahl: Lange Zeit hindurch in unserer Kirche nur an hohen Feiertagen gefeiert, erlebt das Abendmahl neuerdings eine regelrechte Wiederentdeckung. Dazu haben ökumenische Kontakte ebenso wie die Kirchentage beigetragen. Die Feier „im Anschluß an den Gottesdienst" empfinden wir zunehmend als theologisch und praktisch unangemessen. Der Gottesdienst mit integriertem Abendmahl hat bereits Aufnahme in die Agende gefunden. Manche Gemeinden praktizieren gelegentlich das Tischabendmahl. Fester Bestandteil der Kirchentage ist inzwischen das „Feierabendmahl" geworden (Abendmahl als Zentrum eines abendlichen Gemeindefestes mit Essen und Trinken, Singen, Spielen und Tanzen).

Fragen für die Beratung zwischen Pfarrer und Presbytern:
- Welche Formen der Abendmahlsfeier bringen den Sinn des Abendmahls möglichst klar zum Ausdruck?
- Einzelkelch oder Gemeinschaftskelch oder beides wahlweise?
- Beteiligung von Presbytern oder anderen Mitarbeitern bei der Austeilung?
- Wandelnde Kommunion (Abendmahlsgäste treten in Gruppen vor oder im Kreis um den Abendmahlstisch) oder sitzende Kommunion (Brot und Wein werden durch die Bankreihen gereicht)?

- Wie kann das Alkoholverbot für Alkoholkranke berücksichtigt werden?
- Wie können unsere Kinder in das Abendmahl eingeführt werden?

Gottesdienste für bestimmte Zielgruppen und besondere Gelegenheiten können die immer wieder drohende Eintönigkeit im Gottesdienstgeschehen verhindern.

- *Familiengottesdienste:* Diese Gottesdienstform bürgert sich in den letzten Jahren zunehmend in vielen Gemeinden ein. Mit gutem Grund: Wer junge Eltern zum Gottesdienst einladen will, muß auch an die Kinder denken. In diesem Fall kann die Familie als Ganzheit genommen werden. Im Familiengottesdienst wird auf Kinder ausdrücklich Rücksicht genommen, auf ihr Fassungsvermögen, ihren Bewegungsdrang, ihre Bereitschaft zur Aktivität. Sie dürfen auch einmal eine Frage stellen, ohne daß die Eltern von vorwurfsvollen Blicken ringsum getroffen werden.

- *Jugend- und Schulgottesdienste:* Der normale Sonntagsgottesdienst kann in der Regel die Einführung der Jugend in das gottesdienstliche Geschehen nicht bewältigen, wie der Besuch zeigt. Dazu bieten sich von und mit der Jugend vorbereitete und durchgeführte Gottesdienste an. Ähnliches gilt für Schulgottesdienste.

Die Landessynode hat bis zu 12 Sonntagsgottesdienste im Jahr für die Gestaltung in neuer Form freigegeben.

- *Kasualgottesdienste* (casus lat. „der Fall") sind Gottesdienste für bestimmte „Fälle", vor allem für Trauung und Beerdigung. Hier kommt es immer wieder zu Begegnungen „passiver" Gemeindeglieder mit der Gemeinde. Wie kann dieser Anlaß genutzt werden, um womöglich eine stärkere Beziehung herzustellen?

- *Kindergottesdienst* wird von Gemeinde zu Gemeinde verschieden gestaltet. Wo sich der Pfarrer durch den Erwachsenengottesdienst voll ausgelastet sieht, ist er auf kinderliebende, pädagogisch begabte Mitarbeiter angewiesen. Wo es räumlich möglich ist, bewährt sich die Teilnahme der Kinder am Eingangsteil des Erwachsenengottesdienstes mit „Auszug" während des Predigtliedes und gesonderter Weiterführung. Näheres zum Stichwort „Kindergottesdienst" vgl. Seite 106.

- *Passionsgottesdienste* werden in der Regel freitags während der Passionszeit gehalten zur Besinnung auf das Leiden und Sterben Jesu Christi als Herzstück unseres Glaubens. Neue Ak-

zente erhielten die Passionsgottesdienste mancherorts durch die Betonung des in unserer Kirche ohnehin vernachlässigten meditativen Elements (in Bild, Wort und/oder Ton).
– *Gottesdienst im Grünen* bietet sich für die Sommermonate als belebendes Element an, besonders in einer Zeit der Schöpfungsvergessenheit. Es geht dabei aber nicht nur um das Predigtthema „Schöpfung", sondern auch um eine lockere und ungezwungene Gestaltung des Gottesdienstes, die auch „Zaungäste" anlockt und zum Auftakt eines Gemeinde- oder Familienwandertages werden kann.

Seelsorge

Seelsorge als Vermittlung des Zuspruchs und Anspruchs Gottes an den einzelnen geschieht unter Ausschluß der Öffentlichkeit und unterliegt der Verschwiegenheitspflicht des Seelsorgers. Zugleich gilt: Alles kirchliche Handeln hat eine seelsorgerliche Dimension. Niemand darf allein gelassen werden mit seinem Kummer. Darum kommt Seelsorge jetzt in der Pfarreraus- und -fortbildung verstärkt zur Geltung. Auch die zunehmende Zahl hauptamtlicher Krankenhausseelsorger weist darauf hin, daß das Seelsorgedefizit in unserer Kirche erkannt wird.

Was kann an Seelsorge in der Gemeinde geschehen? Jeder denkt sofort an den Hausbesuch des Pfarrers, ohne den es in der Tat in keiner Gemeinde geht. Aber auch ein Presbyter kann, besonders in dringenden Fällen, vor der Notwendigkeit stehen, einen Hausbesuch zu machen. Zuhören können und Gesprächsbereitschaft sind dann gefragt. Besuchsdienst kann dazu beitragen, daß ein Teil oder alle Gemeindeglieder systematisch zu Hause besucht werden. Hier gibt es die Möglichkeit, mitarbeitende Presbyter und andere Gemeindeglieder in einem „Besuchsdienst-Seminar" auf diese Aufgabe vorzubereiten und die ersten praktischen Schritte zu begleiten. Das Volksmissionarische Amt steht dazu bereit (vgl. Seite 110).

Die Neuzugezogenen sind in allen Kirchengemeinden eine besonders wichtige Ansprechgruppe. Die Einladung zu einem ungezwungenen und zugleich informativen Zusammensein am Abend oder nach dem Gottesdienst (Begrüßungsparty für Neuzugezogene) findet bestimmt genügend Interessenten. Dabei kann durch kommentierte Dias in die Geschichte der Gemeinde eingeführt werden, aktive Gruppen in der Gemeinde können sich vorstellen und zum Mitmachen einladen. Es muß auch Zeit sein zum lockeren Gespräch, im Sitzen oder im Stehen, bei einem Glas Wein und einer Brezel, wobei freilich niemand herumstehen darf wie „bestellt und nicht abgeholt". Beim Nachdenken über die Frage „Wie kann die Kirchengemeinde zur Heimat für die Menschen werden?" sollte das Presbyterium jedenfalls die Neuzugezogenen nicht vergessen.

Lernort Gemeinde

Damit ist umfassend ausgedrückt, was der Ausdruck „Christliche Unterweisung" meint. Lernen ist ein Begriff, der in letzter Zeit eine beachtliche Aufwertung erfahren hat. Der Mensch, dessen Leben sich als ein fortwährender Prozeß bewußten und noch mehr unbewußten Lernens darstellt, kann nur durch Lernen des Notwendigen überleben. Doch was ist notwendig? Die tiefgreifenden Krisen unseres zu Ende gehenden Jahrhunderts – die Gefährdung des Weltfriedens durch den Ost-West-Konflikt, das Hungerproblem im Nord-Süd-Gefälle, die gerechte Verteilung der Arbeit und die Zerstörung der Schöpfung – erfordern mehr als nur berufliche Weiterbildung, so wichtig sie ist. Hier ist die Gemeinde gefragt: Was können und müssen wir aus dem Evangelium lernen, damit unser Leben im Dienst des umfassenden Friedens mit Gott, mit dem Nächsten, mit den Fremden und mit der ganzen Schöpfung steht?

Die Antwort der Gemeinde ist ihre Existenz als Lerngemeinschaft, sind ihre Angebote, auf allen Lebensstufen zu lernen und zu wachsen im Glauben, in der Liebe und in der Hoffnung.

– *Kindergarten* (vgl. S. 40)
– *Religionsunterricht* wird vom zuständigen Bundesland organisatorisch, von den Kirchen inhaltlich verantwortet. Über die vom Religionsunterricht erreichten Kinder und Jugendlichen und über alle, die evangelischen Religionsunterricht erteilen, wirkt der Religionsunterricht in die Kirchengemeinde hinein. Oft laden Religionslehrer ihre Schüler zum Kindergottesdienst ein oder arbeiten dort selbst mit. Kommt die Zeit für die Anmeldung zur Konfirmandenarbeit, so werden Religionslehrer nach dem Wann und Wo der Anmeldung gefragt. Gemeindepfarrer sind verpflichtet, bis zu 4 Wochenstunden Religionsunterricht zu erteilen. Damit soll die Verbindung zwischen Kirchengemeinde und Schule zum Ausdruck gebracht werden. Zum Problem ist jedoch geworden, daß der Einzugsbereich einer Schule sich fast nirgends mehr mit dem der Kirchengemeinde deckt

und daß die Lehrer, also auch die Religionslehrer, meist außerhalb der Kirchengemeinde wohnen. Um der vielerlei sachlichen wie persönlichen Verbindungen zwischen Religionsunterricht und Gemeinde willen sollte, wo es möglich ist, das Presbyterium gelegentlich die Religionslehrer zu einem Gespräch einladen. Gerade in einer Zeit des Wandels im Bereich der Schule, auch des Religionsunterrichts, fördern Informationen das notwendige gegenseitige Verständnis. Im Landeskirchenrat gibt es ein „Amt für Religionsunterricht", das für diesen großen Bereich zuständig ist (vgl. S. 98).

- *Konfirmandenarbeit.* Im Unterschied zum Religionsunterricht ist die Konfirmandenarbeit ein rein kirchliches Unternehmen mit dem Ziel, junge Gemeindeglieder zum Christsein zu ermutigen, indem sie in das Leben der Ortsgemeinde und der Gesamtkirche eingeführt werden: Ein hohes Ziel und ein für die Gemeinde wie ihre Glieder lebenswichtiges Unternehmen, das ein verantwortliches Mitdenken des Presbyteriums erfordert. Ziele und Formen der Konfirmandenarbeit, Mitwirkung des Presbyteriums und der Eltern sowie der Auftrag des Pfarrers sind im „Gesetz über die Ordnung der Konfirmandenarbeit" (1971) festgehalten, das dem aufmerksamen Studium der Presbyter zu empfehlen ist (vgl. S. 217–221). Dem Pfarramt für die theologische Fort- und Weiterbildung ist die Beratungsstelle für Konfirmandenarbeit angegliedert, wo unter dem Titel „Konfirmandenarbeit, die Freude macht" eine Praxishilfe für die Gemeinden erarbeitet wurde (vgl. S. 113).

- *Jugendarbeit.* Konfirmandenarbeit braucht Fortsetzung in der Jugendarbeit. Der Übergang ist freilich nicht unproblematisch. War die Konfirmandenzeit noch unter dem Traditionsdruck gestanden, bewußt oder unbewußt, so ist Teilnahme an der Jugendarbeit der Gemeinde eine völlig freiwillige Angelegenheit. Fast hundertprozentige Teilnahme an der Konfirmandenarbeit, kleine Zahlen bei der Jugendarbeit – beides spiegelt die Realität der „Volkskirche im Wandel" wider, in der wir leben. Die kritische Phase des Jugendalters ist auch eine Zeit des Umbruchs im Glauben. Der Weg vom Kinderglauben zum Erwachsenenglauben ist für jeden Christen wichtig, von seinem Gelingen hängt viel ab. Bei vielen bricht dieser Prozeß ab, weil sie nach der Konfirmation auf Distanz zur Kirche gehen. Bei denen, die Kontakt mit der Gemeinde halten wollen, ist uns die Frage gestellt: Was können wir tun, damit sie sich in der Gemeinde angenommen und eingeladen fühlen? Es kann nicht darum gehen, die Jugendlichen einfach an unsere Art des Gemeindelebens anzupassen. Wir müssen damit Ernst machen, daß evangelische Gemeinde immer wieder der Erneuerung bedarf.

Vom Presbyterium ist daher in Sachen Jugendarbeit viel Verständnis und Aufgeschlossenheit aufzubringen, auch dann noch, wenn der Jugendraum gelegentlich einem Tohuwabohu ähnelt. Grundsatz muß sein: Immer zuerst miteinander sprechen und dann Beschlüsse fassen! Vor allem ist zu überlegen, wie der Jugend Möglichkeiten eröffnet werden können, das Gemeindeleben mitzugestalten.

– *Erwachsenenarbeit/Erwachsenenbildung.* Auch Jugendarbeit braucht Fortsetzung. Wohl fordern Berufslaufbahn, Partnerfindung und Kindererziehung bei den jüngeren Gemeindegliedern alle Kräfte. Aber statt sich von dieser Altersgruppe zurückzuziehen, sollte die Gemeinde vielmehr überlegen, wie sie sie in ihrer Situation ansprechen kann. Was bieten unsere Gemeinden den Erwachsenen?

a) Erwachsenenarbeit/Erwachsenenbildung in festen Gruppen/Kreisen: Häufigste Formen sind der Frauenkreis, der Kirchenchor, der Bibelkreis, die Seniorengruppe. In überschaubarer Gemeinschaft kann das Bewußtsein der Zusammengehörigkeit und des Gehaltenseins wachsen. Dies geschieht in regelmäßigen, meist wöchentlichen Treffen.

Für eine so starke zeitliche Bindung sind jedoch nicht alle Gemeindeglieder zu gewinnen. Darum muß jede Gemeinde auch zeitlich befristete Angebote der Erwachsenenbildung machen.

b) Erwachsenenbildung für Zielgruppen: Mögliche Formen sind Gesprächsabende und thematisch bestimmte Seminare für Taufeltern, Kindergarteneltern, Konfirmandeneltern. Weil diese Angebote Menschen erreichen können, die sonst kaum in der Gemeinde zu sehen sind, sind sie für jede Gemeinde anzustreben. Konfirmandeneltern beispielsweise sind in mehrfacher Hinsicht für die Teilnahme motiviert: Sie sind durch die beginnende Ablösung der Kinder vom Elternhaus verunsichert, möchten zum Gespräch mit ihren Kindern über Glaubensfragen Orientierungshilfen und stehen meist in der Lebensphase, wo die Grenzen des Lebens deutlich werden und die Sinnfrage sich unabweisbar stellt.

c) Offene Erwachsenenbildung: Gesprächsabende und thematisch bestimmte Seminare für Erwachsene aller Altersstufen sind eine gute Gelegenheit zum gemeinsamen Lernen und zum

Gespräch zwischen den Generationen. Es bedarf einer sorgfältigen Themenwahl, vielleicht einem kleinen Arbeitskreis übertragen, und einer offenen Atmosphäre, in der jeder den Mut hat zu sprechen und die Bereitschaft, den anderen zu hören. Themen gibt es übergenug, aus den Bereichen Bibel/Theologie/Kirche/Glaube, Partnerschaft und Ehe, Familie und Erziehung, Weltreligionen, Politik und Gesellschaft. Alljährlich im Frühsommer gibt die Landesstelle der Evangelischen Erwachsenenbildung Pfalz (vgl. S. 103) ein breit gefächertes Themenangebot aller gesamtkirchlichen Dienste heraus, verbunden mit dem Angebot der Beratung und Referentenvermittlung. Zur offenen Erwachsenenbildung gehören ebenfalls Familienwochenenden, Familienfreizeiten und Studienfahrten, die oft auch gemeinsam mit Nachbargemeinden oder auf Kirchenbezirksebene durchgeführt werden.

Diakonie in der Gemeinde

Die Kirchengemeinde im Dienst am Nächsten – dieses Arbeitsfeld weist vielerlei Aktivitäten auf: Kindergarten, Krankenpflege/Sozialstation, Sammlungen (vgl. S. 51), Basare, Aktionen der Solidarität mit Benachteiligten (mit Ausländern, Arbeitslosen, Behinderten, Alten und Alleinstehenden), deshalb auch Kontakte zu kommunalen Stellen. Die Zuwendung Gottes zu uns umsetzen in die Zuwendung zum Nächsten, der uns braucht – das heißt Christ sein und Gemeinde sein im Alltag. Mit Liebe und Phantasie wird jedes Presbyterium entdecken, was in seiner Gemeinde not tut. Hier sollen zwei Formen diakonischer Arbeit dargestellt werden, die für viele bzw. fast alle Kirchengemeinden zutreffen:
– *Kindergarten.* Kinder im Vorschulalter machen vielfältige Erfahrungen – in der Familie, bei Freunden, Bekannten, auf der Straße, im Stadtteil, im Dorf und auf dem Land. Nicht immer werden diese Erfahrungen von den Kindern positiv erlebt: die „Unwirtlichkeit" der Städte, die zunehmende Zerstörung der Umwelt, aber auch häufig fehlende Aufmerksamkeit der Erwachsenen für die Bedürfnisse der Kinder, lassen die Erfahrungs- und Handlungsräume der Kinder zusehends enger werden.
Wie auch immer die Erfahrungen der Kinder in diesem Lebensabschnitt beschaffen sein mögen, entscheidend ist, daß sie prägend sind für die weitere, individuelle Entwicklung der Kinder. Der evangelische Kindergarten versucht, der Bedeutung

dieses Lebensabschnitts durch differenzierte Angebote gerecht zu werden. Dabei versteht er sich als eine „familienergänzende Erziehungsinstitution", die bewußt aufbaut auf der Erziehung in der Familie und mit dieser ständig in Verbindung bleibt. Kommen Kinder in den Kindergarten, so erschließt sich für sie ein neuer Lebensraum. Hier finden sie Spielkameraden, können nach Herzenslust herumtollen, erkunden ihre Umwelt und machen auf spielerische Weise wichtige Erfahrungen mit anderen Menschen. Für das in der Regel aus einer Kleinfamilie kommende Kind wird so der Kindergarten zu einer Stätte sozialen Lernens.

Mit diesem sozialpädagogischen Auftrag verbindet sich der religionspädagogische. Kinder hören miteinander die Geschichten der Bibel. Erzieher versuchen, mit den Kindern zusammen das, was sie täglich erleben und tun, in Beziehung zu setzen zu der Guten Nachricht, die allen Menschen gilt. So können Erzieher und Kinder gemeinsam in das Leben der christlichen Gemeinde hineinwachsen. Beide Aspekte der Kindergartenarbeit, der sozialpädagogische und der religionspädagogische, bilden eine Einheit und werden zur besseren Verwirklichung im Kindergarten und in der Familie ständig mit den Eltern abgestimmt.

Für die Wahrnehmung seiner Verantwortung könnte sich das Presbyterium die Fragen stellen: Was können wir als Pfarrer und Presbyter tun, um die Erzieherinnen bei ihrer wichtigen und schwierigen Aufgabe durch Anregungen und Ermutigung zu unterstützen? Wie kann die Gemeinde über die Erzieherinnen mit den jungen Eltern ins Gespräch kommen und im Gespräch bleiben?

– *Sozialstation.* Durch die Mitwirkung von Pfarrern und Presbytern im Vorstand sowie durch die Bereitstellung von Zuschüssen im Haushaltsplan der Kirchengemeinde sind die Presbyterien mit der Arbeit der Sozialstationen verbunden.

Im Bereich der Evangelischen Kirche der Pfalz entstanden seit 1972 35 ökumenische Sozialstationen. Sie sind mit 465 Mitarbeitern besetzt.

Was versteht man unter einer ökumenischen Sozialstation? Die Konzipierung ökumenischer Sozialstationen für den gesamten Bereich der beiden Kirchen ist ein Novum. Nachdem seit geraumer Zeit infolge der rückläufigen Entwicklung der altbekannten Krankenpflegestationen die Betreuung von Alten und Kranken nicht mehr sichergestellt werden konnte, haben Ver-

treter des Diakonischen Werkes und des Caritasverbandes
nach einem gemeinsamen Weg für eine Neuordnung der Gemeindekrankenpflege gesucht. Die enge Nachbarschaft der
Konfessionen und die deckungsgleiche Größe der kirchlichen
Einzugsbereiche waren der äußere Rahmen. Daneben hatten
Schwestern beider Konfessionen seit Jahren gezeigt, daß in Ur-
laubs- und Krankheitszeiten eine Vertretung selbstverständlich
war. Es entstand der Wunsch, das Nebeneinander durch ein
Miteinander abzulösen.

Die Gremien beider Kirchen machten dem Lande entsprechende Vorschläge. Sie wurden aufgenommen und fanden als
Richtlinien für die Errichtung von Sozialstationen in Rheinland-Pfalz ihren Niederschlag.

Die Sozialstationen e. V. haben als Mitglieder die jeweiligen
evangelischen und katholischen Kirchengemeinden sowie die
evangelischen und katholischen Krankenpflegevereine. Die
Mitgliederversammlung wählt aus ihrer Mitte einen Vorstand
und beruft weitere Mitglieder und Persönlichkeiten des öffentlichen Lebens in ein Kuratorium. Die Größe einer Station
orientiert sich zwangsläufig an den Grenzen politischer Körperschaften. Neben den Landeszuwendungen ist die kommu-
nale Bezuschussung durch die Abgrenzung gesichert. Weitere
Bezuschussungen erfolgen durch die einzelnen Kirchengemeinden und Krankenpflegevereine. Bei der Wahl des Sitzes für
eine Einrichtung geht man von eventuellen Vorgaben aus. So
haben Kirchengemeinden, politische Gemeinden und Pflege-
vereine leerstehende Häuser für die Zentrale freigestellt. Eine
Sozialstation bietet der Bevölkerung eines Gebietes ambulante
Gesundheits- und sozialpflegerische Dienste an. Der dezentra-
lisierte Dienst geschieht durch ein Team von mindestens 6–8
Krankenschwestern/Pflegern, Altenpflegerinnen/Pflegern,
Pflegehelferinnen und Familienpflegerinnen. Die genannten
Berufe stehen dabei allen Bevölkerungsschichten zur Verfügung und bewegen sich in einem Betreuungsbereich von
25000–50000 Einwohnern. Die ökumenischen Sozialstationen
können die mit ihrer Einrichtung verbundene Zielvorstellung
nur verwirklichen, wenn die Mitglieder über eine entsprechende Qualifikation verfügen. Für nicht spezielle pflegerische
Aufgaben stehen ihnen Nachbarschaftshilfe und sonstige Hel-
fergruppen zur Verfügung. Sie werden durch Pflegeseminare
zugerüstet.

Nach der Statistik leben, leiden und sterben viele alte und

kranke Menschen im häuslichen Bereich. Sie erfahren dabei als einzelne oder mit ihren Angehörigen entscheidende Hilfen durch die Mitarbeiter der Sozialstationen. Daß dabei Leibsorge und Seelsorge eng miteinander kooperieren, resultiert aus dem Wissen, daß der Mensch in seiner Ganzheit betroffen ist. Darum ist eine Zusammenarbeit mit den Ortspfarrern eine unaufgebbare Intention. Im Miteinander von Pflege und Seelsorge wird gezeigt, daß in den Einrichtungen versucht wird, den in den urchristlichen Gemeinden eingerichteten „Liebesdienst" fortzuführen. Aus- und Fortbildungsprogramme müssen für die Gemeindeschwestern Voraussetzungen schaffen, daß sie ein eigenes, ihrem Dienst entsprechendes Konzept von Seelsorge erhalten.

Nach solchen Zielen zu arbeiten, erfordert persönlichen Einsatz. Um diesen immer wieder wagen zu können, bedarf der Pflegende selbst der Seelsorge. Daher soll die Kirchengemeinde Empfangsraum für ihre Mitarbeiter der ökumenischen Sozialstationen sein in dem Bewußtsein, daß die Mitarbeiter einen stellvertretenden Dienst in der christlichen Kirche leisten. Wo der einzelne dem Gebot der Nächstenliebe nicht nachkommen kann, versuchen die Pflegenden bei aller notwendigen technisch-organisierten Anpassung an gewandelte Situationen, den Dienst als kirchlichen Dienst anzunehmen. Dabei darf es aber nie zu einer Alibifunktion kommen, die die Gemeinden aus ihrer Verpflichtung entläßt.

Die Arbeit in den ökumenischen Sozialstationen kann ein Praxisfeld gelebten Glaubens werden oder sein. Das Ziel aller Bemühungen im kirchlichen Raum muß einer Neubelebung gelten. Das erfordert bei allen Beteiligten Umdenken, Geduld und Kooperationsbereitschaft. Pflegerischer Dienst muß von der ganzen Gemeinde getragen werden. Er leidet Not, wenn er nur als aufgepfropfte Aktion von hauptberuflich angestellten Pflegenden erscheint.

Gebet und Fürbitte mögen die Klammer sein, daß Gemeindekrankenpflege im Wandlungsprozeß unserer Zeit den Menschen in seiner besonderen Lage erreicht und ihm hilft.

Ökumene und Weltmission

Ökumene (griech. „die bewohnte (Erde)'") ist die international verständliche Bezeichnung für „die ganze Christenheit auf Erden". Man trifft heute im allgemeinen drei unterschiedliche

Verständnismöglichkeiten von „Ökumene", die auch für die Arbeit der Kirchengemeinde Bedeutung haben:

- *Ökumene im innerevangelischen Verständnis.* Begegnungen über die eigenen Kirchengrenzen hinweg zu evangelischen Freikirchen unseres Landes oder zu evangelischen Kirchen anderer Länder: Praktische Beispiele sind die in der ersten vollen Januarwoche eines jeden Jahres stattfindende Allianzgebetswoche sowie Partnerschaften zu Gemeinden in unserer DDR-Partnerkirche Anhalt bzw. in unserer britischen Partnerkirche „United Reformed Church in the United Kingdom".
Eine besondere Chance bieten die neuerdings zunehmenden Partnerschaften von Städten und Gemeinden in der Pfalz mit Städten und Gemeinden im Ausland. Hier liegt es an der jeweiligen pfälzischen Kirchengemeinde, den Kontakt zu den Protestanten in der Partnerstadt/Partnergemeinde aufzunehmen und so den kirchlichen Aspekt der Partnerschaft ins Spiel zu bringen.
- *Ökumene im evangelisch-katholischen Verständnis.* Während auf höchster Ebene die Entwicklung stagniert, sind die in den letzten 20 Jahren an der Basis entstandenen Beziehungen meist erhalten geblieben:
  - Gemeinsame Gottesdienste
  - Gemeinsame Bibelabende, Bibelwochen
  - Gemeinsame Sitzungen Presbyterium–Pfarrgemeinderat
  - Zusammenarbeit bei den Sozialstationen
  - Zusammenarbeit im Bereich der Erwachsenenbildung

Gelegentlich gibt es auch gemeinsame Gemeindebriefe und/oder gemeinsame Kirchenchöre.
Probleme entstehen bzw. sind geblieben vor allem im Kirchenverständnis (Papstamt, konfessionsverschiedene Ehe) und in der Sakramentslehre (keine Abendmahlsgemeinschaft, Erfüllung der Sonntagspflicht für Katholiken nur im Gottesdienst mit Eucharistie möglich). Übrigens ist die Bezeichnung „Ökumenische Trauung" irreführend: Es handelt sich tatsächlich um evangelische *oder* katholische Trauung unter Beteiligung eines Pfarrers der jeweils anderen Konfession.
Wichtig ist in allen Fällen die Erfahrung, daß unsere Kirche nur einen Teil der Gesamtkirche, unsere Art des Christseins und Kircheseins eine legitime Möglichkeit neben anderen darstellt. Ihre Grenze findet ökumenische Partnerschaft dort, wo ein Partner sich unter dem Druck sieht, auf Aussagen oder

Ausdrucksformen zu verzichten, die er um seiner Identität willen beibehalten muß.
Beratung in interkonfessionellen Fragen leistet der Evangelische Bund, Landesverband Pfalz, Große Himmelsgasse 6, 6720 Speyer, sowie das Konfessionskundliche Institut, Eifelstr. 35, 6140 Bensheim 1.

– *Ökumene im weltweiten Verständnis.* Ökumene in diesem Sinne hat Gestalt gewonnen im „Ökumenischen Rat der Kirchen", dem alle christlichen Konfessionsfamilien mit ihren Kirchen angehören (die Römisch-Katholische Kirche jedoch nur mit selbstgewähltem Beobachterstatus). Dies ist Ökumene im umfassenden Verständnis (vgl. S. 154). In dieser Weite schließt auf regionaler Ebene die „Arbeitsgemeinschaft christlicher Kirchen" (ACK) uns mit allen anderen christlichen Kirchen in Deutschland zusammen: Römisch-Katholische Kirche, Altkatholische Kirche, Griechisch-Orthodoxe Kirche, Herrnhuter Brüdergemeine, Mennonitengemeinden, Evangelisch-Methodistische Kirche (vgl. S. 147).
Sichtbar wird diese umfassende Kirchengemeinschaft alljährlich auf der Ebene der Kirchengemeinde
– im Weltgebetstag der Frauen
– in der Gebetswoche für die Einheit der Christen.
Im Bereich des Ökumenischen Rates der Kirchen, vermittelt durch das Evangelische Missionswerk in Südwestdeutschland (vgl. S. 46), sind vor allem die „Presbyterianische Kirche in Ghana" und die „Presbyterianische Kirche in der Republik Korea" (Südkorea) Partnerkirchen für unsere Kirche. Durch Austausch von Mitarbeitern, die im Reisedienst in die Kirchengemeinde kommen, und durch Aufnahme von Gemeindepartnerschaften kann in jede Kirchengemeinde die Erfahrung getragen werden, daß Christsein heute nur noch im Welthorizont möglich ist. Das Presbyterium ist verantwortlich dafür, daß alle sich bietenden Gelegenheiten genutzt werden, den Gemeindehorizont zu erweitern.

– *Weltmission* hängt eng mit der ökumenischen Dimension der Kirche zusammen. Weltmission ist heute nicht mehr eine Unternehmung unserer Kirche in überseeischen Ländern, sondern Zusammenarbeit mit den in überseeischen Ländern entstandenen Kirchen, Entsendung von Mitarbeitern und finanzielle Hilfe. Mission (lat. „Sendung") ist aber weit mehr, ist die Existenzform der Kirche, die das Evangelium an alle Menschen weitergibt. Missionarisch ist eine Kirchengemeinde dann, wenn sie über den engeren Kreis ihrer Mitglieder hinaus etwas ausstrahlt von diesem Evangelium.

In vielen Gemeinden gibt es Freunde der Basler Mission, der Herrnhuter Mission, der Deutschen Ostasien-Mission oder des Jerusalem-Vereins, die gerne mithelfen, die Gemeinde zu informieren und zum Engagement anzuregen. In der Erkenntnis, daß Weltmission nicht nur eine Sache von Missionsgesellschaften, sondern Sache der ganzen Kirche ist, hat sich unsere Landeskirche mit den Landeskirchen von Kurhessen-Waldeck, Hessen-Nassau, Baden und Württemberg zusammengeschlossen zum Evangelischen Missionswerk in Südwestdeutschland mit Sitz in Stuttgart (7000 Stuttgart 1, Vogelsangstr. 62). Dort und beim Pfarramt für Weltmission und Ökumene in Landau (vgl. S. 110) sind Informationen und Anregungen zu erhalten.

Kirchenmusik in der Gemeinde

TE DEUM LAUDAMUS – Dich, Gott, loben wir: So hat schon das Volk Israel, so hat die Urchristenheit in Psalmen und Liedern das Lob Gottes gesungen und seine großen Taten verkündigt. Mit ihren Liedern hat die Reformation die Menschen gewonnen, hat sie ihnen das Evangelium ins Herz gesungen. Bis heute hat die Kirchenmusik ihre besonderen Möglichkeiten, Menschen zu erreichen, wie sich gerade in Jugendgottesdiensten und auf Kirchentagen zeigt. Es gehört daher zu den schönsten Aufgaben des Presbyteriums, seinerseits alles dafür zu tun, daß sich die Kirchenmusik in der Gemeinde voll entfalten kann. Dazu gehört das Gespräch mit den Kirchenmusikern in allen ihren Bereich berührenden Fragen, von der Programmplanung über die Pflege der Instrumente bis hin zu den Ansätzen im Haushaltsplan. Im allgemeinen sind Kirchenmusiker nebenamtlich tätig und erhalten Vergütung entsprechend ihrer Ausbildungsstufe (D, C, B oder A).

Die Orgel ist speziell dem Gottesdienst zugeordnet. Der Organist spielt zu Anfang (Präludium) und Ende (Postludium) des Gottesdienstes meist freie Orgelstücke, im übrigen Choralvorspiele und Intonationen zur Einstimmung in den folgenden Choral. Mancherorts hat es sich eingebürgert, Formen und Komponisten der freien Orgelstücke der Gemeinde in den Ankündigungen mitzuteilen. Oft bleibt die Gemeinde bis zum Ende des Orgelnachspiels still an ihrem Platz, sich selbst zur Freude und in Würdigung der Vorbereitungsarbeit des Organisten. Mehr und mehr werden auch reine Orgelmusiken am Abend durchgeführt, die viel zum Nachdenken und zur Besinnung beitragen können. Nicht zu vergessen ist die Möglichkeit, die Orgel zusammen mit vokalen oder instrumentalen Solostücken, ja mit ganzen Orchestern musizieren zu lassen.

Der Kirchenchor/die Kantorei ist eine wichtige Säule der Gemeindearbeit. Hier wird nicht nur musische Bildungsarbeit betrieben, sondern auch Gemeinde als Gemeinschaft erfahrbar. Wichtigstes Arbeitsfeld des Kirchenchors ist der Gottesdienst, wo er Teile der Liturgie gestaltet, die Gemeinde beim Singen nicht ersetzt, sondern unterstützt (Gemeinde und Chor im Wechsel) und das Einsingen neuer Lieder erleichtert. Je öfter der Chor im Gottesdienst mitwirkt, um so schneller verschwindet die falsche Vorstellung, als sei sein Gesang nur die „festliche Umrahmung" an hohen Feiertagen. Dabei ist auch das einstimmige Chorsingen zu pflegen (mit oder ohne Begleitung durch die Orgel und/oder andere Instrumente). Aber auch die Arbeit an einer Kantate oder einem größeren Werk als Vorbereitung auf ein Kirchenkonzert bzw. eine Abendmusik ist für eine zielgerichtete Chorarbeit von großer Bedeutung. Singen beim Gemeindefest (auch Volkslieder und gesellige Chormusik) und im Krankenhaus (Kurrende) ist ein wichtiger Beitrag des Kirchenchors zum Gemeindeleben. Endlich sei noch auf das viel zu selten bei uns geübte „Offene Singen" hingewiesen. Da die Advents- und Weihnachtszeit weithin die einzige Gelegenheit ist, wo Familien sich zum Singen aufraffen, sollte kein Chor die Gelegenheit versäumen, in dieser Zeit durch ein Offenes Singen neue Anregungen in die Gemeinde zu geben. Manche Kirchengemeinden machen gute Erfahrungen mit der Einrichtung eines Kinderchors. Er hat seinen Sinn in sich selbst, kann aber auch zur Entlastung des Kirchenchors beitragen und bei der Nachwuchsgewinnung hilfreich sein.

Der Posaunenchor ist wertvoller Mitarbeiter im Gottesdienst, indem er im Wechsel mit der Orgel den Gemeindegesang begleitet, aber auch eigene Spielstücke beisteuert. Unentbehrlich ist der Posaunenchor bei Gottesdiensten im Freien bzw. im Grünen, bei Veranstaltungen im Gemeindehaus und beim Kurrendeblasen (z. B. zur Advents- und Weihnachtszeit), über die Ortsgemeinde hinaus bei Festen und Treffen auf Kirchenbezirks- und Landeskirchenebene und bei Kirchentagen. Die Mühen für Lehrende und Lernende bis zum Beherrschen des Instruments werden meist durch starken Zusammenhalt der Bläser im Posaunenchor belohnt.

Allen Chören fällt eine hohe Verantwortung bei der Einführung neuen Liedguts in die Gemeinde zu (vgl. Anhang '77 zum Evangelischen Kirchengesangbuch sowie die Liederhefte der Deutschen Evangelischen Kirchentage).

Öffentlichkeitsarbeit

Die Verkündigung des Evangeliums ist seit Anbeginn eine öffentliche Angelegenheit: „Gott will, daß *allen Menschen* geholfen werde und sie zur Erkenntnis der Wahrheit kommen" (1. Timotheusbrief 2, 4). Alle Aktivitäten der Kirchengemeinde, vom Gottesdienst bis zum Konfirmandenelternabend, von der Krankenpflege bis zur Gemeindefreizeit, dienen direkt oder indirekt der Verkündigung des Evangeliums in Wort und Tat. Insofern ist eine gute Gemeindearbeit die beste Öffentlichkeitsarbeit. Aber gerade die Gemeinde in der Volkskirche – das ist unser kirchlicher Alltag – braucht auch Öffentlichkeitsarbeit im speziellen Sinn. Sie verliert sonst den Kontakt zu vielen Gemeindegliedern. Auch nützt die beste Gemeindeveranstaltung wenig, wenn sie nicht allen Gemeindegliedern bekannt gemacht wird. Welche Wege bieten sich an?

Der Gemeindebrief ist in vielen Gemeinden inzwischen nicht mehr wegzudenken. Die Erscheinungsweise ist meist zweimonatlich oder vierteljährlich, die Finanzierung geschieht über Anzeigen. Der Gemeindebereich wird in Bezirke (z. B. straßenweise o. ä.) eingeteilt. Als Verteiler werden vor allem Erwachsene (Presbyter?) eingesetzt. Je kleiner ein Bezirk ist, desto weniger Mühe macht die Verteilung. Inhaltlich sollte auf einen biblisch-theologischen Beitrag in der Sprache unserer Zeit geachtet werden, da der Gemeindebrief für viele Empfänger die einzige Berührung mit der Kirche darstellt. Alles Inhaltliche sollte in enger Verbindung zur Arbeit der betreffenden Gemeinde stehen. Je konkreter, desto besser! Nicht nur endlose Geburtstags- und Datenkolonnen! Das ermüdet leicht. Entscheidend ist, jemanden zu finden, der die wichtige Arbeit der redaktionellen Gestaltung zu übernehmen bereit und fähig ist. Mit dem Redakteur sollte das Presbyterium im Gespräch bleiben.

Der Schaukasten ist die Visitenkarte einer Kirchengemeinde. Seine Wirkung steht und fällt damit, daß er mit Liebe gestaltet und immer auf dem neuesten Stand ist. Lieber keinen Schaukasten als einen vergammelten! Wer im Sommer immer noch zur

Adventsmusik des vergangenen Jahres eingeladen wird, wird bald achtlos am Schaukasten vorbeigehen. Nein, nicht nur achtlos, sondern auch ärgerlich! Gut ist es, wenn 2–3 Interessierte mit graphisch-künstlerischer Begabung die regelmäßige Arbeit am Schaukasten übernehmen. Dem Pfarrer flattert massenhaft geeignetes Material auf den Schreibtisch. Er braucht es nur weiterzugeben.

Handzettel und Plakate sind besonders geeignet, zu einer bestimmten Veranstaltung einzuladen. Plakatvordrucke lassen sich mit Filzstift leicht ausfüllen und damit aktualisieren. Entscheidend ist wieder der Verteilmodus. Handzettel, die nur den Gottesdienstbesuchern in die Hand gedrückt werden, sowie Plakate, die nur Kirche und Pfarrhaus schmücken, erfüllen ihren Zweck nicht.

Kontakt zur örtlichen Presse, ob es sich nun um das Verbandsgemeindeblatt oder die Tageszeitung(en) handelt, ist unentbehrlich für jede Kirchengemeinde. Ständiger Kontakt zur Redaktion durch einen Beauftragten ist dringend zu empfehlen. Dabei kann abgeklärt werden, in welchem Falle und in welcher Form über eine Veranstaltung oder Aktion der Kirchengemeinde berichtet werden soll (Ankündigung, Bericht danach, mit oder ohne Bild, Berichterstatter von der Kirchengemeinde oder von der Redaktion beauftragt, Interview mit einem auswärtigen Referenten usw.). Wichtig ist, daß es die Redaktion nicht mit ständig wechselnden kirchlichen Beauftragten zu tun hat. Ein gutes Verhältnis des Beauftragten zur Redaktion ist auch deshalb erforderlich, weil in Mittel- und Großstädten der verfügbare Zeitungsraum oft nicht reicht, um alle der Redaktion eingereichten Notizen und Berichte fristgerecht zu veröffentlichen. Je näher ein Beauftragter die Arbeit einer Lokalredaktion kennt, desto größer wird sein Verständnis für schwierige Situationen und sein Erfolg bei notwendigen Interventionen sein.

Der „Evangelische Kirchenbote" ist von Ludwigshafen am Rhein bis St. Ingbert (Saar) und von Schönau-Rumbach bis Odernheim am Glan das einzige Presseorgan für alle Pfälzer Protestanten. Darum sollten mindestens alle aktiven Gemeindeglieder diese Chance der Information nutzen. Die Redaktion des „Kirchenboten" hat ein offenes Ohr für Wünsche und Kritik, ferner für Nachrichten und Berichte aus jeder Kirchengemeinde, soweit sie von übergemeindlichem Interesse sind. Nur wenn die Auflage wieder ansteigt, kann der „Kirchenbote" seiner Aufgabe gerecht werden.

Und darum abschließend nochmals: Gute Öffentlichkeitsarbeit ist nicht ins Belieben einer Kirchengemeinde bzw. ihres Presbyteriums gestellt. „Die Gemeindeglieder zu informieren" gehört zu den Aufgaben des Presbyteriums, die in der Kirchenverfassung (§ 13) besonders hervorgehoben werden. Gemeindeglieder haben einen Anspruch darauf, informiert zu werden. Im übrigen reagieren uninformierte Gemeindeglieder in der Regel überhaupt nicht mehr oder falsch. Daran kann keiner Kirchengemeinde gelegen sein. Den aus allen Richtungen der Erde und über alle wichtigen Themen überreichlich fließenden Informationsfluß weiterzuleiten in die Gemeinden, gehört heute zu den wichtigsten Aufgaben des Pfarrers und der Presbyter. Ob und wie stark die Stimme unserer evangelischen Kirche in der Öffentlichkeit unseres Landes gehört und beachtet wird, hängt zu einem großen Teil davon ab, wieviel Aufmerksamkeit die Presbyterien der Öffentlichkeitsarbeit in der Kirchengemeinde, für die sie verantwortlich sind, zuwenden.

Kollekten und Sammlungen

Das Presbyterium ist dafür verantwortlich, daß Kollekten und Spenden, die von den Gemeindegliedern gegeben wurden, ordnungsgemäß abgeführt werden. Im einzelnen sind folgende Formen von Geldsammlungen zu unterscheiden:

Kollekten im Hauptgottesdienst

Der Landeskirchenrat gibt jährlich einen Kollektenplan bekannt (1985: 17 Kollekten). Diese Kollekten sind angeordnete Landeskirchensammlungen (§ 98 Abs. 2, Nr. 13 Kirchenverfassung). Zu den einzelnen Kollekten ergehen jeweils gesonderte Empfehlungen, die im Gottesdienst verlesen werden.

In allen anderen Gottesdiensten kann die Kirchengemeinde die Kollekte, in diesem Fall auch „Opfergeld" genannt, für ihre eigenen Aufgaben erheben. Sie kann solche Kollekten nach Beschluß des Presbyteriums auch für Notstände außerhalb der eigenen Kirchengemeinde bestimmen.

In jedem Falle ist die Kollekte, die beim Ausgang des Gottesdienstes erhoben wird, Anlaß und Gelegenheit zur Information der Gemeinde über den kirchlichen Aufgabenbereich, für den die Kollekte bestimmt ist. Diese Gelegenheit ist wichtig und sollte auf keinen Fall als Fremdkörper im Gottesdienst empfunden werden. Informationen über kirchliche Aufgabenfelder und Notsituationen in der weiten Welt sind unverzichtbarer Bestandteil des Gottesdienstes.

Kollekten bei Amtshandlungen und zusätzlichen Gottesdiensten

sind in der Regel für die eigene Gemeinde bestimmt. Im Einvernehmen zwischen den von der Amtshandlung Betroffenen und dem beteiligten Pfarrer bzw. dem Presbyterium kann auch ein Aufgabenfeld im gesamtkirchlichen Bereich bedacht werden.

Spenden

Bei Hausbesuchen und anderen Gelegenheiten werden Pfarrern oder Presbytern oft Spenden in die Hand gedrückt, meist mit der Bemerkung „für einen guten Zweck", manchmal auch mit einer genauen Zweckbestimmung. Im ersten Falle liegt es im Ermessen des Pfarrers bzw. des Presbyteriums, die Spende der eigenen Gemeinde oder einem Notstand außerhalb der Gemeinde zuzuführen, im zweiten Falle handelt es sich wie bei den landeskirchlich angeordneten Kollekten um einen „durchlaufenden Posten". Der Spender muß sich darauf verlassen können, daß seine Spende dem von ihm bezeichneten Zweck tatsächlich zugeführt wird.

Sammlungen

In den urchristlichen Gemeinden, wie sie uns vor allem in den Briefen des Neuen Testaments begegnen, kannte man natürlich noch nicht die Kirchensteuer, die für uns als Volkskirche mit einem geregelten Verhältnis zum Staat und mit dem Status einer Körperschaft des öffentlichen Rechts heute die kirchliche Haupteinnahmequelle darstellt. Damals gab es nur die Möglichkeit, über die Sammlung freiwilliger Gaben die Ausgaben der Gemeinde zu finanzieren. Die Sammlung freiwilliger Gaben ist aber auch angesichts der Kirchensteuer eine unaufgebbare Form der kirchlichen Finanzierung geblieben. Vor allem die Freiwilligkeit und die Zweckbestimmung zeichnen die Sammlung als (ursprüngliche) kirchliche Finanzierungsform aus, die der Christengemeinde auf den Leib geschrieben ist.

Wir kennen heute vor allem zwei Arten von Sammlungen: Haussammlungen und Straßensammlungen.

Haussammlungen. Die wohl bekannteste Haussammlung in unserer Landeskirche wird alljährlich zu Gunsten des Gustav-Adolf-Werkes, d. h. zugunsten der Protestanten in der weltweiten Diaspora, durchgeführt. Manche Gemeinden führen auch die Aktion „Brot für die Welt" in Form einer Haussammlung durch (Spendentüten werden in die Häuser gebracht und entweder wieder abgeholt oder von den Spendern zum Gottesdienst mitgebracht). Auch die Frühjahrs- und Herbstsammlung für das Diakonische Werk werden mancherorts als Haussammlung durchgeführt.

Es gibt aber schon eine Reihe von Gemeinden, die aus verschiedenen Gründen keine Haussammlungen mehr durchführen. Immer weniger Gemeindeglieder bringen die Bereitschaft auf, als Sammler von Haus zu Haus zu gehen. In wirtschaftlich schlechten Verhältnissen lebende Gemeindeglieder wie z. B. Arbeitslose bittet man mit Recht nicht gern zur Kasse. Aber auch sonst kann es an der Haustür zu Situationen kommen, denen die Sammler nicht gewachsen sind bzw. die ihnen Ärger bereiten. Gelegentlich werden darum die Gemeindeglieder um eine einmalige Großspende pro Jahr gebeten, die dann in bestimmter Aufteilung den genannten Aufgaben zugeführt wird. Mancherorts wird dieser neue Weg mit großem Erfolg beschritten. In anderen Gemeinden hat sich herausgestellt, daß über Gemeindefeste hohe Sammlungsergebnisse erzielt werden können. Dennoch bedarf es reiflicher Überlegungen, ob grundsätzlich auf Haussammlungen verzichtet werden soll. Richtig durchgeführte Haussammlungen können vielfach zu Gelegenheiten werden, mit den Gemeindegliedern in Kontakt zu kommen bzw. zu bleiben. An der Haustür oder im Wohnzimmer gibt es anläßlich von Haussammlungen nicht nur Gespräche über den Sammlungszweck, sondern immer wieder auch über die Situation der Gemeinde und der Gesamtkirche sowie über Fragen des Glaubens und Lebens. Dies setzt freilich voraus, daß Haussammlungen in aller Regel von Erwachsenen durchgeführt und nicht Kindern oder Jugendlichen übertragen werden.

Gerade Presbyter und Pfarrer sollten sich hier auf keinen Fall ausschließen. Kontakt mit Gemeindegliedern gehört zu ihren wichtigsten Aufgaben.

Straßensammlungen sind selten geworden; sie bedürfen der Genehmigung durch die Landesregierung, Haussammlungen bei den eigenen Gemeindegliedern sind dagegen nicht genehmigungspflichtig.

Wie sollen wir sammeln?

Zum Nachdenken über diese Frage zwingen uns sowohl der Rückgang an Kirchensteuereinnahmen wie die wachsende Not in vielen Lebensbereichen. Auch ein Vergleich mit den Sammlungen der römisch-katholischen Schwesterkirche kann uns in diesem Zusammenhang gute Dienste tun.

Eine richtig durchgeführte Haussammlung beginnt mit einer Zusammenkunft der Sammler, die über den Sammlungszweck eingehend informiert werden, damit sie den Gemeindegliedern Rede und Antwort stehen können. Nach Möglichkeit sollten sie schriftliches Informationsmaterial zusätzlich zur mündlichen Unterrichtung der Gemeindeglieder in den Häusern zurücklassen. Nach Abschluß der Sammlung wird in einer Zusammenkunft der Sammler Gelegenheit geboten, sich über die gemachten Erfahrungen auszutauschen. Dabei werden dann auch alle Themen zu Wort kommen, die, abgesehen vom Sammlungszweck, bei den Hausbesuchen angeschnitten werden. Auf diese Weise ins Gemeindeleben integriert sind Sammlungen ein ganz wichtiger Punkt und Gradmesser einer lebendigen Gemeinde: Kein Presbyter sollte sich die wichtigen Erfahrungen, die bei einer Haussammlung gemacht werden können, entgehen lassen. Wenn es um Geld geht, lernt man auch Gemeindeglieder von einer ganz neuen Seite kennen.

Für alle kirchlichen Mitarbeiter, ob haupt- oder ehrenamtlich, gilt, daß bei der Annahme und Weiterleitung anvertrauter Gelder größte Sorgfalt anzuwenden ist. Nur so können Spendenbereitschaft und Vertrauen der Gemeindeglieder erhalten bleiben bzw. wachsen.

Übrigens haben in der Zeit des knappen Geldes Presbyterien und Gemeinden wieder die Möglichkeit entdeckt, durch gemeinsame Arbeitseinsätze Geld einzusparen, das die Gemeinde dringend an anderer Stelle für ihre Arbeit braucht. Zugleich erweisen sich solche Arbeitseinsätze als ein Weg, unter Presbytern und Gemeindegliedern mehr Gemeinschaft wachsen zu lassen.

Zwei Bemerkungen zum Schluß:
– Wenn trotz aller Bedenken Jugendliche bei Sammlungen eingesetzt werden, sind einschlägige gesetzliche Bestimmungen zu beachten (vgl. F Anhang: Sammlungsgesetz für Rheinland-Pfalz vom 5. März 1970).
– Wir sollten immer wieder unsere Gemeindeglieder darauf hinweisen, daß Spendengelder für kirchliche Zwecke vom steuerpflichtigen Jahreseinkommen abgesetzt werden können. Eine Bescheinigung über Höhe, Empfänger und Verwendungszweck der Spende kann vom Sammler direkt übergeben oder vom Pfarramt ausgestellt werden. Sie muß dem Finanzamt vorgelegt werden.

Visitation

Wie jeder einzelne Christ die Gemeinschaft der anderen Christen
in der Gemeinde braucht, so braucht jede einzelne Gemeinde die
Gemeinschaft mit den anderen Gemeinden. Nur so können die
Gefahren geistlicher Engstirnigkeit und frommer Selbstgenüg-
samkeit abgewendet werden. Diese Gefahren sind tödlich für die
Einzelgemeinde wie für die Gesamtkirche. Darum sind Besuche
(Visitation = „Besuch") zwischen Gemeinden und Kirchen nicht
Luxus, sondern lebenswichtig. Wer schon einmal Besuch gemacht
hat bei Gemeinden in der DDR oder Besucher aus Gemeinden
der United Reformed Church, unserer britischen Partnerkirche,
empfangen hat, hat erleben können, wieviel er dabei für sich
selbst und die eigene Gemeinde lernen konnte. Jeder Besuch zwischen Christen und Gemeinden setzt Lernprozesse in Gang.

Darum ist Visitation im Sinne von rechtlich geordneter Kirchenvisitation fester Bestandteil des Lebens in unserer Landeskirche. (Vgl. Seite 221: Gesetz über die Ordnung der Kirchenvisitation.) „Jede Pfarrei soll regelmäßig alle sechs bis acht
Jahre visitiert werden" (§ 1 Abs. 1). Verschiedene Momente fließen in der Kirchenvisitation heutiger Prägung zusammen, ein per-
sönlich-seelsorgerliches, ein beratend-aufsichtliches, ein ge-
meindlich-missionarisches und ein volkskirchlich-repräsentatives
Moment. In der Vielfalt dieser Momente lauern natürlich auch
Gefahren des Ausweichens vor dem eigentlichen Ziel der Kirchenvisitation.

Darum formuliert die Ordnung der Kirchenvisitation in der
Präambel II Abs. 1: „Ziel der Visitation ist es, Pfarreien, Kirchengemeinden, Kirchenbezirke, gesamtkirchliche Dienste, Pfarrer
und andere Mitarbeiter bei der Erfüllung ihres Auftrages zu unterstützen und sie zur Selbstprüfung anzuleiten. Sie achtet auf das
Vorhandene, regt Neues an, begleitet neue Versuche, hilft bei der
Lösung von Konflikten und erörtert in Kirche und Gesellschaft
aufgebrochene Fragen."

Dem Presbyterium fällt schon bei der Vorbereitung der Visitation eine wichtige Aufgabe zu: Es hat einen Bericht aufzustellen
und zu beschließen, der die Situation der Gemeinde und ihre Probleme beschreibt, ferner auch ihr Verhältnis zu den Nachbargemeinden, zum Kirchenbezirk und zur Gesamtkirche. Dieser Bericht ist Grundlage und Ausgangspunkt der Visitation. Dabei hat
jeder Presbyter das Recht, seine vom Bericht der Mehrheit abweichende Auffassung beifügen zu lassen. Das Presbyterium hat fer-

ner die Gelegenheit zu einem Gespräch mit der Visitationskommission in Abwesenheit des Pfarrers, ebenso wie der Pfarrer ein Gespräch mit der Visitationskommission ohne die übrigen Mitglieder des Presbyteriums führt. Damit soll die Unbefangenheit der jeweiligen Meinungsäußerungen gefördert werden.

Oft trifft die Visitationskommission, die aus dem Dekan als Vorsitzendem und Mitgliedern des erweiterten Bezirkskirchenrates besteht, mit den Gemeindegliedern in einer Gemeindeversammlung zusammen. Dabei werden die Gemeindeglieder über den Verlauf der Visitation informiert, während sie selbst Gelegenheit zu Fragen und Anregungen an die Visitationskommission haben. Auch hier wird der Blick auf die größeren Zusammenhänge gerichtet, in die jede Gemeinde eingebettet ist, auf den Kirchenbezirk, die Landeskirche, die Evangelische Kirche in Deutschland und die ganze Ökumene.

Konflikte in der Gemeinde

Wo Menschen zusammen leben, da gibt es Spannungen und Konflikte. Konflikte können persönliche, sachliche oder – in der Gemeinde besonders häufig – theologische Ursachen haben. Bei Konflikten in der Gemeinde wird immer wieder „Brüderlichkeit" gefordert. Das kann nur bedeuten, daß wir den Streit untereinander brüderlich austragen, ihn nicht unter den Teppich kehren. Der Versuch, Konflikte in der Gemeinde zu verbieten („weil nicht sein kann, was nicht sein darf") oder zu verharmlosen, ist keine christliche Lösung. Das Neue Testament enthält viele Berichte von Konflikten, Konflikten zwischen den Jüngern, zwischen den Aposteln, zwischen Apostel und Gemeinde und innerhalb von Gemeinden.

Konfliktlösung erfordert viel Geduld, viel Zeit, viele Gespräche. Dabei gilt der Grundsatz: Intern schwelende Konflikte sollten auch intern gelöst werden. Konflikte, die schon in der Öffentlichkeit sind, sollten auf eine für die Öffentlichkeit transparente Weise gelöst werden. Je schneller ein Konflikt angegangen wird, desto leichter ist im allgemeinen seine Lösung. Verschleppte Konflikte sind wie verschleppte Krankheiten: Sie werden nicht besser, sondern schlimmer. Meist bedeutet dies für die Gemeinde, daß sich Menschen enttäuscht oder verbittert von ihr abwenden. Bei allen Konflikten in der Gemeinde muß den Beteiligten immer klar bleiben oder neu bewußt gemacht werden, daß das Einende zwischen Christen immer größer ist als das Trennende. Gemeinschaft innerhalb der Gemeinde ist nichts Selbstverständliches, sondern etwas, das von Tag zu Tag erneuert werden will.

Manchmal ist ein Konflikt im Presbyterium oder in der Gemeinde nicht mehr ohne fremde Hilfe zu lösen. Es gilt dann, die Vermittlungsdienste des Dekans, des Bezirkskirchenrates und des Landeskirchenrates in Anspruch zu nehmen. Auch die richtig durchgeführte Visitation kann Instrument zur Bearbeitung von Konflikten in der Gemeinde sein.

Vakanz

Manchmal fällt in die Amtsperiode des Presbyteriums auch ein Pfarrerwechsel. Im allgemeinen hat der scheidende Pfarrer dann die nötigen Absprachen getroffen, so daß die Vertretung der vakanten Pfarrstelle („vakant" = lat. frei, unbesetzt), jedenfalls soweit es Gottesdienst, Amtshandlungen und Konfirmandenarbeit betrifft, geregelt ist. Aber das Feld der Gemeindearbeit ist ja viel größer. Hier bewährt es sich, wenn im Presbyterium schon von Anfang an Aufgaben auf verschiedene Mitglieder verteilt wurden. Der neben dem Pfarrer am Vorsitz im Presbyterium beteiligte Presbyter ist jetzt Anlaufstelle für die Gemeinde angesichts des leeren Pfarrhauses. Solche Zeiten der Vakanz sind ein Prüfstein dafür, ob ein Presbyterium wirklich mitverantwortlich arbeitet oder sich nach dem Weggang des Pfarrers plötzlich „kopflos" fühlt.

Haushalt – Vermögen – Gebäude

Wie alle Körperschaften des öffentlichen Rechts unterliegt auch die Kirchengemeinde dem sogenannten Budgetrecht. Das bedeutet, daß die Kirchengemeinde gehalten ist, jährlich ihre in der Vorausschau zu erwartenden Einnahmen und Ausgaben in einem *Haushaltsplan* festzulegen und auszuweisen. Dieser Haushaltsplan, der ausgeglichen sein muß, bedarf – in der Regel nach Vorberatung im Finanzausschuß – ebenso wie etwaige Überschreitungen und außerplanmäßige Ausgaben der Beschlußfassung durch das Presbyterium.

Die wesentlichen Einnahmen, die im Haushaltsplan zu veranschlagen sind, sind

- die Schlüsselzuweisungen der Landeskirche aus dem Kirchen-
  steueraufkommen,
- Kollekte, Opfergeld, Spenden und
- etwaige Einnahmen aus Grundbesitz und Vermögen (soweit
  vorhanden), als da sind Mieten, Pächte und Zinsen.

Ausgaben fallen an für die Gemeindearbeit als solche, insbesondere für Gottesdienste, für kirchengemeindliche Dienste, Arbeiten und Gruppen, für Gebäudewartung und -unterhaltung
(Heizung, Beleuchtung, Reparaturen), für Personalkosten der
haupt- und nebenamtlichen Mitarbeiter, für Umlageverpflichtun-
gen und je nach den örtlichen Bedürfnissen vieles andere mehr.
Besondere Teile des Haushaltsplans sind Stellenplan und Vermö-
gensübersicht.

Am Jahresende ist dann ein Jahresabschluß zu fertigen, der
wiederum vom Presbyterium beschlußmäßig festzustellen ist. Die
Jahresrechnung geht sodann zur Prüfung an das landeskirchliche
Rechnungsprüfungsamt. Erst wenn dieses keine Einwendungen
erhebt, kann die Entlastung wiederum durch Beschluß des Presbyteriums erfolgen.

Vermögen ist im Recht der Inbegriff der in Geld schätzbaren
Güter. Es gehören dazu nicht nur Geld selbst und Wertpapiere,
sondern auch Forderungen, bewegliches Gut, Grundstücke und
grundstückswerte Rechte. Man darf sich des Besitzes nicht nur
freuen; es ist auch kirchlich durchaus legitim, ihn zu nutzen und
unter Umständen auch danach zu trachten, ihn zu mehren. „Das
Vermögen der Kirchengemeinde gewissenhaft zu verwalten", gehört nach § 13 Abs. 2 Ziffer 6 der Kirchenverfassung mit zu den
besonders hervorgehobenen Aufgaben des Presbyteriums. Konkret bedeutet das beispielsweise, daß nicht zum alsbaldigen Gebrauch oder Verbrauch benötigte Gelder (z. B. Rücklagen und
Fondgelder) zinsbringend und mündelsicher anzulegen sind, wobei allerdings billigerweise anzumerken ist, daß der alte, aus der
Entstehungsgeschichte des BGB stammende Begriff der „Mün-
delsicherheit" seit den Tagen der Inflation nach dem ersten Weltkrieg an Bedeutung verloren und heute allenfalls nur noch for-
male Bedeutung hat.

Die Kirchenverfassung widmet in § 13 Abs. 2 eine besondere
Ziffer der Pflege der kirchlichen *Gebäude*. Es wird daran deutlich, welche Bedeutung die Kirche gerade diesem Komplex bei-
mißt. Im wesentlichen handelt es sich dabei um Kirche, Pfarrhaus
und, soweit vorhanden, Gemeindehaus und Kirchendienerwoh-
nung, die pflichtgemäß nebst Zubehör in gutem Zustand zu erhal-

ten sind. Hierzu bedarf es einer regelmäßigen Kontrolle des Bauzustands durch das Presbyterium bzw. seinen Bauausschuß.

Rechtsgrundlagen kirchengemeindlichen Bauens

1. Grundsatzbeschluß des Presbyteriums.

Bei Instandsetzungen unter DM 20 000,—, sofern kein denkmalsgeschütztes Gebäude betroffen ist, keine Finanzhilfe der Landeskirche erwartet wird und weder Kanzel noch Altar noch Orgel betroffen sind, kann die Ausführung sofort beschlossen werden (§ 80 Abs. 2 HVO). Die Vorschriften der VOB sind zu beachten.

Bei Orgel- und Glockenfragen ist der jeweilige landeskirchliche Sachverständige rechtzeitig einzuschalten.

2. Bei allen anderen Baumaßnahmen wird ein Gespräch mit Dekanat, Bau- und Finanzabteilung der Landeskirche empfohlen.

3. Mit den gegebenen Empfehlungen, Hinweisen und Auflagen muß das Presbyterium noch befaßt werden (Raumprogramm, Ausführungsart und Umfang der Maßnahme, Baubetreuung).

4. Wird kein Architekt benötigt, können Kostenvoranschläge eingeholt und mit dem Finanzierungsplan zur kirchenaufsichtlichen Genehmigung eingereicht werden.

– Bei Einschaltung eines Architekten hat das Presbyterium einen Vorschlag zu machen, ebenso bei Neubauten das gewünschte Raumprogramm mitzuteilen.

– Nach Zustimmung des Landeskirchenrates zur Architektenwahl und der Genehmigung des Architektenvertrages beginnt die Planungsphase. In diese Planung ist die Bauabteilung einzuschalten.

5. Nach Fertigstellung der Entwurfsplanung ist ein Finanzierungsgespräch angebracht.

6. Die Bauarbeiten dürfen grundsätzlich nicht begonnen werden, bevor die kirchenaufsichtliche Genehmigung erteilt ist und die Finanzierungsbeihilfen förmlich bewilligt sind. Ein vorzeitiger Baubeginn gefährdet im besonderen alle etwaigen Staats- und Kommunalzuschüsse.

7. Vor Erteilung der kirchenaufsichtlichen Genehmigung erfolgt das Einvernehmen mit dem Kirchenbezirk; die Kirchenbezirke verfügen über 25% der Baumittel der Landeskirche.

8. Bei Neubauten und größeren Instandsetzungen erfolgt zunächst nur eine Genehmigung zur Ausschreibung, deren Ergebnis

Grundlage der späteren Genehmigung und Bewilligung von Finanzierungshilfen ist.

9. Zuständig für die Vergabe von Bauaufträgen ist das Presbyterium. Die Aufträge sind grundsätzlich nach Ausschreibung dem wirtschaftlichsten Anbieter nach den Vorschriften der VOB zu übertragen. Keinesfalls darf ein Auftrag vergeben werden, der nicht finanziert ist.

10. Änderungen des Planes oder der Kosten muß der Architekt unverzüglich dem zuständigen Pfarramt bekanntgeben. Bei Änderung des Planes, der Kosten oder der Finanzierung hat das Presbyterium dafür eine besondere Genehmigung einzuholen. Mehrkosten oder Finanzierungslücken erfordern einen Nachtragsfinanzierungsplan.

11. Der Beginn der Bauarbeiten und der Abschluß der Rohbau- und der Ausbauarbeiten ist der Bauabteilung des Landeskirchenrates anzuzeigen.

12. Ist die Baumaßnahme abgeschlossen, so hat das Pfarramt aufgrund der vom Architekten unverzüglich zu erstellenden Abschlußrechnung über die entstandenen Kosten und die Finanzierung zu berichten.

Verwaltungsfragen

Das Presbyterium hat nicht nur im Zusammenwirken mit dem Pfarrer Aufgaben geistlicher Leitung in der Kirchengemeinde zu erfüllen (§ 13 Abs. 1 Kirchenverfassung). Ihm sind auch in der Kirchenverfassung eine ganze Reihe von Verwaltungsaufgaben zugewiesen. Darin liegt kein Widerspruch; beide Aufgabenbereiche im Presbyterium bedingen und ergänzen einander. Verwaltung ist nie Selbstzweck. Kirchliche Verwaltung dient nur dem einen Zweck, daß der Verkündigungsauftrag der Kirche recht ausgerichtet werden kann. Man kann in der Kirche nicht Verwaltung üben, ohne daß sich zugleich auch kirchliche und geistliche Leitung ereignet. Und man kann umgekehrt nicht geistliche Leitung praktizieren, ohne zugleich auch ein Stück Verwaltung zu verwirklichen.

Zu den Verwaltungsaufgaben des Presbyteriums gehören in erster Linie alle Finanzfragen einschließlich Gestaltung und Vollzug des Haushaltsplans sowie Durchführung von Sammlungen. Es gehören ferner dazu die gesamte Vermögensverwaltung und die Gebäudeunterhaltung. Hinzu kommt alles, was mit dem

Stichwort „Personalfragen" zu umschreiben ist: Aufstellung von
Stellenplänen (als Teil des Haushaltsplans), Vergütungsfragen
und Anstellung der haupt-, neben- und ehrenamtlichen Mitarbeiter der Kirchengemeinde. Als solche kommen hauptsächlich in
Frage Organist und Kantor, Kirchendiener, Mitarbeiter im Ver-
waltungsdienst und Reinigungskräfte.

Nicht unerwähnt sollte in diesem Zusammenhang auch bleiben, daß das Presbyterium im rechtsgeschäftlichen Verkehr die
Kirchengemeinde gerichtlich und außergerichtlich vertritt (§ 6
Abs. 3 Satz 2 und § 13 Abs. 2 Ziffer 9 der Kirchenverfassung).
Rechtsverbindliche schriftliche Willenserklärungen, durch die
eine Verpflichtung für die Kirchengemeinde Dritten gegenüber
begründet oder übernommen oder ein Recht aufgegeben werden
soll, sowie Vollmachten bedürfen der Unterschrift des geschäftsführenden Pfarrers sowie zweier weiterer Mitglieder des Presby-
riums unter Beifügung des Amtssiegels. Auch muß in ihnen auf
die zugrunde liegenden Beschlüsse Bezug genommen werden. Für
die Aufnahme von Urkunden vor Gericht oder Notaren genügt
die Vertretung durch ein mit Vollmacht versehenes Mitglied des
Presbyteriums.

Mitarbeit der Presbyter in übergemeindlichen Gremien

Das Presbyterium als direkt gewählte Vertretung der Kirchengemeinde, d. h. der kirchlichen Basis, ist seinerseits Grundlage für
die Vertretungsorgane in den nachbarschaftlichen, regionalen
und landesweiten Zusammenschlüssen unserer Kirche:

Verbandspfarrei

nennen wir einen Zusammenschluß mehrerer Kirchengemeinden
im Nachbarschaftsbereich zur Wahrnehmung gemeinsamer pa-
storaler Aufgaben.

Gesamtkirchengemeinde

nennen wir den Zusammenschluß der Kirchengemeinden einer
Stadt, vor allem zur Erfüllung gemeinsamer Verwaltungsaufgaben.

Bezirkssynode

Das Presbyterium wählt zu Beginn seiner Amtsperiode die auf die betreffende Kirchengemeinde entfallende Zahl von Bezirkssynodalen. Dabei kann es auch auf Gemeindeglieder zurückgreifen, die dem Presbyterium nicht angehören, aber das kirchliche Wahlrecht besitzen.

Landessynode

Die Mitglieder der Landessynode werden von den Bezirkssynoden zu Beginn ihrer Amtsperiode gewählt. Über die Wahl der Bezirkssynodalen ist also jedes Presbyterium mittelbar an der Wahl der Landessynodalen beteiligt.

Auch dieser Blick auf regionalkirchliche und landeskirchliche Vertretungsorgane macht deutlich, wie das Presbyterium jeder einzelnen Kirchengemeinde auf vielfältige Weise in die Gesamtkirche hineinverflochten ist.

E
DER KIRCHENBEZIRK

**Gliederung und Aufgaben (63) – Kirchenbezirke und
Kirchengemeinden (65) – Leitungsgremien der Bezirkssynoden (73)**

Gliederung und Aufgaben

Zwischen den Kirchengemeinden und der Landeskirche steht als
mittlere Organisationsebene der Kirchenbezirk. Unsere Landeskirche ist in 20 Kirchenbezirke gegliedert. Ihre Größe ist sehr unterschiedlich, sie schwankt zwischen 74 259 (Ludwigshafen) und
10 155 (Rockenhausen) Gemeindegliedern. Die Organe des Kirchenbezirks sind die Bezirkssynode, der Bezirkskirchenrat und
der Dekan (das Dekanat). Die Aufgabenverteilung unter diesen
drei Organen des Kirchenbezirks ist zu finden in den §§ 49 bis 64
der Kirchenverfassung. Es sind vor allem Aufgabengebiete, für
die die Kirchengemeinde eine zu schmale Basis bildet, für die andererseits die Landeskirche räumlich und personell zu unüber-
sichtlich ist. Im Kirchenbezirk muß sich das Zusammenspiel der
Gemeinden ebenso bewähren wie in einer Gemeinde das Miteinander der einzelnen Gemeindeglieder. In der Tat ist die Gefahr
groß, daß Gemeinden samt ihren Presbyterien, Pfarrern und Mitarbeitern in der Isolation stecken bleiben und einem Gemeinde-
egoismus verfallen. Deshalb sind die wichtigsten Funktionen des
Kirchenbezirks in der Praxis

- Erfahrungsaustausch zwischen den Kirchengemeinden
- Zusammenarbeit der Kirchengemeinden
- Förderung der Zusammenarbeit zwischen den Kirchengemein-
  den und den übergemeindlichen/gesamtkirchlichen Diensten

– Erarbeitung gemeinsamer Stellungnahmen zu kirchlichen und gesellschaftlichen Vorgängen im Kirchenbezirk und im Bereich der Landeskirche.

In den vergangenen Jahren hat der Kirchenbezirk deutlich an Gewicht gewonnen, was seine Aufgaben und Verantwortlichkeiten betrifft. Kennzeichen dafür ist die Eigenschaft einer Körperschaft des öffentlichen Rechts, die Wahl des Vorsitzenden durch die Bezirkssynode selbst, die Wahl des Dekans auf Zeit (10 Jahre) durch die Bezirkssynode.

Grundlage des Gesprächs in der Bezirkssynode ist neben den Anträgen einzelner Synodaler immer wieder der Bericht des Dekans über die Situation im Kirchenbezirk und die Tätigkeit des Bezirkskirchenrats. Hier ist der Ort, theologische, kirchliche und gesellschaftliche Grundsatzfragen aufzugreifen, zu diskutieren und je nach Bedarf auch zu einer gemeinsamen Meinungs- und Willensbildung zu kommen.

Wesentliche Aufgaben des Bezirkskirchenrates sind neben der Vorbereitung der Tagungen der Bezirkssynoden die Visitationen in Kirchengemeinden (vgl. S. 221). Diesem Verantwortungsbereich wird seit einiger Zeit mehr Aufmerksamkeit und Zeit gewidmet. Wichtig ist, die Visitation als Gelegenheit zur brüderlichen Beratung in Gemeindeschwierigkeiten zu verstehen und nicht als die Stunde ungetrübter Erfolgsmeldungen.

Auf der Ebene eines oder mehrerer Kirchenbezirke arbeiten
– die Jugendzentralen mit den Dekanatsjugendwarten
– die Regionalstellen der Evangelischen Erwachsenenbildung mit den Regionalreferenten und den Dekanatsarbeitskreisen für Erwachsenenbildung
– die Bezirksdiakonieausschüsse und andere Einrichtungen der Diakonie
– das Bezirkskantorat mit dem Bezirkskantor für die Kirchenmusik.

Gemeinsame Unternehmungen fördern das Zusammengehörigkeitsbewußtsein im Kirchenbezirk: Bezirks-Gustav-Adolf-Fest, Dekanatskirchenmusiktag, Dekanatsfrauentag, Dekanatsmännertag, Dekanatsjugendtag, Presbytertag. Die Förderung und Betreuung von Lektoren und Prädikanten und deren Einsatz in den Kirchengemeinden geschieht auf Kirchenbezirksebene. Auch Beratungsdienste, Krankenhausseelsorge, Pressearbeit, Gespräche mit Parteien, Gewerkschaften und Unternehmern sind Aktivitäten, für die der Kirchenbezirk eine Organisationseinheit von sinnvoller Größe darstellt.

Bei alledem kann das Bewußtsein wachsen, daß die Arbeit im größeren Zusammenhang des Kirchenbezirks der Arbeit der Einzelgemeinde zugute kommt und ihr förderlich ist. Darum sollte das Presbyterium sich dafür einsetzen, daß die Kirchengemeinde die Gemeinschaft im Kirchenbezirk fördert und seine Aktivitäten mitträgt.

Kirchenbezirke und Kirchengemeinden in der Evangelischen Kirche der Pfalz

Kirchenbezirk Bad Bergzabern

Dekan: Alfred Keffel
Dekanat: Luitpoldstraße 33,
6748 Bad Bergzabern

Kirchengemeinden

Bad Bergzabern
  Pleisweiler-Oberhofen
Barbelroth
  Dierbach
  Winden
Dörrenbach-Oberotterbach
Freckenfeld
  Niederotterbach
  Minfeld
Heuchelheim
  Klingen
  Göcklingen
Ingenheim-Appenhofen
  Billigheim-Mühlhofen
Kapellen-Drusweiler
  Niederhorbach
Klingenmünster
  Gleiszellen-Gleishorbach
Rechtenbach
  Schweigen

Rohrbach b. Landau
  Steinweiler
Vorderweidenthal
  Dimbach

Kirchenbezirk Bad Dürkheim

Dekan: Rudi Weber
Dekanat: Kirchgasse 14,
6702 Bad Dürkheim

Kirchengemeinden

Bad Dürkheim
  Grethen
  Hardenburg
  Ungstein
Birkenheide
  Johannes-Kirchengemeinde
  Maxdorf 2 (BASF-Siedlung)
Ellerstadt
Freinsheim
  Dackenheim
Gönnheim
  Friedelsheim
Herxheim a. Bg.
  Leistadt

Kallstadt
  Erpolzheim
Maxdorf
Wachenheim
  Deidesheim
Weisenheim a. Bg.
  Bobenheim a. Bg.
Weisenheim a. Sd.

Kirchenbezirk Frankenthal

Dekan: NN
Dekanat: Gartenstraße 6,
6710 Frankenthal

Kirchengemeinden

Friedenskirchengemeinde
  Frankenthal
Lutherkirchengemeinde
  Frankenthal
Versöhnungskirchengemeinde
  Frankenthal
Zwölf-Apostel-
  Kirchengemeinde
  Frankenthal
Pilgerpfad Frankenthal
Mörsch
Dirmstein
  Gerolsheim
Eppstein
  Flomersheim
Großkarlbach
  Laumersheim
  Obersülzen
Heßheim
  Beindersheim
Heuchelheim-Niedesheim
Lambsheim
Roxheim-Bobenheim

Kirchenbezirk Germersheim

Dekan: Arnold Rust
Dekanat: Hauptstraße 1,
6728 Germersheim

Kirchengemeinden

Bellheim-Knittelsheim
Germersheim
  Sondernheim
Kandel
  Erlenbach bei Kandel
Lustadt
Maximiliansau
  Hagenbach
Neuburg
Rülzheim
Schwegenheim
Weingarten
Westheim
Wörth
  Jockgrim
Zeiskam

Kirchenbezirk Grünstadt

Dekan: Theo Herzer
Dekanat:
Friedrich-Ebert-Straße 5,
6718 Grünstadt

Kirchengemeinden

Altleiningen
  Höningen
Asselheim
  Albsheim/Eis
  Mühlheim/Eis
Battenberg
  Kleinkarlbach

Bockenheim
  Kindenheim
Carlsberg
  Hertlingshausen
Ebertsheim
  Quirnbach
Eisenberg
Grünstadt
Kirchheim/W.
  Bissersheim
Obrigheim-Colgenstein
Ramsen
Sausenheim
  Neuleiningen
Wattenheim
  Hettenleidelheim
  Tiefenthal

Kirchenbezirk Homburg

Dekan: Siegfried Wagner
Dekanat: Kirchenstraße 8,
6650 Homburg/Saar

Kirchengemeinden

Bexbach
Breitenbach
  Dunzweiler
Bruchmühlbach
  Hauptstuhl
  Vogelbach
Großbundenbach
Hassel
  Rohrbach
Höchen
Homburg
  Homburg-Beeden
  Bruchhof-Sanddorf
Homburg-Erbach
Kirkel-Neuhäusel

Lambsborn
  Bechhofen
Landstuhl
  Kindsbach
Limbach
  Altstadt
Mittelbrunn
  Gerhardsbrunn
  Langwieden
  Obernheim-Kirchenarnbach
Miesau
  Gries
Miesenbach
  Ramstein
Niederbexbach
  Kleinottweiler
Oberbexbach
Schönenberg-Kübelberg
Schwarzenbach
Spesbach
  Hütschenhausen
Steinwenden-Weltersbach
  Kottweiler-Schwanden
Waldmohr
  Jägersburg
Wiesbach

Kirchenbezirk Kaiserslautern

Dekan: Karl-Heinrich Beck
Dekanat: Benzinoring 57,
6750 Kaiserslautern

Kirchengemeinden

Dansenberg
  Hohenecken
Erlenbach
  Kaiserslautern-Morlautern
Apostelkirchengemeinde
  Kaiserslautern

Christuskirchengemeinde
  Kaiserslautern
Dietrich-Bonhoeffer-
  Kirchengemeinde
  Kaiserslautern
Lukaskirchengemeinde
  Kaiserslautern-West
  Kaiserslautern-Einsiedlerhof
Lutherkirchengemeinde
  Kaiserslautern
Pauluskirchengemeinde
  Kaiserslautern
Stiftskirchengemeinde
  Kaiserslautern
Friedenskirchengemeinde
  Kaiserslautern
Kaiserslautern-Bännjerrück
Kaiserslautern-Betzenberg
Kaiserslautern-Erzhütten
Hochspeyer
  Waldleiningen
Schopp-Linden

Kirchenbezirk
Kirchheimbolanden

Dekan: Claus Burmeister
Dekanat: Mozartstraße 11,
6719 Kirchheimbolanden

Kirchengemeinden

Albisheim
  Einselthum
Dannenfels-Jakobsweiler
Gauersheim
  Ilbesheim b. K'bol.
  Stetten
Göllheim
  Lautersheim
  Rüssingen

Kerzenheim
  Rodenbach
Kirchheimbolanden
  Bischheim
  Bolanden
  Rittersheim
Kriegsfeld-Mörsfeld
Marnheim-Dreisen
Morschheim
  Mauchenheim
Zellertal
  Biedesheim

Kirchenbezirk Kusel

Dekan: Dr. Baldur Melchior
Dekanat: Luitpoldstraße 3,
6798 Kusel

Kirchengemeinden

Altenglan
  Mühlbach/Glan
Altenkirchen
  Brücken
Glanmünchweiler
  Dietschweiler
Herschweiler-Pettersheim
Hüffler-Wahnwegen
Konken
Kusel
  Dennweiler-Frohnbach
Neunkirchen am Potzberg
  Gimsbach
Niederkirchen i. Ostertal
  Hoof i. Ostertal
Quirnbach
Rammelsbach
St. Julian
  Gumbsweiler

Theisbergstegen
Ulmet

Kirchenbezirk Landau

Dekan: Fritz Anefeld
Dekanat: Westring 3,
6740 Landau

Kirchengemeinden

Albersweiler
  Dernbach-Ramberg
  Eußerthal
Annweiler
  Queichhambach
Böchingen
Essingen-Dammheim-
  Bornheim
Frankweiler
  Gleisweiler
Freimersheim
  Kleinfischlingen
Godramstein
Hochstadt
Impflingen
  Insheim
  Herxheim
Johanneskirchengemeinde
  Landau-Horst
Stiftskirchengemeinde
  Landau-Mitte
Matthäuskirchengemeinde
  Landau-Wollmesheimer
  Höhe
  Mörzheim
  Wollmesheim
Landau-Queichheim
  Landau-Mörlheim
Leinsweiler
  Ilbesheim

Nußdorf
Offenbach b. Landau
  Ottersheim
Rinnthal
  Hofstätten
Rhodt unter Rietburg
Siebeldingen
  Birkweiler
Walsheim b. Landau
  Knöringen
Wilgartswiesen
  Hauenstein
  Spirkelbach

Kirchenbezirk Lauterecken

Dekan: Max Krumbach
Dekanat: Schulstraße 29,
6758 Lauterecken

Kirchengemeinden

Einöllen
Hinzweiler
Jettenbach
Lauterecken
Odenbach
Rothselberg
Wolfstein

*Kirchenbezirk
Ludwigshafen/Rh.*

Dekan:
D. Dr. Friedhelm Borggrefe
Dekanat: Lutherstraße 14,
6700 Ludwigshafen

Kirchengemeinden

Altrip
Ludwigshafen-Edigheim

Ludwigshafen
  Ernst-Reuter-Siedlung
Pauluskirchengemeinde
  Ludwigshafen-Friesenheim
Erlöserkirchengemeinde
  Ludwigshafen-Gartenstadt
Apostelkirchengemeinde
  Ludwigshafen-Hemshof
Ludwigshafen-Maudach
Lutherkirchengemeinde
  Ludwigshafen-Mitte
Christuskirchengemeinde
  Ludwigshafen-Mundenheim
Johanneskirchengemeinde
  Ludwigshafen-Niederfeld
Friedenskirchengemeinde
  Ludwigshafen-Nord
Markuskirchengemeinde
  Ludwigshafen-Oggersheim
Auferstehungskirchengemeinde
  Ludwigshafen-Oppau
Ludwigshafen-Pfingstweide
Ludwigshafen-Rheingönheim
Lukaskirchengemeinde
  Ludwigshafen-Süd
Matthäuskirchengemeinde
  Ludwigshafen-West
Ludwigshafen-Ruchheim

*Kirchenbezirk
Neustadt an der Weinstraße*

Dekan: Hans-Jürgen Grimm
Dekanat: Schütt 9,
6730 Neustadt an der
Weinstraße

Kirchengemeinden

Altdorf-Böbingen-Duttweiler
Edenkoben

Elmstein-Iggelbach
Frankeneck-Neidenfels
Gimmeldingen
Gommersheim-Freisbach
Haardt
Hambach
Haßloch
Lachen-Speyerdorf
Lambrecht-Lindenberg
Maikammer
Meckenheim
  Rödersheim-Gronau
Mußbach
Martin-Luther-
  Kirchengemeinde Neustadt
  (Winzingen)
Stiftskirchengemeinde
  Neustadt
Weidenthal-Frankenstein

Kirchenbezirk Obermoschel

Dekan: Rudolf Job
Dekanat:
Richard-Müller-Straße 11,
6763 Obermoschel

Kirchengemeinden

Alsenz
  Niedermoschel
  Oberndorf
  Mannweiler-Cölln
Altenbamberg-Ebernburg
Callbach
  Schmittweiler
  Rehborn
Duchroth-Oberhausen
Feilbingert
  Hallgarten
Finkenbach

Hochstätten
Obermoschel
Odernheim/Glan
  Lettweiler

Kirchenbezirk Otterbach

Dekan: Berthold Gscheidle
Dekanat:
Konrad-Adenauer-Str. 53,
6756 Otterbach 1

Kirchengemeinden

Erfenbach
Katzweiler-Mehlbach
Mackenbach
  Schwedelbach
Niederkirchen-Heimkirchen
Olsbrücken
Otterbach
Otterberg
Reichenbach-Steegen
Rodenbach
Siegelbach
Trippstadt
  Mölschbach
  Stelzenberg
Weilerbach

Kirchenbezirk Pirmasens

Dekan: Wolfgang Maupai
Dekanat:
Dankelsbachstraße 64,
6780 Pirmasens

Kirchengemeinden

Dahn
Hinterweidenthal

Höheinöd
  Hermersberg
Höheischweiler
  Höhmühlbach
Lemberg
Luthersbrunn
  Obersimten
Nünschweiler
  Dellfeld
Johanneskirchengemeinde
  Pirmasens-Mitte
Markuskirchengemeinde
  Pirmasens-Nord
Lutherkirchengemeinde
  Pirmasens-Süd
  Niedersimten
Friedenskirchengemeinde 1
  Pirmasens-Erlenbrunn
Friedenskirchengemeinde 2
  Pirmasens-Ruhbank
Matthäuskirchengemeinde
  Pirmasens-Süd-West
Pauluskirchengemeinde
  Pirmasens-West
Rodalben
Schmalenberg
  Geiselberg
  Heltersberg
Schönau-Rumbach
Thaleischweiler
Waldfischbach
  Burgalben
  Donsieders
Wallhalben
  Herschberg
Winzeln
  Gersbach

71

Kirchenbezirk Rockenhausen

Dekan: Kurt Molitor
Dekanat: Brühlgasse 11,
6760 Rockenhausen

Kirchengemeinden

Dielkirchen-Ransweiler
Dörrmoschel
  Bisterschied
Marienthal
Münsterappel
  Kalkofen
  Niederhausen/Appel
  Winterborn
Rathskirchen
  Nußbach
  Rudolfskirchen
Rockenhausen
St. Alban
  Gaugrehweiler

Kirchenbezirk Speyer

Dekan: Klaus Böhm
Dekanat: Schwerdstraße 1,
6720 Speyer

Kirchengemeinden

Böhl
Dannstadt
  Assenheim
Dudenhofen
Fußgönheim
  Schauernheim
Iggelheim
Limburgerhof
Mechtersheim
Mutterstadt
Neuhofen-Waldsee-Otterstadt
Schifferstadt

Dreifaltigkeitskirchengemeinde
  Speyer
Gedächtniskirchengemeinde
  Speyer
Heiliggeistkirchengemeinde
  Speyer
Christuskirchengemeinde
  Speyer
Johanneskirchengemeinde
  Speyer

Kirchenbezirk Winnweiler

Dekan: Dieter Oberkircher
Dekanat: Jakobstraße 27,
6752 Winnweiler 1

Kirchengemeinden

Alsenborn
Enkenbach
  Mehlingen
Gundersweiler
Heiligenmoschel
  Höringen
Imsbach
  Alsenbrück
Münchweiler/Alsenz
Sembach
  Rohrbach-Wartenberg
Sippersfeld
  Breunigweiler
  Neuhemsbach
Steinbach/Donnersberg
Winnweiler

Kirchenbezirk Zweibrücken

Dekan: Martin Lugenbiehl
Dekanat:
Johann-Schwebel-Straße 18,
6660 Zweibrücken

Kirchengemeinden

Blieskastel
  Bierbach
Breitfurt
  Böckweiler
Contwig
  Stambach
Einöd
Ensheim
Großsteinhausen
  Bottenbach
Hornbach
  Brenschelbach
Mimbach
  Webenheim
Mittelbach
  Wattweiler

Oberauerbach
  Battweiler
Rieschweiler
  Maßweiler
Rimschweiler
  Althornbach
St. Ingbert
  Schnappach
Walsheim/Blies
  Bliesdalheim
  Wolfersheim
Winterbach
Zweibrücken-Mitte
Zweibrücken-Ernstweiler
Zweibrücken-Ixheim
Zweibrücken-Niederauerbach

Leitungsgremien der Bezirkssynoden

(V = Vorsitzender, stV = stellvertretender Vorsitzender, S = Senior)

Dekanat Bad Bergzabern
  V Willi Weiler
  Vermessungstechniker
  Bad Bergzabern
  stV Dr. Jürgen Grimm
  Pfarrer
  Dörrenbach
  S Alfred Wasner
  Pfarrer
  Schweigen-Rechtenbach

Dekanat Bad Dürkheim
  V Adolf Müller
  Dipl.-Pädagoge
  Bad Dürkheim
  stV Udo Stoltefuß
  Versicherungs-Manager
  Ellerstadt

  S Helmut Peschel
  Pfarrer
  Bad Dürkheim

Dekanat Frankenthal
  V Gernot Gentes
  Pfarrdiakon
  Frankenthal
  stV Horst Nitsch
  Sozial-Dipl.
  Frankenthal
  S Traugott Hahn
  Pfarrer
  Frankenthal

Dekanat Germersheim
  V Karl Heinr. Hunsicker
  Studiendirektor
  Rülzheim

stV Wolfgang Koschut
Pfarrer
Kandel
S Adolf Schmitt
Pfarrer
Wörth

Dekanat Grünstadt
V Friedrich Schmitt
Pfarrdiakon
Eisenberg-Steinborn
stV Lotte Rißmann
Hausfrau
Bockenheim
S Friedrich Feldmann
Pfarrer
Colgenstein

Dekanat Homburg
V Ernst Rudolf Pfordt
Richter am Amtsgericht
Homburg
stV Dieter Dauber
Pfarrer
Homburg
S Heinz Wirtgen
Pfarrer
Spesbach

Dekanat Kaiserslautern
V Dr. Hans Jung
Rechtsanwalt
Kaiserslautern
stV Karl Friedrich Weber
Pfarrer
Hochspeyer
S Helmut Kimmel
Pfarrer
Kaiserslautern

Dekanat Kirchheimbolanden
V Helmut Faul
Oberlehrer
Kirchheimbolanden-Haide
stV Rüdiger Unger
Pfarrer

Albisheim
S Elmar Funk
Pfarrer
Kirchheimbolanden

Dekanat Kusel
V Hermann Cappel
Rektor
Rammelsbach
stV Klaus Haller
Pfarrer
Altenglan
S Martin Fornoff
Pfarrer
Altenkirchen

Dekanat Landau
V Günther Gerth
Oberstudiendirektor
Annweiler
stV Gerhard Postel
Pfarrer
Nußdorf
S H. Müller-Praefcke
Pfarrer
Landau-Horst

Dekanat Lauterecken
V Wilhelm Haak
Sozialpädagoge
Wolfstein
stV Werner Schott
Pfarrer
Odenbach
S Friedrich Höhn
Pfarrer
Rothselberg

Dekanat Ludwigshafen
V Rudolf Keppe
Direktor
Gartenstadt
stV Dieter Hauck
Pfarrer
Ludwigshafen

S   Frieder Theyson
Pfarrer
Oggersheim

Dekanat Neustadt
V   Gustav-Adolf Bähr
Fernseh-Redakteur
Neustadt
stV   Werner Schultze
Pfarrer
Gommersheim
S   Kurt Beisel
Pfarrer
Neustadt

Dekanat Obermoschel
V   Emil Lehr
Rektor
Oberndorf
stV   Ernst Marx
Pfarrer
Odernheim
S   Gerhard Broszies
Pfarrer
Duchroth

Dekanat Otterbach
V   Wolfgang Kleemann
Lehrer
Rodenbach
stV   Ralf Westrich
Pfarrer
Trippstadt
S   Manfred Roh
Pfarrer
Reichenbach-Steegen

Dekanat Pirmasens
V   Bruno Sposny
Rektor
Höheinöd
stV   Kurt Hofer
Pfarrer
Höheischweiler
S   Heinrich Höflich

Pfarrer
Pirmasens

Dekanat Rockenhausen
V   Hermann Rösel
Verwaltungsamtsrat
Rockenhausen
stV   Wilh. Kennerknecht
Pfarrer
Rathskirchen
S   Gottfried Reh
Pfarrer
St. Alban

Dekanat Speyer
V   Dr. Peter Kern
Rektor
Limburgerhof
stV   Walter Ohler
Pfarrer
Böhl
S   Hans Blitt
Pfarrer
Speyer

Dekanat Winnweiler
V   Heinrich Kaißling
Richter am Amtsgericht
Rockenhausen
stV   Günter Karlmeier
Pfarrdiakon
Sembach
S   Erich Scheuerlein
Pfarrer
Enkenbach

Dekanat Zweibrücken
V   Klaus Bundrück
Rektor
Zweibrücken
stV   Jürgen Belzner
Pfarrer
Breitfurt
S   Werner Kropp
Pfarrer
Rimschweiler

75

F
DIE LANDESKIRCHE

Geschichte (77) – Aufbau und Organe (88) – Landessynode (89) – Kirchenregierung (95) – Landeskirchenrat (96) – Gesamtkirchliche Dienste (102) – Einrichtungen, Verbände, Vereine (125)

Geschichte der Landeskirche

Charakter und Gestalt der Pfälzischen Landeskirche haben sich in einem jahrhundertelangen Werdeprozeß geformt, an dem die nichttheologischen Faktoren fast ebensoviel Anteil hatten wie die theologischen und kirchlichen.

Das Land am Oberrhein, Grenzlandschaft und Brückenlandschaft Europas, ist seit den Tagen der Römerherrschaft ein Land voller Unruhe und Bewegung, voller Wechsel, Aufbau und Abriß, über das die Ströme europäischer Geschichte unablässig hin und her fluteten. Dadurch wurde das Land und auch seine Kirche geprägt.

Dieses Element der Unruhe wurde verstärkt durch die Zersplitterung des Landes in eine Fülle unabhängiger und selbständiger Territorien. Als durch die Französische Revolution hier zum ersten Mal ein einheitliches Verwaltungsgebiet geschaffen wurde, waren es 44 autonome Herrschaften gewesen – und das bedeutet nach dem Schicksal der deutschen Reformation 44 Landeskirchen – von der Kurpfalz und dem Herzogtum Zweibrücken zu den Rheingrafen und den Sickinger Herren bis zum König von Frankreich, der in Landau seine stärkste Festung hatte, und der lutherischen Freien Reichsstadt Speyer.

In diesem Raum wurde die Reformation sehr früh aufgenommen. 1522 fand auf der Ebernburg der erste „evangelische" Gottesdienst statt und 1526 erschien in Landau der erste evangelische

Katechismus Johann Baders. Es war die „Evangelische Bewegung" aus dem Volke, ehe sie von den Landesherren geordnet wurde, voller Unruhe zugleich durch die wandernden Prediger der Täufer, die auf der alten Heerstraße zwischen der Schweiz und den Niederlanden hier Herberge fanden. Die Einflußsphären haben sich hier früh und immer wieder überschnitten, da die Ströme der Reformation von Wittenberg, von Zürich, von Genf und vor allem von Straßburg sich hier begegneten, bekämpften und vermischten.

Das bedeutete Kampf auf der einen, Befruchtung auf der anderen Seite – und von früh an schon ein Verlangen nach der Einheit in den vielerlei Gestalten der Reformation.

Ihre besondere Problematik bekam die Entwicklung der Reformationskirchen, als mit Friedrich dem Frommen – 1563 Heidelberger Katechismus – der Übertritt zum Calvinismus der Kirche der Kurpfalz und einer Reihe anderer Territorien eine neue Prägung gab. Über Stürme und theologische Kämpfe brachte dieser Schritt die Kurpfalz in Isolierung von den anderen evangelischen deutschen Reichsständen. Zugleich aber öffnete er auch die Türen zum westlichen Protestantismus. Dazu gehörte, daß sich hier Theologen aus ganz Europa zusammenfanden – auch in den Jahren, da sie aus Heidelberg in das Casimirianum nach Neustadt emigrieren mußten – um sich aufgrund des neu erkannten Gotteswortes der beginnenden Gegenreformation entgegenzustellen. Dazu gehört auch, daß diese Pfälzer Fürsten fast die einzigen waren, die den Todeskampf des Evangeliums in Westeuropa sahen und Hilfe leisteten. Hier hat sich schon das Bekenntnis mit dem Schwert verbunden – unentwirrbare Verflechtung der Motive.

Gegenreformation und Glaubensflüchtlinge

Als Folge der Öffnung nach dem Westen kamen nun die Flüchtlinge in die Pfalz: Franzosen, Wallonen, Flamen, Niederländer. Man wird ihren Einfluß auf die sich bildenden reformatorischen Kirchen nicht hoch genug einschätzen. Aber mit ihnen kam auch eine neue Problematik zu den alten konfessionellen Fragen: neben die calvinistische Staatskirche traten die Fremdengemeinden mit ihrer eigenen Prägung, ihrer besonderen Kirchenzucht – Reichtum und Anlaß neuer Spannungen zugleich. Später werden nach den großen Kriegen aus der Schweiz die Mennoniten kommen, die leergewordenen Höfe besiedeln und neuen bäuerlichen Wohlstand begründen.

Aber dem inneren und äußeren Aufbau und Ausbau der Kirche des Landes wurde nur kurze Zeit gewährt. Ihre Geschichte bekam ihre tragische Tiefe, seitdem 1621 der Krieg der dreißig Jahre an den Rhein kam und das Land weithin zur Wüstung wurde. Nun wird bis zu Napoleons Ende fast 200 Jahre immer Krieg sein. Und der Krieg, den Frankreich um den Rhein führt, wird immer auch ein Krieg der Gegenreformation sein. Tausende werden das gequälte Land verlassen, um irgendwo zwischen Pennsylvanien und der Wolga eine freie Heimat zu finden. Für Generationen wird die Pfalz das Land der Auswanderer, deren Kirchengründungen im Osten und Südosten zum großen Teil untergegangen sind – Reste sind in die alte Heimat heimgekehrt, treue Glieder der heutigen Kirche – in den Vereinigten Staaten aber die Kirchengeschichte mitgeprägt haben und zum Teil bis heute bestehen. Ein Wunder Gottes, daß unter diesen Stürmen das Evangelium nicht völlig erstickt wurde.

Toleranzproblem und Einheitssehnsucht

Zumal durch die Verflechtung mit der Gewalt der politischen Geschicke wurde aus der gegenseitigen Berührung der Konfessionen mehr und mehr der Jammer und die Not der sich selbst zerstörenden Christenheit. Verschärft wurden diese Nöte durch die durch mancherlei Umstände verursachten häufigen Konversionen der Fürstenhäuser und damit ihrer Territorien. Damit wurde aber auch zugleich – früher und brennender als anderswo – das Problem der Toleranz gestellt und fand mancherlei erstaunliche Lösungen. Das Gesamtergebnis aber für das Verhältnis der Kirchen untereinander war, als mit der Französischen Revolution eine neue Epoche begann, wohl das: Auflösung des konfessionellen Gefüges der pfälzischen Territorialkirchen, Nivellierung der theologischen Gegensätze durch Pietismus und Aufklärung zugunsten eines modernen unkonfessionellen Christentums, Überdruß am Streit und Sehnsucht nach Frieden und Einheit.

Die Frage nach der Einheit wurde auf diesem unruhigen Boden schon früh gestellt. Nicht nur der Pfälzer Kurfürst Karl Ludwig, Flüchtlingskind, Sohn des vertriebenen Winterkönigs, hat nach der Heimkehr nach dem 30jährigen Krieg – vergeblich – die Wiedervereinigung der getrennten christlichen Kirchen erstrebt – von dem Gedanken ausgehend, sie seien doch „in fundamento" einig. Eine weit gespannte Theologie der pfälzischen „Irenik" – Gegensatz zur Polemik – hat in dem Werk des Schlesiers David Pareus ihren stärksten Ausdruck bekundet, der 1614 in Heidelberg sein Werk „Irenicum" – das „Buch vom Frieden" schrieb. Das war, ehe die deutsche Christenheit im Strudel des 30jährigen Krieges versank. Am deutlichsten aber wurde wohl das in allen Wirrungen sich vollziehende und auch für die Gemeinden erlebbare Näherkommen in der eigentümlichen Entwicklung des Gottesdienstes, der mehr und mehr die reformatorischen Kirchen nicht mehr trennte, sondern verband.

Die Französische Revolution als Wegbereiter

Die große Wende – Ende und Neuanfang – brachte die Französische Revolution, die die linksrheinischen Gebiete überschwemmte und zugleich unter Schmerzen die Voraussetzungen für eine Neuordnung der kirchlichen Verhältnisse und damit für die heutige Evangelische Kirche der Pfalz schuf. Die französischen Jahre 1792–1815 bedeuteten für die Pfalz: das Ende der Jahrhunderte alten Herrschafts- und Gesellschaftsstrukturen, mit dem Ende der Territorialherren auch das Ende ihrer Landeskirchen. Unter der Losung „Liberté, Egalité, Fraternité": Freiheitsbäume, Ende der Leibeigenschaft, Aufhebung des Zunftzwanges, Neuordnung und zum ersten Mal einheitliche Verwaltung des Landes – auf der anderen Seite Terror, unsagbare Armut, ein Plünderwinter 1793/94, Verbot der Religion, dazwischen immer wieder hin und her wogende Kriegszüge – ein grelles Bild dieser Jahre, bis dann unter Napoleon eine Ära der Beruhigung und Neuordnung, aber auch neuer Opfer folgte. Seine „Organischen Artikel" von 1802 sollten zur Neuordnung des evangelischen Kirchenwesens dienen, freilich nicht im Geiste der Reformation, sondern dem der Zeit.

Nach dem Verschwinden der bisherigen Obrigkeiten standen die Kirchen zunächst vor dem völligen Nichts. Mit den Landesherren waren auch die Landeskirchen verschwunden und übriggeblieben waren die einzelnen Gemeinden – ein in Deutschland einzig dastehender Vorgang. Eine Stimme aus jener Zeit: „Keine Gemeinde des Landes war mehr mit der anderen in Verbindung. Alle Bande waren zerrissen." Ein leerer Raum, der sich nun mit Neuem füllen sollte.

Am Vorabend der Union

So kam es, daß nach dem Verschwinden der Einzelherrschaften und ihrer Landeskirchen auch Mauern fielen, die einer Wiedervereinigung der getrennten Kirchen der Reformation entgegengestanden hatten. Es entstand in den leergewordenen Räumen, zaghaft zunächst und nicht ohne Widerstände, eine Bewegung, die schließlich zur Union führte.

Es ist nicht überraschend, daß diese Bewegung zunächst in ehemals rein katholischen Gebieten links des Rheines noch in der französischen Zeit begann, in denen sich nun autonome evangelische Gemeinden bildeten. So in Köln, in Aachen, in Koblenz und vor allem in Mainz, wo schon 1802 der Tuchfabrikant Friedrich Michael Bracker „zu einer gemeinschaftlichen Gottesverehrung" aufrief.

Diese Bewegung ging auch durch die Pfalz. Den Anfang machte die alte Wallonengemeinde Lambrecht, wo sich am 16. Mai 1805 Lutheraner und Reformierte zu einer Gemeinde zusammenschlossen. Damit war die Bahn gebrochen.

Inzwischen ging die Weltgeschichte weiter. Das Ende Napoleons und der französischen Zeit, der Übergang unter die bayerische Herrschaft – dazwischen noch einmal Krieg und Drangsal und Versuche, in dem neugewonnenen Land die kirchlichen Verhältnisse zu ordnen. Das entscheidende Jahr 1817 konnte endlich im Frieden begangen werden und man wollte nicht nur die Erinnerung an die Reformation von 1517 feiern. Es sollte ein Neues und ein Weg in die Zukunft beschritten werden.

Während in Preußen der König zur Reformationsfeier und zur Vereinigung der getrennten Kirche aufrief, nahm die neue Kirchenleitung in Speyer die Bewegung auf, die nun in zahlreichen Pfälzer Gemeinden zu örtlichen Unionen führte. Sie war eine Sache des Kirchenvolkes geworden, das, wie es heißt, „mit innerer Bewegung und Anteilnahme sich der Säkularfeier widmete, wie sie seit den Tagen der Reformation nicht mehr die breiten Massen des Kirchenvolkes erfaßt hatte".

So schlossen vom Oktober 1817 bis zum März 1818 über 30 Pfälzer Gemeinden solche Lokalunionen. Die Urkunden tragen alle ähnliches Gepräge: „... erwägend die unselige Trennung in der Vergangenheit und den mächtigen Drang der Gegenwart begehren wir Unterzeichnete der beiden protestantischen Gemeinden in Kaiserslautern forthin nicht mehr getrennt, sondern in Eine Evangelisch-Christliche Gemeinde vereinigt zu sein."

Entscheidungsjahr 1818: „Protestantisch-evangelisch-christliche Kirche der Pfalz"

Der Strom war nicht mehr aufzuhalten. Das Jahr 1818 brachte die Vereinigung der getrennten Kirchen in der bayerischen Pfalz. Eine von oben vorsichtig geleitete Volksabstimmung bot die Grundlage: 40167 Stimmen für, 539 Stimmen gegen die Vereinigung: Nicht gezwungen, nicht „manipuliert", sondern in einer freien und freudigen Entscheidung.

Die in Kaiserslautern versammelte Generalsynode vollzog dann im August 1818 in feierlicher Weise die Vereinigung. Höhepunkt die gemeinsame Feier des Heiligen Abendmahles. Eine bis heute gültige Vereinigungsurkunde brachte die Verfassung der jungen Kirche. Unter ihren Artikeln sind zwei besonders von bleibender Bedeutung: Das Bekenntnis – freilich erst nach langen Kämpfen in dieser endgültigen Fassung: „Die Protestantisch-evangelisch-christliche Kirche hält die allgemeinen Symbole (Bekenntnisse) und die bei den getrennten protestantischen Konfessionen gebräuchlichen Bücher in gebührender Achtung, erkennt jedoch keinen anderen Glaubensgrund noch Lehrnorm als allein die Heilige Schrift."

Das Heilige Abendmahl: „... erklärt die Protestantisch-evangelisch-christliche Kirche das Heilige Abendmahl für ein Fest des Gedächtnisses an Jesum und der seligsten Vereinigung mit dem für die Menschen in den Tod gegebenen, vom Tode auferweckten, zu seinem und ihrem Vater aufgenommenen Erlöser derselben, der bei ihnen ist alle Tage bis an der Welt Ende. – Die Protestanten des Rheinkreises erklären sich dabei öffentlich für seine Bekenner."

So hoffte die junge Kirche „im Geiste des Evangeliums, dem Geiste der Reformation und dem bessern Geiste unserer Zeit gemäß" als „eine einzige Evangelisch-christliche Kirche" ihren Weg beginnen und gehen zu können.

Väter der Union – Gestalten und Gedanken

Man kann die Vielfalt und die Zeitgebundenheit dieses Werkes an Gestalt und Gedanken der Männer erkennen, die man die „Väter der Union" nennen mag.

Georg Friedrich Wilhelm Schultz (1774–1842). Lutherischer Pfarrerssohn aus Speyer, wo heute noch sein Grabmal steht. In seinem Beruf vielgewandert bis Triest und Wien, Theologe, aus dem Reichtum der Reformation schöpfend, – „Offenbarungsglaube ist Bibelglaube". Gegner der Revolution und Napoleons, Politiker, Abgeordneter der Pfalz in der Münchener Kammer der Reichsräte – Dichter vieler Gesangbuchlieder.

Johannes Friedrich Butenschoen (1764–1842). Holsteiner von Geburt, weite und wirre Wege geführt, Rationalist, vom Rausch der französischen Aufklärung und Revolution ergriffen, Journalist in Straßburg, Revolutionssoldat und Offizier, Gefangener in Paris, Napoleonischer Rektor der Mainzer Akademie, Königlich Bayrischer Schul- und Konsistorialrat in Speyer, Organisator des Pfälzischen Schulwesens, Hauptverfasser des Pfälzischen Katechismus. Er hat weithin den Geist der jungen Unionskirche geprägt. 1833 wurde er, wohl im Zusammenhang mit der politischen Bewegung von 1832 – Hambacher Fest – entlassen.

Philipp Casimir Heintz (1771–1835). Sohn des reformierten Pfarrers von Konken, nach Studien- und Wanderwegen Pfarrer in Zweibrücken, als Theologe der Aufklärung entwachsen und zu einer idealistisch-romantischen Gottes- und Weltsicht gekommen, als Historiker mit der Geschichte von Heimat und Kirche vertraut, Gegner der Französischen Revolution und Napoleons. Später in das Oberkonsistorium nach München berufen, aber auch dort ein Verteidiger der Union.

Philipp David Müller (1773–1848). Pfarrerssohn aus Mimbach. Ein rationalistischer Theologe, zugleich interessiert an Technik, Mechanik, Physik, bei der Union vor allem Mitarbeiter bei den Fragen von Lehre, Ritus und Liturgie. Für ihn war die Union „ein Gebot unserer praktischen Vernunft". Wie Butenschoen wurde er 1833 aus dem Konsistorium entfernt und wurde wieder Dorfpfarrer.

Ein buntes Bild, in dem sich etwas von der Vielfalt und Weite, aber auch den Gefahren jener Kirchenbildung abspiegelt.

Im Spannungsfeld zwischen Rationalismus, Restauration und Erweckung

Die junge Unionskirche behielt ihren Bestand. Aber nach kurzen Jahren der Konsolidierung und des Aufbaus brachen Stürme aus, die bis an die Wurzeln der Existenz sie erschütterten. Auch jetzt wurde die Kirche in die Strudel der politischen Ereignisse gezogen. Aber es waren nicht mehr die Kriege wie einst, sondern

die inneren Bewegungen in Deutschland mit ihren Kämpfen um
Einheit und Freiheit.

Da war im Gefolge der französischen Juli-Revolution das
Hambacher Fest vom 27. Mai 1832. Der Schock, den diese Bewegung auslöste, veranlaßte die ängstlich gewordene Regierung in
München, das Speyerer Konsistorium aufzulösen und eine neue
Kirchenleitung zu bilden. Noch tiefer griff die Revolution von
1848/49 ein: politische Predigten, für und gegen, Pfarrer auf beiden Seiten, Maßregelungen, Auswanderung – dabei eine Flut von
Kirchenfeindschaft im Volke geoffenbart. Mitten in der Unruhe
eine Generalsynode, die eine neue Demokratisierung der Kirche
beriet und vor allem die Loslösung vom Oberkonsistorium in
München beschloß. Als aber die preußischen Truppen den Auf-
stand niedergeschlagen hatten, legte sich Friedhofsstille über das
Land. Volk und Kirche waren tief gespalten.

Es gehörte zur Tragik dieser Jahre, daß kirchliche und politische Bewegungen eng ineinander verstrickt waren. Alter und
neuer Rationalismus mit der demokratischen Bewegung, zu den
Bekenntnissen der Reformation zurückweisende Theologie mit
der politischen Restauration. So mußten auch die beiden großen
Versuche einer inneren Reform der Kirche scheitern. Nach der
Ablösung der ersten Speyerer Kirchenleitung durch die bayerische Regierung kam der Erlanger Theologieprofessor Isaak Rust,
ein Pfälzer Winzersohn, mit Auftrag und Absicht, die Kirche entsprechend der von ihm selbst durchgemachten Wandlung vom
Rationalismus zum alten Bekenntnis der Reformation umzuge-
stalten, ohne die Union aufzulösen. Er scheiterte – nicht zuletzt
an der Maßlosigkeit seines Charakters.

Nach den unruhigen Jahren 1848/49 wurde ein anderer Erlanger Professor nach Speyer berufen: August Ebrard, Hugenotten-
abkömmling, reformiert, „einer der universalsten Köpfe der
Theologie in der Mitte des 19. Jahrhunderts".

Auch er scheiterte, nicht zuletzt an dem Kampf um ein neues
Gesangbuch. Als er ging, blieb ein Beschluß der Synode, daß die
geänderte Augsburger Konfession von 1540 den Konsensus des
Bekenntnisparagraphen der Vereinigungsurkunde darstelle, freilich ohne die kirchliche Entwicklung beeinflußt zu haben.

Seitab dieser Kämpfe, aber von großer Bedeutung für die innere Substanz der Kirche, war die Erweckungsbewegung des 19.
Jahrhunderts. Sie hat nicht, wie etwa in Baden und Württemberg,
die Kirche als Ganzes mitgestaltet, sie hat aber innere Kräfte ge-
weckt und lebendig erhalten. Eng mit ihr verbunden erwuchsen

die Werke der Inneren und Äußeren Mission – Zeugen einer Erneuerung des Glaubens und der helfenden Zuwendung zur modernen Welt und ihren Nöten. In allen diesen Auseinandersetzungen blieb die Union in ihrem volkskirchlichen Charakter bewahrt.

Zwischen den Zeiten

Die Revolution von 1918, das Ende der Monarchie und der damit verbundenen 400 Jahre währenden Form der Staatskirche traf auch die Pfälzische Kirche unvorbereitet. Ihre Verfassung von 1920 machte den Versuch, das presbyterial-synodale System mit demokratischen Formen zu verbinden. Als Grundlage bezeichnete sie ungebrochen die überkommene Form der Unionskirche, Jesus Christus als alleinigen Herrn der Gemeinde und den Wunsch nach einer organischen Verbindung mit den übrigen evangelischen Kirchen in Deutschland. Ein großzügiger Staatsvertrag, 1925 mit der bayerischen Regierung, ordnete die äußeren Verhältnisse; das innerkirchliche Leben wurde weitgehend bestimmt von den aus dem 19. Jahrhundert stammenden Kirchenparteien der Liberalen und der Positiven, zu denen später noch die „Religiösen Sozialisten" und die „Friedensvereinigung" kamen. Die Landessynodalwahlen von 1927, die einzig freien Wahlen zwischen den Kriegen, zeigten noch einmal einen erbitterten und in mancher Hinsicht würdelosen Wahlkampf, der in den Augen vieler die bisher die Kirche tragenden Parteien fragwürdig erscheinen ließ.

Die große politische Unruhe nach dem ersten Weltkrieg – Arbeitslosigkeit, Armut, Hunger, dazu die tiefreichende Abgrenzung vom „Reich" durch die französische Besatzung und den Separatismus – auf der anderen Seite der mit einer jungen Generation von den Hochschulen kommende „theologische Weckruf", – hinter allem der gärende Umbruch eines versinkenden Zeitalters – am Horizont schon das Wetterleuchten vor dem großen Ungewitter: dies alles prägte eine Kirche „zwischen den Zeiten".

1933–1945: Mehr Kompromiß als Konfrontation

Die folgenden Jahre sind gekennzeichnet von Verwirrung und Schuld, aber auch von Bewahrung und Erneuerung und manchem tapferen Bekennen. Mit dem Vordringen des Nationalsozialismus war auch das Vordringen der „Deutschen Christen" in der Kirche verbunden, vielfach in der Hoffnung der Überwindung der alten Parteien, die sich dann auch selbst auflösten. Aber die große Ernüchterung brachte schon die berüchtigte Sportpalastkundgebung der „Deutschen Christen" im November 1933, deren antibiblische Ausführungen selbst von den Pfälzer „Deutschen Christen" abgelehnt wurden. Auslösend aber für die weiteren Entwicklungen wurde die Landessynode vom 28. Juni 1934, von der Pfarrer Ludwig Diehl zum Landesbischof – nicht Kirchenpräsident! – gewählt wurde und die unter dem Druck des „Rechtswalters" der Reichskirchenleitung, August Jaeger, die „Eingliederung" der Pfalz in die Reichskirche, d.h. die institutionelle Gleichschaltung der Landeskirche beschloß. Über einen Protest von Pfarrer D. Hans Stempel, von 142 Pfarrern unterstützt, setzte sich die Synode hinweg. Damit begann auch in der Pfalz der „Kirchenkampf", der bald zur Bildung der „Pfälzischen Pfarrbruderschaft" führte, die in Verbindung zu Martin Niemöllers Pfarrernotbund und zur „Bekennenden Kirche" in Deutschland trat. Eine gelähmte und untätige Kirchenleitung, die immer wieder versuchte, Schlimmstes zu verhüten – eine mehr und mehr an Einfluß verlierende Gruppe der „Deutschen Christen" – eine in sich uneinige und doch immer wieder kämpfende „Bekenntnisfront" – ein dauernder Wechsel von kurzfristigen Kompromissen, starken Spannungen und harten Konfrontationen, ohne daß es zu einer offenen Spaltung kam – das prägte die folgenden Jahre. Die Not der Kriegszeit ließ vieles in den Hintergrund treten, aber Hitlers Wort war gehört: „Nach dem Krieg werden wir die jüdisch-christliche Pest auslöschen." Die Kirche in den Gemeinden blieb erhalten – freilich auch für sie galt das Stuttgarter Schuldbekenntnis von 1945: „Wir klagen uns an, daß wir nicht mutiger bekannt, nicht treuer gebetet, nicht fröhlicher geglaubt und nicht brennender geliebt haben."

Schritte zum Wiederaufbau und zur Erneuerung

Was nun nach 1945 ein Neubau werden sollte, war oft nur ein mühevoller Wiederaufbau einer innerlich und äußerlich verarmten Kirche mitten in einem hungernden und verwirrten Volk. Über „vorläufige" Lösungen hinweg kam es langsam und durch viele Umstände behindert zu neuen Ordnungen. Es waren vielfach die nüchternen Forderungen des täglichen Lebens, die die

Kräfte der Kirche in Anspruch nahmen. 1946 begann das „Evangelische Hilfswerk" sich der Not anzunehmen, mit Hilfe der – "In the name of Jesus Christ" – aus der Ökumene kommenden Gaben. Langsam kamen die Pfarrer aus dem Krieg zurück – freilich: von den 317 Pfarrern und Vikaren waren 46 gefallen, 20 vermißt, 34 in Gefangenschaft. In den Gemeinden waren 125 Kirchen zerstört oder schwer beschädigt. Eine „Vorläufige Synode" stellte sich den Aufgaben und suchte Verbindung mit der „Evangelischen Kirche in Deutschland", auch mit den neuen Regierungsstellen und der Besatzungsmacht und mit der französischen Nachbarkirche. „Die innere Erneuerung der Gemeinden wurde erstrebt durch Sammlung und Schulung der lebendig und kirchentreu gebliebenen Glieder der Gemeinden und durch ihre Heranziehung zur Mitarbeit. Sie sollte gleichzeitig erstrebt werden durch ernstes Ringen um die, die sich abseits hielten, um die der Kirche Entfremdeten und an Gott irre Gewordenen." So hieß es in einer Erklärung von 1945. Im Jahre 1948 konnten die ersten Presbyterwahlen stattfinden, zu denen sich 150 000 Wähler – ein Drittel der Pfälzer Protestanten – in die Wählerlisten eingetragen hatten, und im November tagte wieder die erste ordentliche Landessynode – Präsident war Kreisschulrat Cappel –, die D. Hans Stempel zum Kirchenpräsidenten wählte.

Die folgenden Jahre boten ein sich dauernd wandelndes Bild: in der Zeit des deutschen Wohlstandes eine ausgedehnte Bautätigkeit der Landeskirche, der Gemeinden und der Diakonie – die Übernahme neuer sozialer Aufgaben – zugleich auch neue Formen der Mitarbeiterschaft: Gemeindehelferinnen, Prädikanten, Sozialarbeiter und ein Ausbau der Werke – im Innern rascher Wechsel theologischer Schulen und unverkennbar ein Schwinden religiöser Substanz.

Grenzen überwinden – Partner in der Ökumene

Zugleich aber wurde auch ein Ausbruch aus alten Isolierungen geschenkt: stärkere Eingliederung in der Evangelischen Kirche in Deutschland – dazu 1951 das gemeinsame Gesangbuch – und weite Verbindungen mit der Ökumene – so der Deutsch-Französische Bruderrat und die 1957 mit der „Kongregationalistischen Union von England und Wales" und dem "International Congregational Council" geschlossene Kanzel- und Abendmahlsgemeinschaft, dazu eine wachsende Zahl von Partnerschaften einzelner Gemeinden mit Gemeinden der DDR und der Ökumene. Im Lande selbst in Kirchenleitung und Gemeinden eine neue, lebendige Begegnung mit der katholischen Kirche. Die durch Jahre währenden Arbeiten an einer neuen Kirchenordnung, aber auch im Jahre 1962 der Vertrag der evangelischen Landeskirchen der Pfalz, des Rheinlandes und von Hessen und Nassau mit dem Lande Rheinland-Pfalz – beides nicht ohne Erinnerung an Barmen 1934 – dienten der rechtlichen Konsolidierung. Die mit der EKD-Studie von 1984: „Was wird aus der Kirche?" aufgeworfenen Fragen, die das Bild einer von Widersprüchen bestimmten Kirche ergeben, mögen Anlaß zu einer nüchternen Prüfung des Erscheinungsbildes und der wirklichen Substanz der Kirche geben. Alles in allem: eine Kirche unterwegs!

In all diesen Jahren sah sich auch unsere Kirche oft unter das Wort gerufen, das einst der Reformator Calvin schrieb: „Obwohl die Kirche zur Zeit kaum zu unterscheiden ist von einem toten oder doch invaliden Manne, so darf man doch nicht verzweifeln, denn auf einmal richtet der Herr die Seinen auf, wie wenn er Tote aus dem Grabe erweckte. Das ist wohl zu beachten; denn wenn die Kirche nicht leuchtet, halten wir sie schnell für erloschen und erledigt. Aber so wird die Kirche in der Welt erhalten, daß sie auf einmal vom Tode aufersteht, ja am Ende geschieht diese ihre Erhaltung jeden Tag unter vielen solchen Wundern. Halten wir fest: das Leben der Kirche ist nicht ohne Auferstehung, noch mehr: nicht ohne viele Auferstehungen."

Aufbau und Organe der Landeskirche

Das Gebiet umfaßt den ehemaligen Regierungsbezirk Pfalz sowie die ehemals pfälzischen Teile des Saarlandes. In der Landeskirche leben rund 670 000 Gemeindemitglieder in 428 Kirchengemeinden und 20 Kirchenbezirken.

Die Gesamtheit der Gemeinden bildet die Landeskirche. Ihre Organe sind die Landessynode, die Kirchenregierung und der Landeskirchenrat.

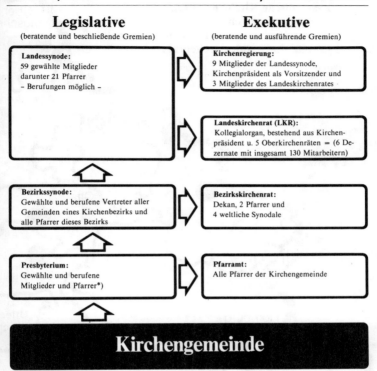

Legislative
(beratende und beschließende Gremien)

Exekutive
(beratende und ausführende Gremien)

*) dazu gehören auch Pfarrdiakone

Die Landessynode

Nach der Verfassung unserer Kirche ist die Landessynode die kirchliche Volksvertretung. Ihre Mitglieder werden durch die Bezirkssynoden nach dem sich aus § 66 der KV ergebenden Schlüssel gewählt.

Die Mitglieder der Landessynode sind Vertreter der ganzen Landeskirche und an Aufträge und Weisungen nicht gebunden, vielmehr verpflichtet, nach eigener Überzeugung ihre Stimme abzugeben (§ 67 KV).

Die Landessynode tagt üblicherweise zweimal jährlich. Die Einberufung außerordentlicher Tagungen ist möglich. Jede Tagung wird von der Kirchenregierung vorbereitet. Die einzelnen Beratungsgegenstände werden an die jeweils zuständigen Syn-

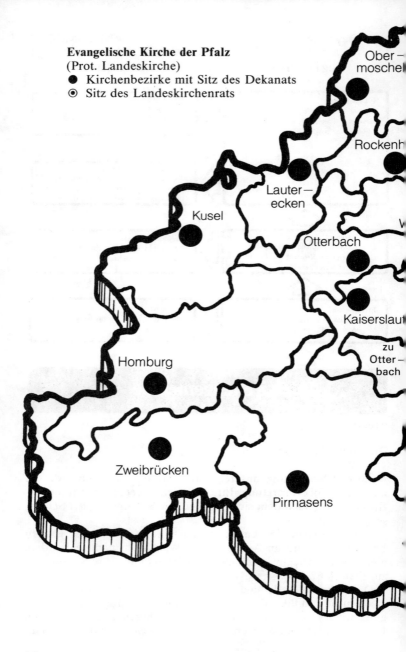

Evangelische Kirche der Pfalz
(Prot. Landeskirche)
● Kirchenbezirke mit Sitz des Dekanats
◉ Sitz des Landeskirchenrats

Ober—
mosche

Rockenh

Lauter—
ecken

Kusel

Otterbach

Kaiserslau

zu
Otter—
bach

Homburg

Zweibrücken

Pirmasens

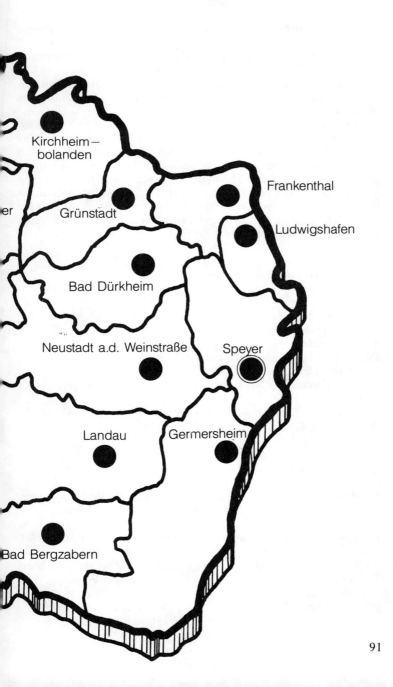

Kirchheim—
bolanden

Grünstadt

Frankenthal

Ludwigshafen

Bad Dürkheim

Neustadt a.d. Weinstraße

Speyer

Landau

Germersheim

Bad Bergzabern

odalausschüsse zur Vorberatung überwiesen. Die abschließende Behandlung erfolgt im Plenum der Synode.

Die Landessynode hat gegenwärtig 59 von den Bezirkssynoden gewählte Mitglieder, von denen nach der Verfassung mindestens die Hälfte Laien sind. Weitere Synodale wurden von der Landessynode selbst berufen. Die Amtszeit beträgt sechs Jahre. Die Synode wählt aus ihrer Mitte ein Präsidium. Ihre Tagungen sind öffentlich. Die Landessynode kann über alle Angelegenheiten in der Landeskirche beraten und beschließen. Sie ist das verfassunggebende Organ der Landeskirche. Zu ihren ständigen Aufgaben gehören der Erlaß von Kirchengesetzen, die Wahl des Kirchenpräsidenten, der Oberkirchenräte und der synodalen Mitglieder der Kirchenregierung sowie die Verabschiedung des Haushaltsplanes der Landeskirche.

Das Präsidium der Landessynode

Synodalpräsident:
Gustav Adolf Bähr, Lauterbachstraße 16, 6730 Neustadt/Weinstraße 16 (Mußbach)
1. Vizepräsident:
Pfr. Adolf Schmitt, Mozartstraße 6, 6729 Wörth
2. Vizepräsident:
Dr. Adolf Echte, Leuschnerstraße 42, 6700 Ludwigshafen
Beisitzer:
Ingrid Haker, Dietrich-Bonhoeffer-Straße 27, 6710 Frankenthal
Willi Weiler, Gustav-Samuel-Straße 2, 6748 Bad Bergzabern

Gewählte Landessynodale

Bei den Wahlen am 4. Mai 85 wurden durch die Bezirkssynoden als Landessynodale gewählt (in Klammern die Ersatzleute):

Kirchenbezirk Bad Bergzabern
  Dekan Alfred Keffel
  (Pfr. Wasner, Pfr. Dr.
  Grimm)
  Willi Weiler
  (Dr. Wilken, Dahl)

Kirchenbezirk Bad Dürkheim
  Pfr. Lothar Ulrich
  (Pfr. Peschel, Pfr. Walther)
  Fritz-Erwin Peter
  (Faber, Müller)
  Beate Orth
  (Stoltefuß, Damian)

Kirchenbezirk Frankenthal
Pfr. Albrecht Roth
(Pfr. Dr. Schwartz, Pfr. M.
Pfisterer)
Dr. Karl Martin
(Haindl, Eisenbarth)
Ingrid Haker
(Schneider, Hoffmann)

Kirchenbezirk Germersheim
Pfr. Adolf Schmitt
(Pfr. Koschut, Pfr. Dieball)
Kurt Scharrer
(Meier, Enzinger)

Kirchenbezirk Grünstadt
Pfr. Fritz Feldmann
(Pfr. Fath, PfDiak. Unkrich I)
Friedhelm Schläger
(Emrich, Keil)

Kirchenbezirk Homburg
Dekan Siegfried Wagner
(Pfr. Lehmann, Pfr. Freu-
denberg)
Karlheinz Schauder
(Linn, Müller)
Gerd Imbsweiler
(Bach, Hauth)
Marliese Rockenbach
(Geith, Dr. Schnabel)

Kirchenbezirk Kaiserslautern
Dekan Karl-Heinz Beck
(Pfr. Kimmel, Pfr. Könin-
ger)
Dr. Hans Jung
(Fromm, Weber)
Jürgen Weber
(Jung, Weber)
Peter Lenzen
(Tartter, Fuhrmann)

*Kirchenbezirk Kirchheimbolan-
den*
Dekan Claus Burmeister
(Pfr. Funk, Pfr. Bubel)
Dr. Gerhard Brand
(Faul, Schmeiser)

Kirchenbezirk Kusel
Dekan Dr. Baldur Melchior
(Pfr. Müller, Pfr. Lehr)
Hermann Cappel
(Lauer, Kühne)
Kurt Lauer
(Rech, Lang)

Kirchenbezirk Landau
Dekan Fritz Anefeld
(Pfr. Ade, Pfr. Postel)
Doris Racké
(Dr. Croissant, von Bühler)
Heinrich Lunkenheimer
(Seefeld, Puster)

Kirchenbezirk Lauterecken
Pfr. Friedrich Höhn
(Pfr. Stief, Dekan
Krumbach)
Theo Buhl
(Kochenburger, Becker)

Kirchenbezirk Ludwigshafen
Pfr. Friedhelm Jakob
(Pfr. Heidelberger, Pfrin.
Gauer)
Pfr. Hans Bähr
(Dekan Dr. Borggrefe, Pfr.
Hauck)
Dr. Adolf Echte
(Langkafel, Speck)
Gerda Münzenberger
(Mauch, Berkenbusch)
Waldemar Eicher
(Keppe, Dr. Neubauer)

Kirchenbezirk Neustadt an der Weinstraße
Pfr. Hellmut Seitz
(Pfr. Müller, Vikarin Jähn)
Gustav-Adolf Bähr
(Ganz, Dr. Baumdicker)
Werner Wilhelm
(Scherer, Nestle)
Willy Roth
(Klar, Engelmann)

Kirchenbezirk Obermoschel
Dekan Rudi Job
(Pfr. Broszies, Pfr. Chr. Rust)
Kurt Porth
(Lehr, Porr)

Kirchenbezirk Otterbach
Dekan Berthold Gscheidle
(Pfr. Westrich, Pfr. Oeffler)
Rolf Heil
(Reicholt, Blauth)

Kirchenbezirk Pirmasens
Dekan Wolfgang Maupai
(Pfr. Baumann, Pfr. Hofer)
Gudrun Rieder
(Forsch, Link)
Waltraud Bischoff
(Fabian, Lehner)
Dr. Günther Gerhard
(Schmidt, Hendrichs)

Kirchenbezirk Rockenhausen
Dekan Kurt Molitor
(Pfr. Reh, Pfarrdiakon Fischer)
Hermann Rösel
(Buhl, Blessing)

Kirchenbezirk Speyer
Pfr. Walter Ohler
(Pfr. Wien, Pfr. Zumstein)
Friedel Rupp
(Stalter, Dr. Bischof)
Dr. Peter Kern
(Humbert, Güllich)
Gertrud Onesseit
(Görke, Hoffmann)

Kirchenbezirk Winnweiler
Pfr. Erich Scheuerlein
(Dekan Oberkircher, PfDiak. Karlmeier)
Ottmar Koch
(Rockenbach, Sauer)

Kirchenbezirk Zweibrücken
PfDiak. Gerald Kuwatsch
(Pfr. Unbehend, Pfr. Rettig)
Hans Reichrath
(Düker, Krause)
Dr. Renate Born
(Bundrück, Dr. von Seebach)
Alfred Hunsicker
(Ludwig, Dr. Mörsch)

Berufene Landessynodale

Die Berufungen erfolgen gemäß § 66 der Kirchenverfassung durch die gewählte Landessynode. Es wurden berufen:
a) berufene Geistliche:
Pfr. Klaus Enders (Kuntz, Hörner)
Pfrn. Marianne Maus (Schäfer, Cherdron)

b) berufene Weltliche:
Dieter Emmer (Jungkunz, Gabriel)
Dr. Kurt Reh (Dr. v. Puttkamer, Dr. Trautner)
Reinhard Münch (Bauer, Michel)

Die Kirchenregierung

Die Kirchenregierung ist die oberste Stelle zur Leitung und Verwaltung der Landeskirche. Sie besteht aus dem Kirchenpräsidenten, seinem Stellvertreter, dem dienstältesten geistlichen und weltlichen Oberkirchenrat sowie 9 Mitgliedern der Landessynode (§ 81 der Kirchenverfassung). Ihr gehören an:

Mitglieder des Landeskirchenrats

Kirchenpräsident Heinrich Kron (Vorsitzender)
Oberkirchenrat Horst Hahn (1. Stellvertreter des Kirchenpräsidenten)
Oberkirchenrat Werner Schramm (2. Stellvertreter des Kirchenpräsidenten)
Oberkirchenrat Ludwig Scheib (3. Stellvertreter des Kirchenpräsidenten)

Synodale Mitglieder

a) geistliche Mitglieder:
Hans Bähr (Friedhelm Jakob/Walter Ohler)
Karl Heinrich Beck (Dr. Baldur Melchior/Rudi Job)
Claus Burmeister (Berthold Gscheidle/Erich Scheuerlein)
Siegfried Wagner (Wolfgang Maupai/Hellmut Seitz)
b) weltliche Mitglieder:
Dr. Gerd Brand (Dr. Karl Martin/Dr. Günther Gerhard)
Hermann Cappel (Waldemar Eicher/Dr. Renate Born)
Doris Racké (Waltraud Bischoff/Dr. Peter Kern)
Hans L. Reichrath (Dr. Hans Jung/Beate Orth)
Jürgen Weber (Hermann Rösel/Theo Buhl)

Die Kirchenregierung beruft die Landessynode ein und setzt deren Verhandlungsgegenstände fest. Sie verkündet die von der

Landessynode erlassenen Gesetze. In dringenden Fällen kann die
Kirchenregierung zwischen den Tagungen der Landessynode vorläufige Gesetze erlassen. Ferner ernennt die Kirchenregierung
Pfarrer und Kirchenbeamte. Sie ist für Errichtung und Aufhebung von Pfarrstellen zuständig und kann Kirchengemeinden
und Kirchenbezirke bilden, verändern oder aufheben. Die Kirchenregierung entscheidet über Beschwerden gegen Entscheidungen des Landeskirchenrats.

Der Landeskirchenrat

Der Landeskirchenrat ist die oberste Behörde zur Leitung und
Verwaltung der Landeskirche (§ 93 der KV). Seine Aufgaben sind
in einem Geschäftsverteilungsplan folgenden Dezernaten zugeordnet:

Dezernat I (KPräs. Heinrich Kron)
Vorsitz in Kirchenregierung und Landeskirchenrat, Vertretung
der Landeskirche in der Öffentlichkeit, Geschäftsverteilung, Koordinierung der Arbeit der Dezernate, Allgemeine Vertretung gegenüber EKD, den Gliedkirchen und der Ökumene und sonstigen
christlichen Kirchen, Allgemeine Vertretung gegenüber dem
Staate und ausländischen Stellen, Öffentlichkeitsarbeit, Presse,
Rundfunk und Fernsehen. Zweite Theologische Prüfung.

Dezernat II (OKR Dr. Robert Hensel)
Dekanate Bad Dürkheim, Homburg, Kaiserslautern, Kusel, Neu-
stadt, Otterbach und Zweibrücken; Allgemeine Studentenarbeit
einschl. Studentenpfarrer, Universitäten und kirchl. Hochschulen,
Theologiestudenten, Erste Theologische Prüfung, Kammer für
Ausbildung, Schulangelegenheiten, Erziehungswissenschaftliche
Hochschule, Schulen in freier Trägerschaft, Schülerheime, Frau-
enarbeit, Männerarbeit, Evangelische Erwachsenenbildung Pfalz,
Kirche und Dorf.

Dezernat III (OKR Horst Hahn)
Dekanate Bad Bergzabern, Germersheim, Landau, Pirmasens,
Speyer; Diakonie, Seelsorge an besonderen Zielgruppen, Missionarische Dienste (Volks- und Weltmission), Lektoren und Prädikanten, Ökumenische Arbeit und Verbindung zu anderen Religionsgemeinschaften, Sekten und Weltanschauungsfragen, Partner-

kirchen, Diaspora, Gottesdienst, Kindergottesdienst, Liturgie, Agenden, Kirchenmusik und Gesangbuch, Evangelische Akademie.

Dezernat IV (OKR Werner Schramm)
Dekanate Frankenthal, Grünstadt, Kirchheimbolanden, Lauterecken, Ludwigshafen, Obermoschel, Rockenhausen und Winnweiler; Personalangelegenheiten der Pfarrer, Pfarrdiakone und Pfarramtskandidaten, Gemeindediakone und Religionspädagogen, Pfarrfrauen, Ausbildung der Kandidaten für den Pfarrdienst, Theologische Fort- und Weiterbildung, Ordination, Planungs- und Strukturfragen, Errichtung und Besetzung von Stellen; Gebietsstandsveränderungen von Kirchengemeinden und Kirchenbezirken, Kirchliche Lebensordnung (Taufe, Konfirmation, Trauung, Beerdigung), Jugendarbeit, Militärseelsorge, Seelsorge an uniformierten Verbänden, Kriegsdienstverweigerung, Zivil- und Friedensdienst, Umweltfragen.

Dezernat XII (OKR Ludwig Scheib)
Finanz-, Haushalts- und Vermögensangelegenheiten der Landeskirche, Aufsicht über landeskirchliche Kassen, Aufsicht über das Haushalts- und Kassenwesen der Kirchengemeinden, Pfründestiftungsverband, Dekanatsgeschäftsstellen, Verwaltungsämter, Darlehen, Kirchliche und öffentliche Steuern, Bauangelegenheiten, Orgel- und Glockenangelegenheiten, Ruhegehaltskasse für Pfarrer und Beamte.

Dezernat XIII (OKR Dr. Hans-Dieter Holtz)
Allgemeine Vertretung in Rechtsangelegenheiten gegenüber der EKD, den Gliedkirchen und dem Staat, Koordination, Angleichung und Abstimmung der kirchlichen Rechtssetzung, Personalangelegenheiten der Mitarbeiter im Landeskirchenrat, Erziehungswissenschaftliches Fort- und Weiterbildungsinstitut (mit Dezernat II), Landeskirchliche Heime in Bad Dürkheim, Enkenbach, Klingenmünster und ZAF, Datenverarbeitung, Schenkungs- und Stiftungswesen (einschl. Aufsicht über kirchliche Stiftungen), Kirchliche Zusatzversorgungskasse, Aufsicht über den Rechnungs- und Kassenprüfungsverband, Allgemeines Dienst- und Besoldungsrecht, Mitarbeitervertretungsrecht, Kirchliche Wahlen, Kirchliches Gemeinderecht, Archivwesen, Statistik, Arbeitsrecht, Fachhochschule.

Über alle Grundsatzfragen sowie über Einzelangelegenheiten von besonderer Bedeutung entscheidet der Landeskirchenrat als Kollegium. Im übrigen entscheidet jedes Mitglied in dem ihm übertragenen Geschäftsbereich in eigener Verantwortung.

Zu den vielfältigen Aufgaben des Landeskirchenrats gehören Förderung des diakonischen, missionarischen und ökumenischen Auftrags der Kirche, Pflege und Förderung des Kontakts zur Evangelischen Kirche in Deutschland und ihren Gliedkirchen, Wahrnehmung der Mitverantwortung für den Religionsunterricht, Leitung der theologischen Prüfungen sowie die Aufsicht über die Aus- und Fortbildung der Geistlichen, Anordnung von Kirchensammlungen und Kollekten sowie die Verwaltung der Finanzen der Landeskirche gemäß dem Haushaltsplan.

Anschrift des Landeskirchenrats:
Evangelische Kirche der Pfalz
– Landeskirchenrat –
Domplatz 5, 6720 Speyer, Telefon (0 62 32) 10 91

Amt für Religionsunterricht

Im Gesetz über das Amt für Religionsunterricht wird folgendes bestimmt: „Zur Förderung und Ordnung des Religionsunterrichtes an den Schulen wird beim Prot. Landeskirchenrat der Pfalz das Amt für Religionsunterricht eingerichtet. Das Amt hat die Aufgabe, den Landeskirchenrat in Fragen des Religionsunterrichtes zu beraten und die landeskirchlichen Maßnahmen zur Durchführung und Förderung des Religionsunterrichtes zu koordinieren. Es wirkt bei der Fortbildung der Religionslehrer mit. Der Landeskirchenrat nimmt im Zusammenwirken mit dem Amt für Religionsunterricht die Einsichtnahme in den Religionsunterricht wahr. Das Amt wird vom Beauftragten des Landeskirchenrates für den Religionsunterricht geleitet. Zum Amt für Religionsunterricht gehören die Bezirksbeauftragten für den Religionsunterricht an Grund- und Hauptschulen sowie die Fachberater für den Religionsunterricht an den übrigen Schularten.

Im Amt für Religionsunterricht sind hauptamtlich tätig:
Der Beauftragte für den Religionsunterricht
Kirchenrat Gerd Hesser, Domplatz 5, 6720 Speyer
die Bezirksbeauftragten
Rektor i. K. Rudolf Kühne, Schulstr. 11, 6799 Altenglan

(Forts. S. 102)

Evangelische Kirche der Pfalz

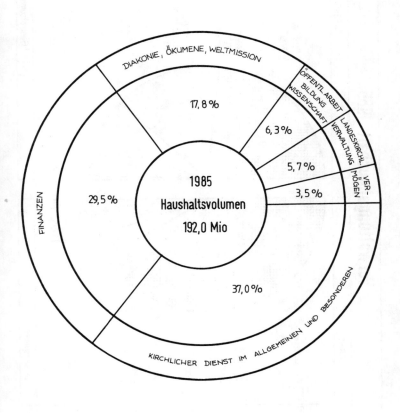

DIAKONIE, ÖKUMENE, WELTMISSION

17,8 %

ÖFFENTL.ARBEIT BILDUNG WISSENSCHAFT

6,3 %

LANDESKIRCHL. VERWALTUNG

5,7 %

VER-MÖGEN

3,5 %

FINANZEN

29,5 %

1985
Haushaltsvolumen
192,0 Mio

37,0 %

KIRCHLICHER DIENST IM ALLGEMEINEN UND BESONDEREN

Gliederung der Ausgaben
1985
nach Sachbereichen

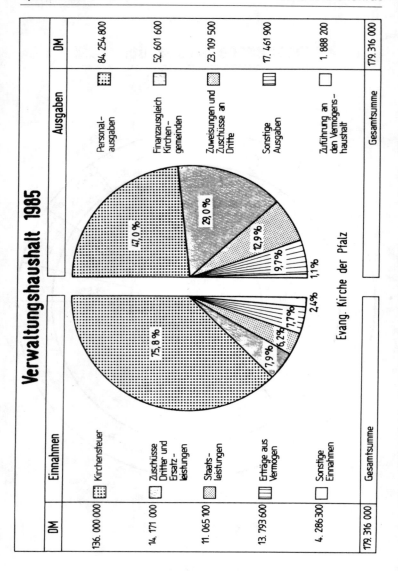

Verwaltungshaushalt 1985

Evang. Kirche der Pfalz

DM	Einnahmen	
136.000 000	▦	Kirchensteuer
14.171 000	☐	Zuschüsse Dritter und Ersatzleistungen
11.065 100	▨	Staatsleistungen
13.793 600	▤	Erträge aus Vermögen
4.286 300	☐	Sonstige Einnahmen
179.316 000	Gesamtsumme	

DM	Ausgaben	
84.254 800	▦	Personalausgaben
52.601 600	☐	Finanzausgleich Kirchengemeinden
23.109 500	▨	Zuweisungen und Zuschüsse an Dritte
17.461 900	▤	Sonstige Ausgaben
1.888 200	☐	Zuführung an den Vermögenshaushalt
179.316 000	Gesamtsumme	

Vermögenshaushalt 1985

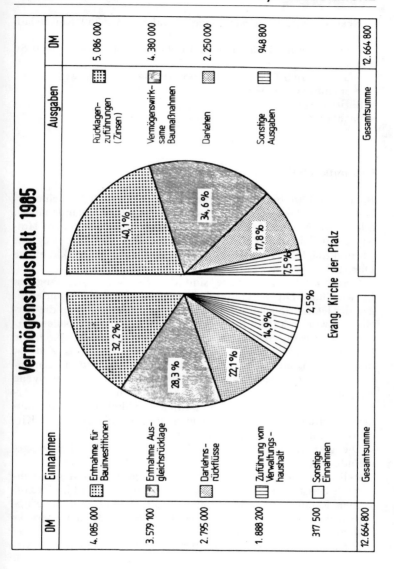

Ausgaben		DM
▦	Rücklagenzuführungen (Zinsen)	5. 086 000
▨	Vermögenswirksame Baumaßnahmen	4. 380 000
▩	Darlehen	2. 250 000
▤	Sonstige Ausgaben	948 800
	Gesamtsumme	12.664 800

DM		Einnahmen
4. 085 000	▦	Entnahme für Bauinvestitionen
3. 579 100	▨	Entnahme Ausgleichsrücklage
2. 795 000	▩	Darlehnsrückflüsse
1. 888 200	▤	Zuführung vom Verwaltungshaushalt
317 500	☐	Sonstige Einnahmen
12.664 800		Gesamtsumme

Evang. Kirche der Pfalz

Rektor i. K. Alfred Riedinger, Spitalstr. 26, 6750 Kaiserslautern

Pfarrer Gebhard Neumüller, Josefsthaler Str. 14–16, 6670 St. Ingbert

Pfarrer Ulrich Pasedach, Luitpoldstr. 44, 6700 Ludwigshafen.

Nebenamtlich tätig sind:

8 Bezirksbeauftragte

4 Fachberater.

Gesamtkirchliche Dienste

Bei der Beschreibung der verschiedenen Felder der Gemeindearbeit, sei es Diakonie oder Ökumene, sei es Konfirmandenarbeit oder Erwachsenenbildung, sind immer wieder in Klammern Hinweise mit Seitenzahlen aufgetaucht, die sich fast durchweg auf gesamtkirchliche Dienste beziehen. Was sind gesamtkirchliche Dienste?

Gesamtkirchliche Dienste sind das Ergebnis einer längeren Entwicklung. Die tiefgreifenden gesellschaftlichen Veränderungen der letzten 150 Jahre waren immer auch Anfragen an die Kirche. Antworten kamen in der Regel nicht von der offiziellen Kirche, sondern durch die Initiative einzelner Christen, durch die Gründung von Vereinen und Verbänden. Im Laufe der Zeit hat dann die offizielle Kirche die erwähnten Herausforderungen angenommen und die betreffenden Arbeitsfelder als ihre ureigene Aufgabe erkannt und angepackt. So entstanden kirchliche Arbeitszentralen, die sich mit einzelnen kirchlichen Aufgabenfeldern so intensiv beschäftigen, wie es nötig ist, der einzelnen Kirchengemeinde jedoch nicht möglich ist.

Die gesamtkirchlichen Dienste haben somit für die Ortsgemeinde

- stellvertretende Funktion: Sie beobachten die Entwicklung ihres Arbeitsfeldes im politisch-gesellschaftlichen und im kirchlichen Raum. Ihre Aufmerksamkeit gilt Themen und Zielgruppen, die im Rahmen einer einzelnen Gemeinde nicht berücksichtigt werden können.
- Dienstleistungsfunktion: Sie beraten die Gemeinden und Kirchenbezirke auf dem von ihnen vertretenen Arbeitsfeld, geben ihnen Anregungen und arbeiten mit ihnen gemeinsam an bestimmten Vorhaben. So sind Kirchengemeinden und gesamt-

kirchliche Dienste aufeinander angewiesen. In der Zusammenarbeit zwischen beiden liegen große Chancen, die noch längst nicht ausgeschöpft sind.

Evangelische Erwachsenenbildung Pfalz (EEB Pfalz)

Die Evangelische Erwachsenenbildung Pfalz dient dem engen Zusammenwirken der Gemeinden und der übergemeindlichen Werke und Einrichtungen im Bereich evangelischer Erwachsenenbildung. Ihre Hauptaufgabe ist jedoch die Förderung der Erwachsenenbildungsarbeit in der Landeskirche auf allen Ebenen. Arbeitszentrale der Evangelischen Erwachsenenbildung Pfalz ist die Landesstelle in Kaiserslautern. Vier Regionalstellen und 20 Dekanatsarbeitskreise sorgen dafür, daß Gemeinden, Presbyterien, Gemeindegruppen und Mitarbeiter in allen Fragen der Erwachsenenbildung ortsnah Beratung und Unterstützung erfahren.

Evangelische Erwachsenenbildung geschieht außer in Kirchengemeinden (vgl. S. 39) auch auf Kirchenbezirks- und Landeskirchenebene (Studientage, Tagungen, Familienwochenenden und Freizeiten, Fernstudium, Presbyterfortbildung, ökumenische Begegnungen, Studienfahrten).

Die Evangelische Erwachsenenbildung Pfalz ist Mitglied der Evangelischen Landesarbeitsgemeinschaft für Erwachsenenbildung in Rheinland-Pfalz e.V. und der Deutschen Evangelischen Arbeitsgemeinschaft für Erwachsenenbildung. Sie hält Kontakt mit der Evangelischen Akademie Saarland, die für die Erwachsenenbildungsarbeit in den saarpfälzischen Kirchengemeinden zuständig ist. Im Rahmen der Weiterbildung im Land Rheinland-Pfalz ist die EEB Pfalz zugleich Partner der anderen Erwachsenenbildungsträger, vor allem des Katholischen Bildungswerkes, der Volkshochschulen und der Ländlichen Erwachsenenbildung.

Evangelische Erwachsenenbildung Pfalz – Landesstelle – Richard-Wagner-Str. 20, 6750 Kaiserslautern, Tel.: 0631/28066, Leitung: Pfarrer Hermann Kuntz.

Regionalstellen befinden sich in
- 6728 Germersheim, Hauptstr. 1, Tel.: 07274/3252
- 6700 Ludwigshafen, Falkenstr. 19, Tel.: 0621/512071
- 6760 Rockenhausen, Parkstr. 1, Tel.: 06361/5559
- 6660 Zweibrücken, Johann-Schwebel-Str. 16,
  Tel.: 06332/72277

Männerarbeit / Kirchlicher Dienst in der Arbeitswelt (KDA)

Männerarbeit hat die Sammlung, Ausrüstung und Sendung der
Männer mit dem Wort zum Ziel. Sie geschieht in Gemeinden und
Kirchenbezirken und als kirchlicher Dienst in der Arbeitswelt in
Zusammenarbeit mit den Gemeinden und stellvertretend für sie
(Tagungen z. B. für Betriebsräte, Personalräte, Mitarbeiter von
Bundesbahn, Post, Zoll, Justiz, Polizei, Handwerker, Unterneh-
mer, Arbeitslose). Die besonderen Probleme der Zielgruppen und
allgemein bedeutsame gesellschaftliche und religiöse Fragen wer-
den behandelt.

Betriebsbesuche, Begegnungen mit Betriebsräten, Informationen über Wirtschaftsfragen dienen der Verbesserung der Beziehung zwischen Kirche und Arbeitswelt. Wesentliche Aufgaben
werden von der Evangelischen Arbeitnehmerschaft Pfalz wahrgenommen (vgl. S. 132).

Die Männerarbeit führt die Geschäfte des Familienlandheim
e. V., der Evangelischen Aktionsgemeinschaft für Familienfragen
Pfalz und arbeitet im Arbeitskreis Kirche und Sport – Pfalz mit.

Leitung und Verwaltung der Männerarbeit obliegen der Lan-
desvertretung, dem Landesausschuß und der Landesleitung. Die
Landesleitung besteht aus dem Landesbeauftragten und dem
gleichberechtigten Landesobmann, welcher ein Laie ist. Das
„Presbyterium" ist der Landesausschuß. Ihm gehören ständige
gewählte und berufene Mitglieder (Theologen und Laien) aus den
Kirchenbezirken und aus den verschiedenen Berufsständen an.
Geschäftsstelle ist das Landesamt.

Männerarbeit – Kirchlicher Dienst in der Arbeitswelt (KDA) –
Landesamt Pfalz –
Leitung: Pfarrer Klaus Enders
Richard-Wagner-Str. 20
6750 Kaiserslautern, Tel.: 06 31/1 20 61

Frauenarbeit

Die Frauenarbeit in der Evangelischen Kirche der Pfalz ist vor
100 Jahren auf Gemeindeebene entstanden. Frauen schlossen
sich zusammen, um sich aus christlicher Verantwortung für andere einzusetzen. Das ist bis heute so geblieben. Der organisatori-

sche Zusammenschluß erfolgte 1924. Nach der Ordnung von 1970 sieht der Aufbau so aus:

Die ehrenamtlichen Leiterinnen bilden im Kirchenbezirk eine Arbeitsgemeinschaft, der eine gewählte Beauftragte vorsteht. Die Beauftragten der 20 Kirchenbezirke bilden die Landesarbeitsgemeinschaft, die zweimal im Jahr zu Beratungen, Absprachen von Arbeitsvorhaben und ökumenischen Aktionen zusammentritt. Vorsitzende ist die auf sechs Jahre gewählte ehrenamtliche Landesleiterin.

Es gibt folgende Arbeitszweige:

- In 327 Gemeinden tragen etwa 50000 Mitglieder die Frauenarbeit; es gibt Tagungen für Leiterinnen, deren Themen sie selbst bestimmen, 20 Dekanatsfrauentage mit jährlich 7000 Frauen, themen- und zielgruppenorientierte Tagungen, Freizeiten und Studienfahrten.
- In neun Städten findet eine Berufstätigenarbeit mit eigenen Tagungen und Freizeiten statt.
- Die Familienbildungsarbeit erfolgt zum Beispiel durch Seminare im Rahmen der Erwachsenenbildung.
- Monatlich gibt die Frauenarbeit die Zeitschrift „Die Evangelische Frau" heraus mit 8000 Beziehern.

Die Frauenarbeit ist Mitglied der Evangelischen Frauenarbeit in Deutschland.

Frauenarbeit in der Evangelischen Kirche der Pfalz
Karl-Helfferich-Straße 16, 6730 Neustadt
Leitung: Pfarrerin Marianne Maus

Jugendarbeit

Das Landesjugendpfarramt nimmt zentrale Funktionen für die gesamte evangelische Jugendarbeit der Pfalz wahr, insbesondere im Blick auf Aus- und Fortbildung von Mitarbeitern, die Beobachtung und Aufarbeitung von Fragen, die Bedeutung für die Jugendarbeit haben, sowie die Durchführung von Aktivitäten wie Freizeitenarbeit, Lehrlingsarbeit, Schülerarbeit.

Evangelische Jugendarbeit geschieht in den Gemeinden und als Arbeit der Verbände (Christlicher Verein junger Menschen – CVJM, Jugendbünde für Entschiedenes Christentum – EC, Gemeinschaftsjugend, Verband christlicher Pfadfinder und Pfadfinderinnen – VCP, Otto-Riethmüller-Haus). Diese Ausprägungen evangelischer Jugendarbeit bedürfen der Koordination. Dies übernimmt die Landesjugendkammer, deren Vorsitzender der Landesjugendpfarrer ist. Hier werden grundsätzliche Fragen der evangelischen Jugendarbeit beraten und Positionen beschlossen.

Regionale Jugendzentralen fördern die Jugendarbeit vor Ort und in den Kirchenbezirken. Ihr Ausbau ist eine wesentliche Aufgabe auch für die nächsten Jahre. Sie beraten die ehrenamtlichen Mitarbeiter in den Jugendgruppen und schulen sie. Außerdem sind sie verantworlich für gemeinsame Aktionen in den Kirchenbezirken (Freizeiten, Jugendtage, Jugendbibelwochen). Die regionalen Jugendzentralen werden unterstützt durch die Dekanats-Mitarbeiterkreise. Der Delegiertentag ist das landeskirchliche Organ der evangelischen Jugendarbeit, in dem insbesondere die ehrenamtlichen Mitarbeiter sich über Fragen ihrer Arbeit und Konsequenzen daraus für kirchliche Jugendarbeit und Gesellschaft verständigen.

Landesjugendpfarramt
Stiftsplatz 4
6750 Kaiserslautern
Leitung: Pfarrer Rainer Schäfer

Kindergottesdienstarbeit

Kindergottesdienst, anfänglich „Sonntagsschule" genannt, wurde ursprünglich gehalten, um Kinder in den Gottesdienst der Erwachsenen einzuführen. Mit dieser ehemaligen Zweckbestimmung konkurriert heute die Auffassung, die Kindergottesdienst als „Gottesdienst der Kinder" versteht, darauf bedacht, wie Kinder Gottesdienst erleben und feiern können.

Kindergottesdienst liegt zu einem größeren Teil in den Händen von ehrenamtlichen Mitarbeiterinnen und Mitarbeitern, deren Zahl in der Pfalz etwa bei 1000 liegt. Dieser Mitarbeiterkreis stellt eine der bedeutendsten „Laiengruppen" unserer Kirche dar. Kreative Arbeit mit biblischen Stoffen, die Chance, eigene Phantasie und persönliches Engagement einzubringen, der Umgang mit einer modern-bewegten Art von Kirchenmusik hat viele, besonders junge Menschen in diese Arbeit geführt, so daß das Durchschnittsalter der Mitarbeiter bei etwa 18 Jahren liegt.

Die Mitarbeiterinnen und Mitarbeiter sollen
- mit Kindern kindgemäß Gottesdienst feiern,
- biblische Geschichten verkündigend erzählen und darstellen,
- pädagogisch und seelsorgerlich mit den Kindern umgehen und ihnen den Glauben liebmachen.

Anleitung zu einem verantwortlichen Kindergottesdienst geben Gemeindepfarrer in meist wöchentlichen Vorbereitungsstunden, Anregungen und Vertiefung bieten verschiedene, eigens für den Kindergottesdienst erscheinende Vorbereitungshefte. Anstöße und Informationen für diese Arbeit finden sich in den für die Pfalz herausgegebenen Mitarbeiterbriefen. Außerdem werden Fortbildungstagungen auf Dekanats- und Landesebene angeboten.

Die Mitarbeiterschaft jedes Kirchenbezirks hat je nach dessen Größe einen oder mehrere Obleute, die auf Dekanatsebene die Arbeit organisieren (Treffs, Fortbildung, Kinderkirchentage und andere Aktionen). Die Obleute treffen sich einmal im Jahr zu einer zentralen Landestagung, deren Ergebnisse in die Arbeit der Kirchenbezirke getragen werden.

Kindergottesdienst Pfalz
Glacisstr. 1
6728 Germersheim
Leitung: Pfarrer Hans Peter Müller

Kirchenmusik

Ursprung und Ziel der Kirchenmusik ist der Gottesdienst. In ihm hat die Kirchenmusik eine eigenständige Aufgabe. Martin Luther erkannte der Musik unter allen Künsten den höchsten Rang zu. Sie stand für ihn wertmäßig unmittelbar nach der Theologie. Luthers Auffassung, daß Kirchenmusik beides umfaßt, nämlich die Verkündigung des Evangeliums und das anbetende Lob Gottes, ist auch heute noch für das evangelische Verständnis der Kirchenmusik wesentlich. Das Evangelische Kirchengesangbuch mit einem Anhang von neueren Liedern ist für die Gemeinde die Grundlage für das gottesdienstliche Singen. Um sich auf ihre Aufgabe im Gottesdienst vorzubereiten, kommen im Gebiet der Evangelischen Kirche der Pfalz wöchentlich rund 10 000 Sängerinnen und Sänger in nahezu 300 Kirchenchören zu den Übungsstunden zusammen. Diese Kirchenchöre sind im Verband der Evangelischen Kirchenchöre der Pfalz zusammengefaßt. Dekanats- und Landeskirchenmusiktage finden jährlich im Wechsel statt. Daneben gibt es eine große Anzahl von Bläsern und Streichern in Posaunenchören, Instrumentalkreisen und sonstigen Vereinigungen. Nicht zu vergessen sind die Organisten, Männer und Frauen, die Sonntag für Sonntag ihren Dienst tun.

In den unmittelbar nach Kriegsende eingerichteten 17 kirchenmusikalischen Seminaren an verschiedenen Orten der Pfalz wird den angehenden Chorleitern und Organisten eine gründliche und umfassende kirchenmusikalische Ausbildung vermittelt. Im Bereich der Evangelischen Kirche der Pfalz sind acht hauptamtliche Bezirkskantoren eingesetzt.

Eine wichtige Einrichtung der Kirchenmusik ist die weit über die Pfalz hinaus bekannte „Evangelische Jugendkantorei der Pfalz", ein Chor, welcher junge Sängerinnen und Sänger mit hohen Qualitätsmerkmalen aus dem gesamten Gebiet der Landeskirche umfaßt. Daneben gibt es die Corona Palatina, das Kammerorchester der Evangelischen Kirche der Pfalz. Seit Jahren gibt es eine eigene Chorliteratur und die Produktion von Schallplatten, welche wichtige kirchenmusikalische Aufführungen festhalten.

Seit 1985 steht der kirchenmusikalischen Arbeit in der Landeskirche im „Johann-Sebastian-Bach-Haus" in Klingenmünster (Keysermühle) ein Haus zur Verfügung.

Kirchenmusikalisches Amt
Bartholomäus-Weltz-Straße 5
6720 Speyer
Leitung: Kirchenmusikdirektor Prof. Heinz Markus Göttsche

Kirche und Dorf

Der Anteil der in der Landwirtschaft erwerbstätigen Bevölkerung ist auch in unserem Kirchengebiet in den letzten Jahrzehnten schnell gesunken. Damit ist eine große Verunsicherung und die Suche nach neuen Lebenszielen verbunden.

Die Arbeit von „Kirche und Dorf" versucht hier Hilfen zu geben. Zielgruppen der Vortrags- und Gesprächsangebote sind im ländlichen Raum Landfrauen-Vereine, Bauern- und Winzerschaft, Landjugendgruppen und Kirchengemeinden.

Protestantisches Pfarramt „Kirche und Dorf"
6763 Obermoschel
Leitung: Dekan Rudi Job

Evangelische Akademie der Pfalz

Die Evangelische Akademie der Pfalz besteht seit 1951. Ihre wichtigste Arbeitsform ist die Tagung. Kunst und Literatur, Philosophie und Psychologie, politische und nicht zuletzt theologische Fragen sind ihre Themen. Die Veranstaltungen sind grundsätzlich jedermann zugänglich. Überkonfessionelle und übernationale Offenheit bestimmen das Programm, das vom Akademieleiter zusammen mit einem von der Kirchenregierung benannten Kuratorium erstellt wird. Zentrale Tagungsstätte ist das Haus Mühlberg in Enkenbach-Alsenborn mit Übernachtungsmöglichkeiten für 50 Personen. Die Geschäftsstelle der Akademie befindet sich in Speyer.

Evangelische Akademie
Große Himmelsgasse 6
6720 Speyer
Leitung: Pfarrer Alfred H. Kuby

Pfarramt für gesamtkirchliche Aufgaben

Mit dem Pfarramt für gesamtkirchliche Aufgaben ist die Leitung der Evangelischen Akademie verbunden. Darüber steht der Stelleninhaber für Vortragsdienste in den Gemeinden der Landeskirche zur Verfügung. Dieser Dienst geschieht vor allem in der Funktion eines landeskirchlichen Beauftragten für Weltanschauungsfragen (Sekten, Jugendreligionen), darüber hinaus in den Sachgebieten pfälzische Kirchengeschichte und ökumenische Gemeindearbeit.

Pfarramt für gesamtkirchliche Aufgaben
Große Himmelsgasse 6
6720 Speyer
Leitung: Pfarrer Alfred H. Kuby

Weltmission und Ökumene

Unsere Kirche ist Teil der weltweiten Christenheit und der Menschheit insgesamt. Sie trägt Mitverantwortung am Leiden und an den Hoffnungen anderer, ungeachtet der Nation, Rasse Hautfarbe und Religion und bekennt sich zur erneuernden und verändernden Kraft des Evangeliums. Dazu will das Pfarramt für Weltmission und Ökumene das Bewußtsein in Gemeinde und Kirche wecken und stärken. Dieser Aufgabe dienen besondere Gottesdienste, Gemeindeveranstaltungen, Seminare und Tagungen. Anregung und Unterstützung von Initiativen und gemeinsamen Aktionen gehören zum Programm. Zu den Mitarbeitern des Amtes zählt ein Vertreter aus einer Kirche in der Dritten Welt. Zum Aufgabenbereich des Pfarramtes für Weltmission und Ökumene gehört außerdem die Geschäftsführung der Arbeitsgemeinschaft Christlicher Kirchen – Region Südwest (vgl. S. 147).

Pfarramt für Weltmission
Kronstraße 38, 6740 Landau
Leitung: Pfarrer Gerhard Fritz

Volksmissionarisches Amt

Das Volksmissionarische Amt gehört zu den missionarischen Diensten unserer Kirche. Das bedeutet, daß es die Gemeinden in ihrem Auftrag unterstützt, die frohe Botschaft über den engeren kirchlichen Bereich dem ganzen Volk zugänglich zu machen. Dem dienen Vorbereitung und Durchführung von Evangelisationen, Wochen der Besinnung, evangelische Jugendveranstaltungen und Bibelwochen. In Waldgottesdiensten und Camping-Seelsorge sollen auch Menschen erreicht werden, die sonst nicht mehr am Leben der Gemeinde aktiv teilnehmen. Bibelfreizeiten vermitteln Besinnung und Orientierung im Licht des Wortes Gottes.

Weiterhin bietet das Volksmissionarische Amt die Schulung von Mitarbeitern im Lektoren-, Prädikanten- oder Besuchsdienst an und sucht den Gemeindeaufbau durch Hauskreise mit der Bibel als lebendige Zellen zu fördern.

Volksmissionarisches Amt
Kronstraße 38, 6740 Landau
Leitung: Pfarrer Karl Börner

Umweltbeauftragter

Als Anwalt der sprachlosen Schöpfung soll der Umweltbeauftragte der Evangelischen Kirche der Pfalz mit theologischer Begründung und ökologischem Fachwissen helfen, daß Christen sich als Teil der gesamten Schöpfung entdecken. Er soll ermutigen, neue Maßstäbe und Lebensformen für einen bewahrenden Umgang mit der Umwelt zu entwickeln. Er beobachtet die für die Frage der Umwelt wichtigen Vorgänge in der Öffentlichkeit, hält Kontakte zu Institutionen und gesellschaftlichen Gruppen, verbreitet Informationen und Anregungen und berät auf Anforderung die Kirchenleitung, Gemeinden und sonstige kirchliche Körperschaften.

Pfarrer Gerhard Postel
Protestantisches Pfarramt Nußdorf
6740 Landau 15

Der Beauftragte der Evangelischen Kirchen am Sitz der Landesregierung

Der Beauftragte der Evangelischen Kirchen am Sitz der Landesregierung in Mainz soll die Beziehungen zwischen den Kirchen und den staatlichen Behörden, den politischen Parteien sowie allen anderen bedeutsamen gesellschaftlichen Gruppen pflegen. Hier handelt es sich um eine gemeinsame Einrichtung der Evangelischen Kirche in Hessen und Nassau, der Evangelischen Kirche im Rheinland und der Evangelischen Kirche der Pfalz. Der derzeitige Beauftragte ist zugleich Beauftragter der Evangelischen Kirche der Pfalz und der Evangelischen Kirche im Rheinland am Sitz der saarländischen Landesregierung in Saarbrücken.

Der Beauftragte der Evangelischen Kirchen
am Sitz der Landesregierung Rheinland-Pfalz
Rheinstraße 101, 6500 Mainz

Der Beauftragte der Evangelischen Kirchen
am Sitz der Landesregierung des Saarlandes
Am Ludwigsplatz 11
6600 Saarbrücken
Leitung: Kirchenrat Wilhelm Kentmann

Prediger-Seminar

Im Prediger-Seminar erhalten die Vikare zwischen dem ersten und zweiten Examen ihre praktisch-theologische Ausbildung. Diese Ausbildung, Vorbereitungsdienst genannt, dauert z. Z. zweieinhalb Jahre. Die Vikarinnen und Vikare arbeiten dabei im Wechsel in verschiedenen Praxisfeldern, in der Schule, in der Gemeinde oder in bestimmten Spezialaufgaben sowie in begleitenden Kursen im Prediger-Seminar.

Die Mitarbeiter am Prediger-Seminar (z. Z. vier Pfarrstellen) halten die Studienwochen für die Vikare sowie einzelne Studientage ab. Sie besuchen alle Vikare regelmäßig an ihrem Dienstort in der Praxis von Schule und Gemeinde.

Protestantisches Prediger-Seminar
Luitpoldstraße 8
6740 Landau
Leitung: Pfarrer Joachim Kreiter

Voraussetzungen des Theologiestudiums

Das Reifezeugnis eines Gymnasiums mit allgemeiner Hochschulreife ist Voraussetzung für die Immatrikulation an der evangelisch-theologischen Fakultät (bzw. Fachbereich) einer Universität. In der Regel werden Theologie-Studenten, die eine Immatrikulationsbescheinigung und die Bestätigung der Landeskirche vorlegen, daß sie sich auf das „geistliche Amt" vorbereiten, von den Kreiswehrersatzämtern freigestellt. Unsere Landeskirche würde es jedoch begrüßen, wenn Interessenten am Theologiestudium nach dem Abitur zunächst in einer praktischen Betätigung über mindestens ein Jahr hin ihren Erfahrungsbereich erweiterten. Deshalb werden Dienstleistungen in einem sozialen Jahr oder einem vergleichbaren Praktikum in Industrie oder Landwirtschaft ebenso wie Zivildienst und Bundeswehrdienst als Bonus angerechnet für den Fall, daß einmal Wartelisten vor dem Zugang zum Vorbereitungsdienst geführt werden müssen.

Das Studium selbst erstreckt sich auf mindestens acht Semester. Davon wiederum müssen mindestens sechs an einer Universität in der Bundesrepublik absolviert werden. Die kirchlichen Hochschulen Berlin, Bethel, Neuendettelsau und Wuppertal sind in dieser Hinsicht gleichgestellt. In der Regel belegt der Studienanfänger je nach seinen schulischen Voraussetzungen Sprachkurse in Griechisch, Hebräisch und Latein und dazu Einführungsveranstaltungen und Proseminare. Etwa im vierten oder fünften Semester sollte die Eingangsphase abgeschlossen sein. Dazu gehört ein Kolloquium nach den Vorschriften der jeweiligen Universität, auf alle Fälle müssen (kleines) Latinum, Graecum und Hebraicum nachgewiesen werden. Im Hauptstudium soll der Student selbst die Schwerpunkte bilden und sich so intensiv der wissenschaftlichen Theologie widmen. Dazu leiten vor allem die Hauptseminare in den verschiedenen Disziplinen an. Aus einem solchen Seminar erwächst auch die wissenschaftliche Hausarbeit für die Erste Theologische Prüfung, die in der Regel vor der Prüfungskommission der Landeskirche abgelegt wird.

Pfarramt für die theologische Fort- und Weiterbildung

Gerade in unserer Zeit, in der tiefgreifende Veränderungen in allen Wissenschaftsbereichen stattfinden, ist eine ständige Fortbildung im Beruf notwendig. Für die Pfarrer, Pfarrdiakone, Gemeindediakone und Jugendwarte bedeutet das, daß sie ihre theologischen Grundlagen ebenso wie ihre praktischen Voraussetzungen immer wieder überdenken und weiter entwickeln müssen und in Verbindung zu setzen haben mit wichtigen Erkenntnissen, zum Beispiel aus der Pädagogik, der Psychologie und der Soziallehre. Zuständig für die Planung und Durchführung solcher Fortbildungstagungen ist das Pfarramt für die theologische Fort- und Weiterbildung. Sein Jahresprogramm, das in Zusammenarbeit mit anderen gesamtkirchlichen Diensten erstellt wird, enthält Tagungen zu allen Arbeitsfeldern der genannten Mitarbeitergruppen. Außerdem finden Fortbildungsveranstaltungen in den einzelnen Dekanaten statt. Dem Pfarramt ist die Beratungsstelle für Konfirmandenarbeit angegliedert.

Pfarramt für die theologische Fort- und Weiterbildung
Luitpoldstraße 8
6740 Landau

Leitung: Pfarrer Erhard Domay

Erziehungswissenschaftliches Fort- und Weiterbildungs-Institut der evangelischen Kirchen in Rheinland-Pfalz (EFWI)

Die Evangelische Kirche der Pfalz hat unter Beteiligung der hessischen und rheinischen Kirche, die einen Teil ihres Kirchengebietes in Rheinland-Pfalz haben, im Januar 1972 das EFWI gegründet. Das EFWI ist in das plurale Fortbildungssystem des Landes Rheinland-Pfalz eingegliedert, obwohl es volle Selbständigkeit hat. Neben dem staatlichen Institut für Lehrer-Fort- und Weiterbildung (SIL) in Speyer und dem Institut für Lehrer-Fort- und Weiterbildung (ILF) in Mainz der katholischen Kirche ist es das dritte selbständige Institut im Land. Das Land garantiert die Besoldung der vier Dozenten und einen Teil der Lehrgangskosten. Die übrigen Personal- und die Verwaltungskosten werden von den Kirchen getragen. Die vom EFWI vertretenen Fachbereiche und Schulfächer sind in erster Linie: Religionspädagogik, allgemeine Erziehungswissenschaft sowie die Sozial- und Wirtschaftswissenschaft. Die Veranstaltungen werden halbjährlich in einem von allen Fortbildungsinstituten gemeinsam herausgegebenen Plan ausgeschrieben. Ihre Dauer bewegt sich in der Regel zwischen zwei bis fünf Tagen. Teilnehmer sind ausschließlich Lehrer in Rheinland-Pfalz, die zum Besuch der Fortbildungs-Veranstaltungen bis zu sechs Tage freigestellt werden können.

EFWI
Luitpoldstraße 8
6740 Landau
Leitung: Pfarrer Botho Herrmann

Dienst an Studenten

Die Evangelische Kirche der Pfalz weiß sich verantwortlich für die im Bereich der Landeskirche an Universitäten, Hoch- und Fachhochschulen Studierenden. Evangelische Studentengemeinden (ESG) wollen Gemeinden von Christen an den Hochschulen sein, die im Glauben an Jesus Christus die Mitte ihres Lebens suchen.

In Gottesdiensten, Diskussions- und Gemeindeabenden sammeln sich Studenten und Hochschullehrer. Theologische, geisteswissenschaftliche und humanwissenschaftliche Themen werden angeboten. Die Betreuung ausländischer Studenten wird zur großen Aufgabe.

Für die Universität Kaiserslautern wurde 1971 ein hauptamtlicher Studentenpfarrer berufen. Für die Abteilung Landau der Erziehungswissenschaftlichen Hochschule Rheinland-Pfalz sowie für den Fachbereich Angewandte Sprachwissenschaften der Johannes-Gutenberg-Universität Mainz in Germersheim ist eine neue Konzeption entwickelt worden: Pfarrer in den kleinen Gemeinden Böchingen und Weingarten betreuen schwerpunktmäßig die Studentengemeinde Landau bzw. Germersheim.

Für die Studierenden an den Fachhochschulen in Ludwigshafen und Kaiserslautern sowie für die Hochschule für Verwaltungswissenschaften in Speyer sind Gemeindepfarrer im Nebenamt für die jeweilige ESG verantwortlich.

Dienst an Gefangenen

Im Bereich unserer Landeskirche befinden sich vier Justizvollzugsanstalten: Frankenthal, Kaiserslautern, Ludwigshafen und Zweibrücken mit etwa 1000 männlichen und 30 weiblichen Inhaftierten.

Im „Dienst am Gefangenen" wirken vier Gruppen mit: Anstaltspfarrer, Gemeindepfarrer, Diakonie, ehrenamtliche Helfer. Deren Aufgaben sind neben den Gottesdiensten die seelsorgerlichen Einzelgespräche (Haftprobleme, Schuldaufarbeitung, Ehekrisen), die Herstellung bzw. Erhaltung von Familienkontakten durch gemeinsame Gespräche in der Haftanstalt, Hausbesuche bei Familienangehörigen und die Entlassenenhilfe (Arbeits- und Wohnungssuche).

Im Bereich der Familienbetreuung und der Entlassenenhilfe arbeitet der Anstaltsseelsorger eng mit den zuständigen Gemeindepfarrern und den Sozialarbeitern des Diakonischen Werkes zusammen. Hinzu kommt die tatkräftige Unterstützung ehrenamtlicher Vollzugshelfer, die je ein bis zwei Gefangene regelmäßig während der Haft besuchen und sie auch nach ihrer Entlassung weiterbetreuen.

Hauptamtliche Anstaltspfarrer sind:
a) an der Justizvollzugsanstalt Frankenthal
Pfarrer Dr. Gerhard Vidal
b) an der Justizvollzugsanstalt Zweibrücken
Pfarrer Lutz Stemberg

Seelsorge am Kranken

Jeder, der schon einmal im Krankenhaus gelegen hat, weiß: „Da bin ich in einer anderen Welt. Da bin ich ein Patient, der nicht mehr selber bestimmen kann, sondern sich nach den Anordnungen des Arztes, der Schwester richten muß. Da werden viele Untersuchungen und Tests durchgeführt, und erst nach bangen Tagen wird mir gesagt, was ich eigentlich für eine Krankheit habe. Ich versuche, die Ungewißheit nicht zu tragisch zu nehmen und doch bin ich immer wieder voll Angst."

Pfarrerinnen, Pfarrer und Gemeinde-Diakoninnen arbeiten in der Krankenhaus-Seelsorge an den großen Krankenhäusern und Kliniken. Auch für die kleineren Krankenhäuser ist ein Besuchsdienst organisiert. An manchen Krankenhäusern stehen auch geschulte Laienkräfte im Seelsorge-Dienst. Sie alle leben unter dem Wort Christi: Ich bin krank gewesen, und ihr habt mich besucht (Matth. 25, 36).

Hauptamtliche Krankenhauspfarrer:
Gotthard Pfisterer, Bad Dürkheim
Irmgard Frank, Homburg
Ernst Adolf Runck, Homburg
Heinrich Gilcher, Kaiserslautern
Ellen Bucher, Landau
Dieter Hauck, Ludwigshafen
Karl Ellbrück, Ludwigshafen
Karl-Friedrich Puttkammer, Ludwigshafen
Hellmut Seitz, Neustadt
Armin Wildberger, Pirmasens
Eckart Emrich, Zweibrücken

Militärseelsorge

Die Soldaten im Bereich der Evangelischen Kirche der Pfalz werden durch zwei pfälzische Pfarrer betreut, die von der Landeskirche für den Dienst in der Militärseelsorge auf Zeit freigestellt sind. Dieser Dienst geschieht auf der Grundlage des Militärseelsorge-Vertrages, der die Eigenverantwortlichkeit dieser kirchlichen Arbeit und ihre Unabhängigkeit von staatlichen Weisungen sicherstellt.

Der Auftrag der Soldaten, unter den Bedingungen des atoma-
ren Zeitalters mit militärischen Mitteln zu Kriegsverhütung und
Friedenssicherung beizutragen, führt in Konflikte und verlangt
Gewissenhaftigkeit. Die Militärseelsorge begleitet die Menschen,
die in dieser Situation stehen und bemüht sich, den Friedenswil-
len unter den Soldaten zu stärken, ihre Gewissen zu schärfen und
mitzuhelfen, daß sie sich den Problemen unserer Zeit stellen.
Gottesdienst, lebenskundlicher Unterricht, Rüstzeiten und Ein-
zel-Seelsorge sind die angebotenen Dienste eines Militärpfarrers,
der die Soldaten auch bei Übungen im In- und Ausland und an
Bord von Schiffen begleitet.

Zum Seelsorge-Bereich des evangelischen Standortpfarrers
Speyer zählen Bad Bergzabern, Bad Dürkheim, Germersheim,
Landau, Neustadt, Rohrbach und Speyer. Seine Dienststelle ist in
Speyer.

Pfarrer Klaus Schank
Kurpfalz-Kaserne
Postfach 600
6720 Speyer

Zum Seelsorge-Bereich des evangelischen Standortpfarrers Zweibrücken zählen Bruchmühlbach, Homburg, Kaiserslautern, Kusel, Münchweiler a. d. Rodalb, Ramstein, St. Ingbert und Zweibrücken.

Pfarrer Fritz Stiwitz
Niederauerbach-Kaserne
Felsbachstraße
6660 Zweibrücken

Beratungsstelle für Kriegsdienstverweigerer und Zivildienstleistende

Unsere Landessynode hat im Jahre 1961 folgenden Beschluß
gefaßt: „Die Kirche ist allen ihren Gliedern Fürbitte und Seelsorge schuldig. Die Synode stellt daher fest:
Pfarrer und andere kirchliche Beauftragte handeln im Rahmen
dieses seelsorgerlichen Dienstes, wenn sie auch Gemeindegliedern, die aus Gewissensgründen den Kriegsdienst verweigern,
durch Beratung und Fürsprache vor den staatlichen Instanzen

117

Beistand leisten.

In der Weiterentwicklung dieses Grundsatzes hat dann unsere Landeskirche im Jahre 1982 ein hauptamtliches Pfarramt für die Beratung der Kriegsdienstverweigerer und Zivildienstleistenden errichtet.

Beratungen sind in Gruppen oder Einzelberatungen nach telefonischer Rücksprache möglich. Besonders in der Zeit zwischen Oktober und März ist die Nachfrage nach Beratungen groß; rechtzeitige Kontaktaufnahme wird deshalb dringend empfohlen.

Pfarrstelle für die Beratung der Kriegsdienstverweigerer und Zivildienstleistenden:
Pfarrer Friedhelm Schneider,
Marienstraße 8,
6720 Speyer.

Rechtliche Auskünfte und Beratungen werden von dem „juristischen Berater" der Landeskirchlichen Beratungsstelle in Speyer erteilt:
Rechtsanwalt Rolf Weis,
Maximilianstraße 96,
6720 Speyer.

Polizeiseelsorge

Polizeiseelsorge, in der Fachsprache „Seelsorge an nichtmilitärischen uniformierten Verbänden", vollzieht sich in der Evangelischen Kirche der Pfalz in zwei Richtungen: als berufsethischer Unterricht an den Polizeischulen der Landesschutzpolizei Rheinland-Pfalz, Abteilung Enkenbach und Abteilung Kaiserslautern, und als periodisches Fortbildungsangebot für Polizeibeamte bei Tagungen, welche die Männerarbeit der Evangelischen Kirche der Pfalz anbietet. Bei diesem letzteren Angebot sind regelmäßig auch die Zollbediensteten mit angesprochen. Die Thematik reicht von allgemeinen Gesellschaftsfragen über Probleme des Glaubens und der Kirche bis hin zu spezifischen Berufsfragen. Der berufsethische Unterricht wird abwechselnd von evangelischen und katholischen Pfarrern im Nebenamt gestaltet. Sein Ziel ist die Einübung der Verantwortung in diesem besonderen, der Gesellschaft verpflichteten Dienst, nach den Maßstäben und Konsequenzen des christlichen Menschenbildes.

Die Polizeiseelsorge wird von Gemeindepfarrern im Nebenamt ausgeübt.

Diakonie

Diakonie, das sind Kinderheime, Altenheime, Behindertenheime. Aber Diakonie ist viel mehr, und das meiste davon wird gar nicht so genannt. Kinder sorgen sich um ihre alt gewordenen Eltern. Viele Gemeindemitglieder leisten einen Beitrag bei Sammlungen, zum Beispiel in der Weihnachtszeit bei der Aktion „Brot für die Welt". Ausländische Arbeitnehmer finden im Betrieb Kollegen, auf die sie sich verlassen können. Das alles ist Diakonie, und viele sind ganz unmittelbar daran beteiligt.

Vieles kann nicht von einzelnen Gemeindemitgliedern getan werden, weil hauptamtliche Fachkräfte und entsprechende Gebäude dafür gebraucht werden. Deshalb muß es auch die organisierte Diakonie geben: stationäre Diakonie (Krankenhäuser, Heime), halboffene Diakonie (Kindergärten), offene Diakonie (Beratungsstellen für Eltern, Suchtkranke u. a.).

Alle diese Einrichtungen sind dem Diakonischen Werk der Evangelischen Kirche der Pfalz angeschlossen.

Die leitenden Organe sind das „Parlament der Diakonie", das als Hauptversammlung 49 Delegierte umfaßt, der Hauptausschuß mit elf Mitgliedern und die Geschäftsführung der zentralen Dienststelle in Speyer.

Weitere Informationen über die Diakonie in der Pfalz bei:

Diakonisches Werk
Große Himmelsgasse 6
6720 Speyer
Leitung: Pfarrer Eberhard Cherdron

Brot für die Welt und Entwicklungshilfe

In der Adventszeit 1959 wurde die erste kirchliche Aktion „Brot für die Welt" ausgerufen. 14 Jahre nach Kriegsschluß war aus einem völlig verarmten Volk, das auf Hilfe von außen angewiesen war, ein Land geworden, das reicher war als die überwiegende Zahl der übrigen Mitglieder der Völkerfamilie. Es schien angebracht, Christen und Nichtchristen anderer Nationen bei ihren Entwicklungsbemühungen beizustehen. Die Chancen waren günstig, weil die Partner in Übersee Gemeinden und Kirchenleitungen waren, auf die man sich verlassen konnte. Die erste Aktion

erbrachte 350 000 Mark. Bei der Sammlung 1980/81 spendeten
die Gemeindemitglieder in der Pfalz bereits 1,6 Millionen Mark.

Es gibt daneben eine weitere Aktion. Der Weltrat der Kirchen
bat 1968 bei seiner Vollversammlung in Uppsala die Kirchen in
der Bundesrepublik, fünf Prozent ihrer Kirchensteuereinnahmen
der Entwicklungshilfe zur Verfügung zu stellen. Dies geschieht in
der Pfalz seit der Zeit des Aufrufs in jedem Jahr regelmäßig.

„Brot für die Welt" Diakonisches Werk
Große Himmelsgasse 6, 6720 Speyer

Die stationären Einrichtungen der Diakonie in der Pfalz

Art und Standort der Einrichtungen	Plätze
Krankenhäuser	
Bad Dürkheim, Kusel, Speyer, Zweibrücken	1043
Fachkrankenhäuser für Suchtkranke	
Kirchheimbolanden, Wilgartswiesen	125
Heime für geistig und seelisch Behinderte	
Landau, Ludwigshafen, Rockenhausen	798
Berufsförderungszentrum Maximiliansau	214
Erholungs- und Kurheime	
Alpirsbach, Bad Bergzabern (2), Frankenstein	129
Freizeit- und Tagungsheime	
Bad Bergzabern, Bad Dürkheim, Enkenbach, Frankenstein, Kirchheimbolanden, Neustadt, Trippstadt, Weidenthal	495
Familienferienstätten	
Aschbacher Hof, Ebernburg, Kirkel, Langmühle	157
Altenheime ohne Pflegeabteilung	
Kaiserslautern (3), Neustadt, Wachenheim	131
Altenheime mit Pflegeabteilung	
Enkenbach (2), Grünstadt, Haßloch, Homburg, Kaiserslautern, Kandel, Landau, Ludwigshafen, Martinshöhe, Neustadt, Pirmasens	1318
Feierabendhäuser für Diakonissen	
Bad Bergzabern, Kirchheimbolanden, Neustadt, Speyer	210
Heime für Nichtseßhaftenhilfe	
Martinshöhe, Neustadt	89
Heime für Kinder und Jugendliche	
Eisenberg, Enkenbach, Frankenstein, Haßloch, Pirmasens, Speyer	474
Berufsausbildungszentren	
Homburg, Neustadt, Wolfstein	805
Wohnheime und Internate	
Annweiler, Bad Bergzabern, Ludwigshafen (3), Marnheim, Speyer, Waldfischbach, Zweibrücken	803
	6791

Andere diakonische Einrichtungen in der Pfalz

221 Kindergärten mit 13 492 Plätzen

35 ökumenische Sozialstationen

19 Sozialberatungsstellen bzw. Gemeindedienste
(Alle Bereiche der Sozialberatung einschließlich Beratung im
Zusammenhang mit der Reform des § 218)

7 Erziehungsberatungsstellen
(Psychologische Beratung und Therapie für Eltern, Kinder
und Jugendliche)

6 Suchtkrankenberatungsstellen
(Beratung, Therapie, Vermittlung in Kur, Begleitung nach
der Therapie)

1 Ehe- und Lebensberatungsstelle in Ludwigshafen
(Beratung und Therapie in Fragen der Partnerschaft und anderen Lebensfragen)

1 Beratungsstelle für ausländische Arbeitnehmer, Ludwigshafen

1 Beratungsstelle für Suizid-(Selbstmord)-Gefährdete, Ludwigshafen

1 Beratungsstelle für Rentenfragen in Speyer

1 Beratungsstelle für Auswanderungswillige, Speyer

2 Telefonseelsorgestellen in Kaiserslautern und Ludwigshafen

3 Werkstätten für Behinderte in Landstuhl, Ludwigshafen (Ne-
benstelle in Schifferstadt) und Rockenhausen (Landstuhl
und Ludwigshafen in ökumenischer Trägerschaft)

1 ökumenisches Rehabilitationszentrum für körperbehinderte
Kinder und Jugendliche in Landstuhl

1 ökumenische Sonderschule für geistig Behinderte, Zweibrük-
ken

Zusammenstellung

Anzahl	Einrichtungen	Plätze
71	Krankenhäuser und Heime	6 791
221	Kindergärten	13 492
35	Sozialstationen	200
39	Beratungsstellen	101
366		20 584

In den 366 Einrichtungen sind über 4000 Mitarbeiter tätig.

Evangelischer Gemeindedienst

In einer großen Stadt treten soziale Probleme massiert auf. Gezielte Maßnahmen bietet die Gesamtkirchengemeinde durch den Evangelischen Gemeindedienst an. Dabei werden besonders angesprochen Sucht- und Suizidgefährdete, Alleinerziehende, Obdachlose, psychisch Kranke, Behinderte, Jugendliche und Schwangere in Konfliktsituationen. Die Hilfe erfolgt als Fachberatung in sozialen Angelegenheiten, als Begleitung zur Einübung neuer Verhaltensweisen und als Begegnungsangebot in Kontaktgruppen und Freizeitclubs.

Evangelische Gemeindedienste
Falkenstraße 19
6700 Ludwigshafen

Rittersberg 5
6750 Kaiserslautern

Dankelsbachstraße 64
6780 Pirmasens

Evangelische Heimstiftung Pfalz

Die Evangelische Heimstiftung Pfalz ist eine Stiftung der Evangelischen Kirche der Pfalz, sie entstand 1968 durch Stiftungsgesetz der Landeskirche. Sie übernahm die Heime des Hilfswerkes (zusammen 315 Betten) und baute dieses Angebot inzwischen auf insgesamt 1794 Betten und Plätze aus. Davon stehen 1040 in gemeinsamer Trägerschaft mit dem Caritas-Verband der Diözese Speyer (Gemeinschaftswerk für Behinderte).

Eigene Einrichtungen:

Jugendhof Haßloch, Iggelheimer Str. 65, 6733 Haßloch,
Erziehungsheim für männl. Jugendliche im Alter von 12–18 Jahren, 92 Plätze

Fachkrankenhaus Hermersbergerhof, 6741 Wilgartswiesen,
Behandlungsstätte für alkoholkranke Männer, 56 Plätze

Fachkrankenhaus Michaelshof, Dannenfelser Str. 42, 6719 Kirchheimbolanden,
Behandlungsstätte für Suchtkranke männl. Jugendliche, 74 Plätze

Heilpädagogium Schillerhain, 6719 Kirchheimbolanden,
Heilpäd. Kinderheim für schulpflichtige verhaltensgestörte Kinder und Jugendliche beiderlei Geschlechts, 152 Plätze

Priv. Heimsonderschule für verhaltensbehinderte Kinder und Jugendliche, Schillerhain, 6719 Kirchheimbolanden,
Sonderschule V mit den Schulzügen Grundschule, Hauptschule und Lernbehindertenschule (insges. 14 Klassen), 152 Plätze

Jugenddorf Sickingen, 6757 Waldfischbach-Burgalben,
Schülerinternat für Mädchen und Jungen, 65 Plätze

Melanchthonhaus, Maxstr. 29–33, 6700 Ludwigshafen,
Studentenwohnhaus, 29 Plätze

Wichern-Institut, Reha-Zentrum für psychisch Kranke, Wingertstraße 5, 6700 Ludwigshafen-Oggersheim,
Überleitungsheim für psychisch Kranke (Soziale und berufliche Wiedereingliederung), 40 Plätze

WfB-Wichern-Institut, Wingertstr. 5, 6700 Ludwigshafen-Oggersheim,
Werkstätten für psychisch Kranke, 60 Plätze

Haus Immel, Pfaustr. 3, 6700 Ludwigshafen,
Wohnheim für psychisch Kranke, 7 Plätze

Wohnheim Schnabelbrunnengasse, Schnabelbrunnengasse 21, 6700 Ludwigshafen,
Wohnheim für psychisch Kranke, 5 Plätze

Kinder- und Jugendheim Kaiserslautern, Dornenstr. 25, 6750 Kaiserslautern,
Heim für Kinder und Jugendliche beiderlei Geschlechts, 22 Plätze

Beteiligungen (Gemeinschaftswerk für Behinderte):

Werkstätten für Behinderte, Rheinhorststr. 30, 6700 Ludwigshafen-Oggersheim, 276 Plätze

Werkstätten für Behinderte, Außenstelle Schifferstadt, 120 Plätze

Werkstätten für Behinderte, Bruchwiesenstr. 21, 6790 Landstuhl, 320 Plätze

Sonderschule für Geistigbehinderte, 6660 Zweibrücken-Wattweiler, 34 Plätze

Sonderkindergarten für Körperbehinderte, Am Rothenborn, 6790 Landstuhl, 60 Plätze

Ambulanz und Früherkennungsstation für Körperbehinderte, Am Rothenborn, 6790 Landstuhl

Sonderschule für Körperbehinderte, Am Rothenborn, 6790 Landstuhl, 154 Plätze

Schülerwohnheim Landstuhl, Am Rothenborn, 6790 Landstuhl, 46 Plätze

Tagesstätte für Schwerstbehinderte, Am Rothenborn, 6790 Landstuhl, 30 Plätze

Evangelische Heimstiftung Pfalz
Zeppelinstraße 18
6720 Speyer

Weitere Einrichtungen, Verbände und Vereine im Bereich der Landeskirche

Evangelische Diakonissen-Anstalt Speyer

Die 1859 gegründete Evangelische Diakonissen-Anstalt Speyer ist eine Körperschaft des öffentlichen Rechts. Sie beschäftigt insgesamt 1137 Schwestern und Mitarbeiter, davon 837 Vollbeschäftigte und 300 Teilzeitbeschäftigte.

Neben der diakonischen Arbeit in eigenen Einrichtungen ist von Anfang an die Ausbildung für diakonische Berufe ein Schwerpunkt der Arbeit, in den letzten Jahren in zunehmendem Maße auch die Fort- und Weiterbildung.

Diakonissen-Mutterhaus in Speyer

Das Diakonissen-Mutterhaus ist der Ausgangspunkt aller Einrichtungen der Evangelischen Diakonissen-Anstalt. Es ist das

125

Zentrum der Schwesternschaften (Diakonissen- und Verbandsschwestern) und Sitz der Hauptverwaltung. Zur Schwesternschaft
gehören 235 Diakonissen (66 im aktiven Dienst, 169 im Feierabend) und 164 Verbandsschwestern (102 im aktiven Dienst, 15
beurlaubt, 47 im Feierabend). 81 Diakonissen und Verbandsschwestern arbeiten in eigenen Einrichtungen der Ev. Diakonissenanstalt. 87 in Einrichtungen unter anderer Trägerschaft, vor allem in Sozialstationen.

Allgemeines Krankenhaus Speyer

Das Allgemeine Krankenhaus in Speyer verfügt über 327 Betten
(Chirurgie, Gynäkologie und Geburtshilfe, Pädiatrie, Innere Medizin, HNO- und Augen-Belegabteilung).

Weitere Einrichtungen in Speyer

– Kinderheim (36 Plätze) für Kinder und Jugendliche sowie Kin-
  dergarten/Kindertagesstätte (25 Plätze).
– Feierabend-Haus für Diakonissen mit einer allgemeinen Pfle-
  geabteilung (25 Plätze).
– Fachschule für Sozialwesen (staatlich anerkannter Bildungs-
  gang für Erzieher) mit drei Parallelklassen (150 Plätze) und In-
  ternat (40 Plätze).
– Lehrkindergarten (100 Plätze) und Kinderhort (30 Plätze).
– Krankenpflegeschule (75 Plätze).
– Kinderkrankenpflegeschule (45 Plätze).
– Wohnheim für sozialpflegerische Schulen (70 Plätze).
– Fort- und Weiterbildungsarbeit für die eigenen Mitarbeiter so-
  wie für die Erzieher in evangelischen Kindergärten und die
  Mitarbeiter in evangelischen Krankenhäusern.

Evangelische Diakonissenanstalt
Hilgardstraße 26
6720 Speyer
Leitung: Pfarrer Karl Gerhard Wien

Einrichtungen in Landau

Im Diakoniezentrum Bethesda (374 Plätze) finden alte und pflegebedürftige sowie geistig behinderte Menschen in ihrer besonderen Lebenssituation Hilfe. Die Erhaltung, Wiedergewinnung oder
Neuanbahnung größtmöglicher Selbständigkeit der Heimbewoh-

ner ist ein spezielles Anliegen von Bethesda, das in vielfältigen Bemühungen um Therapie und Rehabilitation seinen Ausdruck findet:

- Altenhilfe mit 204 Plätzen (34 im Alten-Wohnheim, 45 im Altenheim und 125 im Altenpflegeheim).
- Behindertenhilfe mit 170 Plätzen (48 für Kinder, 122 für Jugendliche und Erwachsene). Eine Besonderheit von Bethesda ist die Aufnahme altgewordener Eltern mit erwachsenen behinderten Kindern.
- Fachschule für Sozialwesen (Bildungsgang für Altenpflege) mit 25 Plätzen.

Diakoniezentrum Bethesda
Bodelschwinghstraße 27
6740 Landau

Einrichtungen in Bad Bergzabern

- Das Tagungshaus Luisenruhe ist mit 24 bis 33 Plätzen für eigene und fremde Gruppen ausgelegt. Während der Sommermonate von Juni bis August wird die Luisenruhe als Erholungsheim für Einzelgäste genutzt.
- Das Kneipp-Kurheim Friedrichsruhe ist ganzjährig für Kur- und Feriengäste geöffnet. Es bietet 26 Gäste-Appartements und besitzt eine Bäderabteilung im Haus.
- Eine frühere Haushaltungsschule dient seit 1972 als Feierabendhaus Waldmühle für 34 Diakonissen. Die Küche dieses Hauses versorgt die anderen Einrichtungen in Bad Bergzabern mit.

Friedrichsruhe, Kurtalstraße 57
Luisenruhe, Kurtalstraße 60
Waldmühle, Kurtalstraße 59
6748 Bad Bergzabern

Evangelisches Pflegeheim Zoar

Das Evangelische Pflegeheim Zoar, Rockenhausen, ist Träger verschiedener Einrichtungen: in Rockenhausen das Diakonie-Zentrum Zoar mit 630 Betten für geistig behinderte, chronisch-psychisch kranke und altersveränderte Menschen, in Kaiserslautern das Alten- und Pflegeheim Bürgerhospital mit 89 Betten (in ihm werden nur Bürger der Stadt Kaiserslautern betreut), in Rokkenhausen eine anerkannte Werkstatt für Behinderte (WfB) mit 360 Ausbildungs- und Arbeitsplätzen, und in Alzey eine weitere mit maximal 60 Plätzen.

Außerdem gehört zum Evangelischen Pflegeheim Zoar eine Ausbildungsstätte für Krankenpflegehelfer/innen. Zoar ist die größte Einrichtung für geistig und seelisch Behinderte im Raum der Landeskirche.

Das Diakonie-Zentrum Zoar hat seinen Ursprung in einem 1855 eröffneten „Rettungshaus Inkelthalerhof". Heute bildet das Behindertenzentrum ein Gemeinwesen eigener Prägung mit vielfacher Verbindung zur nordpfälzischen Kleinstadt Rockenhausen und der umliegenden Region.

Diakonie-Zentrum Zoar
6760 Rockenhausen

Protestantisches Kinder-, Alters- und Altenpflegeheim Enkenbach

Das Heim ist eine Einrichtung des Pfälzischen Vereins für protestantische Liebeswerke. Es will Kinder im christlichen Geist zu selbständigen Persönlichkeiten erziehen. Dazu gehören die Betreuung und die Führung zum Berufsabschluß, mindestens aber zum Hauptschulabschluß, auch für Sonderschüler.

Im Altersheim erfolgt die Betreuung über die Grundpflege hinaus, um eine größtmögliche Selbständigkeit zu erlangen. Dies geschieht durch die „aktivierende Pflege", die viel Einfühlungsvermögen, Verständnis und Geduld erfordert. Darüber hinaus werden Angebote zur sinnvollen Freizeitgestaltung gemacht. Dazu zählen Theaterbesuche, Bildungsabende, Ausflüge, Sommer- und Herbstfeste, Fasching, Weben, Peddigrohr flechten, Emaillearbeiten, Übernahme von kleineren selbständigen Tätigkeiten im Haus, Stammtisch, Singgruppen, Bibelkreis usw. Zum Rehabilitationsangebot gehören medizinische Bäder und Massagen oder Altengymnastik. Selbstverständlich macht das Altersheim auch das Angebot einer christlichen Lebensgemeinschaft. Andachten und Gottesdienste werden für beide Konfessionen gehalten.

Protestantisches Kinder-, Alters- und Altenpflegeheim Enkenbach
6753 Enkenbach, Eselsmühle

Alten-, Pflege- und Übergangsheim Schernau

Nach seiner Gründung im Jahre 1899 im Ramstein wurde das Alten-, Pflege- und Übergangsheim Schernau in den 50er Jahren nach Martinshöhe verlegt und durch Neubauten erweitert. Die Schernau versteht sich als sozial-diakonische Einrichtung im Diakonischen Werk und verfügt über 192 Plätze. Träger ist der „Pfälzer Arbeiter-Kolonie-Verein e. V.". Aufnahme finden alleinstehende Männer mit besonderen sozialen Schwierigkeiten. Ziel ist es,
- sie zu einem geordneten Leben in der Gemeinschaft und in der Arbeitswelt zu befähigen;
- Alte und Kranke zu pflegen und ihnen Geborgenheit zu bieten;
- jene, deren Weg nicht mehr hinausführen kann, in einer behüteten Umgebung zu beheimaten.

Alten-, Pflege- und Übergangsheim
Schernau
6791 Martinshöhe

Protestantisches Waisenhaus Pirmasens

Kinder- und Jugendheim und Jugendwohnhaus

Das Prot. Waisenhaus in Pirmasens nimmt in der Regel Kinder im Alter von 6 bis 15 Jahren auf und darüber hinaus auch Ältere, wenn schulische und berufliche Ausbildungsplätze gefunden werden.

Das Heim kann helfen bei Erziehungsschwierigkeiten, Verhaltensstörungen, Lernbehinderungen, geistigen Behinderungen im Grenzbereich zur Lernbehinderung. Gearbeitet wird im Heim nach dem 4-Phasen-Erziehungskonzept:
Traditionelle Gruppenerziehung
Jugendwohnheim für Jungen und Mädchen,
Wohngemeinschaften und Kleinwohnung für Jugendliche und junge Erwachsene bei Fortbestehen der pädagogischen Betreuung und Hilfestellung;
aus dem Heim Ausgeschiedene können weiterhin die Hilfe in Form einer Nachbetreuung in Anspruch nehmen.

Alten- und Pflegeheim Bethanien

Seit 50 Jahren gehört zum Prot. Waisenhaus auch ein Altenheim, das 1963 zum Alten- und Pflegeheim erweitert wurde.

1983 entstand ein moderner Erweiterungsbau mit Ein- und Zweibettzimmern. Das alte Haus wurde von Grund auf renoviert, damit stehen 22 Altenheimplätze und 51 Pflegeplätze zur Verfügung.

Protestantisches Waisenhaus Pirmasens
Winzler Straße 130
6780 Pirmasens

Evangelischer Fürsorgeverein Kaiserslautern e. V.

Der Evangelische Fürsorgeverein Kaiserslautern e. V. mit Sitz in Frankenstein ist Träger der Evangelischen Heime Diemerstein. Das Kinderheim bietet 36 Plätze und eine Auffangstation für Minderjährige, die von benachbarten Jugendämtern aufgegriffen wurden. Die Jugendfreizeitstätte kann für Freizeiten und Seminare z. Zt. 80 Plätze bereitstellen. Das renovierte Erholungsheim verfügt über 23 Betten in gemütlichen Appartements mit Dusche und WC. Aufnahmen in das Altenheim erfolgen nicht mehr, die Zimmer werden zum Teil mit Erholungsgästen belegt.

Evangelische Heime Diemerstein
6731 Frankenstein

Diakoniezentrum „Haus am Schloßberg"

Evang. Altenwohnheim, Alten- und Pflegeheim Homburg

Nach einer Bauzeit von 2½ Jahren wurde am 11. November 1984 das neue Diakoniezentrum „Haus am Schloßberg" in Homburg seiner Bestimmung übergeben. Es liegt in einer verkehrsberuhigten Zone im Zentrum der Stadt. In der nach neuesten Erkenntnissen der Altenpflege geschaffenen Einrichtung stehen in den 3 Bereichen Altenwohnheim, Altenheim und Pflegeheim insgesamt 160 Plätze zur Verfügung. Träger der Einrichtung ist eine Stiftung der Prot. Kirchengemeinde Homburg, betrieben wird sie von der Ev. Diakonissenanstalt Speyer. Im Diakoniezentrum „Haus am

Schloßberg" wird die Altenarbeit weitergeführt, die seit 1949 von
der Kirchengemeinde im Alten- und Pflegeheim „Haus Abend-
frieden", einer ehemaligen Kaserne am Stadtrand von Homburg,
getan wurde.

Evangelische Müttergenesung

Die evangelische Müttergenesungsarbeit in der Pfalz begann im
Jahre 1950 in den Müttergenesungsheimen Wilgartswiesen und
Enkenbach und wurde weitergeführt im Mütterkurheim und Sa-
natorium Bad Bergzabern und im Müttergenesungsheim Alpirs-
bach. Gegenwärtig befaßt sich die Landesgeschäftsstelle in enger
Zusammenarbeit mit der Evangelischen Kirche der Pfalz mit ei-
nem Neubau, in dem Mütter mit ihren Kindern Aufnahme finden
sollen.
Zu den Arbeiten der Landesgeschäftsstelle der Evangelischen
Müttergenesung in Neustadt zählen:
- Vorbereitung, Vermittlung und Abwicklung der Finanzierung
  von Kuren in Müttergenesungsheimen;
- Organisation und Betreuung der zwei Müttergenesungshäuser
  und Leitung der Dienststelle;
- Zusammenarbeit mit Krankenkassen, Ärzten, Gesundheitsäm-
  tern, Sozialämtern, kirchlichen Stellen;
- Betreuung und Informationsaustausch mit den Sozialarbeitern
  der Vermittlungsstellen Pfalz;
- Organisation der jährlichen Sammlung innerhalb der Pfalz;
- Öffentlichkeitsarbeit in Medien und durch Ausstellungen.

Evangelische Müttergenesung
Karl-Helfferich-Straße 16
6730 Neustadt

Gustav-Adolf-Werk (GAW)

Sie nannten ihn den „Löwen aus Mitternacht", den schwedischen
König Gustav Adolf, der im 30jährigen Krieg durch sein Eingrei-
fen den Protestantismus rettete. Vor 150 Jahren gründeten in
Leipzig und Darmstadt evangelische Christen eine Aktion zur
Unterstützung der Diaspora. Der friedliche Löwe, das Gustav-
Adolf-Werk, das sich nach dem Schweden nannte, setzt sich seit

dieser Zeit für evangelische Minderheiten in aller Welt ein. In der Pfalz bringt das GAW jährlich fast 20 000 Protestanten zu den Festen in den Kirchenbezirken zusammen. Hier wird die Verbundenheit mit den Evangelischen in der Zerstreuung gefeiert. Fast 400 000 Mark gehen an Gaben und Kollekten ein. Sie werden benutzt zur Ausbildung von jungen Theologen und Mitarbeitern, zur Motorisierung, zum Bau von Gemeindezentren und Pfarrhäusern in Osteuropa und Südamerika, Spanien, Italien und Frankreich. Besondere Verbindungen bestehen in die Tschechoslowakei und nach Kärnten/Österreich.

Gustav-Adolf-Werk – Hauptgruppe Pfalz
Lutherstraße 14
6700 Ludwigshafen
Leitung: Dekan D. Friedhelm Borggrefe

Evangelische Arbeitnehmerschaft Pfalz

Nach ihrer Satzung führt die Evangelische Arbeitnehmerschaft Pfalz (EAN) „Arbeitnehmer zusammen, die in der Gesellschaft als Christen mitarbeiten wollen". Schwerpunkt der EAN ist die Arbeit auf örtlicher Ebene in Eisenberg, Kaiserslautern, Ludwigshafen, Pirmasens, Speyer, St. Ingbert und Zweibrücken. Dabei werden Themen behandelt wie beispielsweise Menschenrechte, Kirche ohne Arbeiter – Arbeiter ohne Kirche?, Schichtarbeit. Dazu kommen Schichtarbeiter-Treffs, Seniorenarbeit und Studienfahrten.

In der Pfalz finden jährlich eine Landestagung, eine Wochenend-Tagung, ein Treffen mit Arbeitnehmern aus dem Elsaß und Lothringen sowie eine Studienfahrt statt.

Die Landesleitung (elf Personen) hat in den letzten Jahren Erklärungen zu Betriebsschließungen, Tarifverträgen für die Mitarbeiter der Kirche und zu Betriebsratswahlen verabschiedet.

Die Evangelische Arbeitnehmerschaft besteht seit 1955 und ist ein selbständiger Zweig der Männerarbeit. In der Landeskirche ist sie der einzige Zusammenschluß von Arbeitnehmern. Sie leistet einen wichtigen Beitrag zur Begegnung zwischen Arbeiterschaft und Kirche.

Evangelische Arbeitnehmerschaft Pfalz
Richard-Wagner-Straße 20
6750 Kaiserslautern

Landesverein für Innere Mission in der Pfalz e. V.

Der Landesverein für Innere Mission in der Pfalz e. V. in Bad Dürkheim konnte 1980 auf 75 Jahre diakonischer Arbeit zurückblicken. Ursprünglich als Zusammenschluß von „Freunden der Inneren Mission" konstituiert, widmet sich heute der Verein und seine über 900 Mitarbeiter der Krankenpflege und der Betreuung älterer und pflegebedürftiger Menschen.

Einrichtungen des Vereins:

Evangelisches Krankenhaus Bad Dürkheim mit 250 Betten (Chirurgie, Innere Medizin, Gynäkologie und Geburtshilfe, HNO, Anästhesie, physikalische Therapie, Bäderabteilung).

Evangelisches Krankenhaus Zweibrücken mit 294 Betten (Chirurgie, Innere Medizin, Gynäkologie und Geburtshilfe, Orthopädie, HNO, Radiologie, Anästhesie und Schmerzambulanz, physikalische Therapie, Bäderabteilung).

In sechs Alten- und Pflegeheimen mit über 660 Heimplätzen finden alte und pflegebedürftige Menschen Hilfe und Betreuung in: Wachenheim a. d. Weinstraße, Kandel, Neustadt a. d. Weinstraße, Grünstadt, Haßloch und Zweibrücken.

Im September 1984 nahm die Krankenpflegeschule in Bad Dürkheim mit 60 Plätzen ihre Ausbildungsarbeit auf.

Landesverein für Innere Mission
in der Pfalz e. V.
Dr.-Kaufmann-Straße 2
6702 Bad Dürkheim

Pfälzischer Evangelischer Verein für Innere Mission e. V.

Das Arbeitsgebiet des seit 1875 bestehenden Vereins für Innere Mission umfaßt über 170 Orte in der Pfalz und im angrenzenden Gebiet des Saarlandes.

Gegründet auf die ganze Heilige Schrift, orientiert an den Bekenntnissen der Reformation und an den Erkenntnissen des Pietismus, sind Gemeinschaftspflege und Evangelisation die wesentlichen Arbeitsschwerpunkte.

Neben dem Herzstück der Arbeit, den Bibelstunden, werden in den einzelnen Orten der 22 Gemeinschaftsbezirke außerdem angeboten: Predigtversammlungen, Gebetszusammenkünfte, Kinder-, Jungschar- und Jugendstunden sowie Evangelisation im Rahmen der Evangelischen Allianz.

Überregional wird eingeladen zu Mitarbeiterschulungen, Rüsttagen und Landesfesten (Landesjahresfest, Jugendtag, Posaunen- und Gesangsfest, Landesbrüdertag, Frühjahrs- und Herbstkonferenz). 18 Posaunenchöre und 22 meist gemischte Chöre unterstützen die Arbeit musikalisch. Der Verein unterhält zur Zeit noch einen Kindergarten und ein Freizeitheim in Trippstadt. Es steht Einzelpersonen und Gemeindegruppen zu Erholungsaufenthalten und Freizeiten offen.

Pfälzischer Evangelischer Verein für Innere Mission e. V.
Staufer Straße 28 a
6719 Eisenberg

Evangelischer Presseverband in der Pfalz e. V.

Der „Evangelische Presseverband in der Pfalz e. V." ist Mitglied des Gemeinschaftswerkes der Evangelischen Publizistik (GEP) und unabhängig von der Landeskirche. Er ist Herausgeber von „Evangelischer Kirchenbote – Sonntagsblatt für die Pfalz". Im Bereich der Evangelischen Kirche in Deutschland (EKD) ist der „Kirchenbote" das älteste Gebietskirchenblatt.

Seinen Beziehern bietet der „Kirchenbote" Woche für Woche eine Andacht zum sonntäglichen Predigttext, um den Bezug zum gemeindlichen Leben herzustellen. Pfarrer und Pfarrdiakone, aber auch Prädikanten aus allen Bereichen der Landeskirche arbeiten mit. Eine Bild-Meditation auf der letzten Seite sowie die „Bibellese" gehören zum typischen Bestandteil der Kirchenzeitung, die sich so gestern wie heute als ein „Bote der Kirche" versteht, der vor allem Glaubensstärkung und Seelsorge in die Häuser bringen will.

Als Gebietskirchenblatt informiert er vielfältig über das Geschehen in den Kirchengemeinden der Landeskirche und er lenkt den Blick über den eigenen Kirchturm hinaus, damit sich die Leser als eine große Gemeinschaft der Evangelischen in unserem Raum erfahren können.

Was christlicher Glaube in der Praxis des Alltags bedeutet, soll mit Grundsatzbeiträgen verdeutlicht werden, die aktuelle Themen behandeln und Hilfen zum Glauben und Handeln als Christ in der Gegenwart anbieten. Sie sollen zur Klärung der eigenen Meinung beitragen. Dabei bemüht sich der „Kirchenbote", auch unterschiedliche Auffassungen zu Wort kommen zu lassen.

Nachrichten aus der EKD, aus der Ökumene, der Mission, der Diakonie, der Dritten Welt und der Dialog mit fremden Religionen gehören zum Redaktionsprogramm des „Kirchenboten", der damit jüngere und ältere Leser informieren möchte. Gezielt spricht er die Jugend mit den Doppelseiten „auf ein Wort" und die mittlere und ältere Generation mit den Doppelseiten „die Familie" an.

In Kooperation mit den Gebietskirchenblättern von Baden und Hessen-Nassau werden auf den Mittelseiten Bild-Text-Berichte aus dem südwestdeutschen Raum und darüber hinaus gebracht.

Der „Evangelische Presseverband in der Pfalz e. V."
wie der „Evangelische Kirchenbote"
haben die gleiche Anschrift:
Beethovenstraße 4 in 6720 Speyer.

Evangelischer Presseverlag Pfalz GmbH Speyer

Der Presseverlag ist eine Einrichtung der Landeskirche und des Evangelischen Presseverbandes e. V. Als Dienstleistungsbetrieb ist seine Aufgabe Herstellung und Vertrieb von Printmedien (Zeitschriften, Broschüren, Bücher, Prospekte) im Rahmen und im Bereich unserer Kirche.

Evangelischer Presseverlag
Pfalz GmbH
Beethovenstraße 4
6720 Speyer

Trifels-Gymnasium

Das Trifels-Gymnasium ist eine Einrichtung der Landeskirche mit Internaten für Mädchen und Jungen. Die finanzielle Unterstützung der Landeskirche ermöglicht es, die Internatskosten so niedrig zu halten, daß das schulische Angebot dieses Gymnasiums Schülern aus allen Bevölkerungsschichten offensteht.

Die Schule weiß sich der evangelischen Bildungs- und Erziehungstradition verpflichtet als auch den kirchlichen, sozialen und pädagogischen Anforderungen unserer Zeit. Lehrer und Erzieher sind bestrebt, junge Menschen in einer überschaubaren Schule persönlich und schulisch zu fördern und zu einem verantwortlichen Miteinander zu ermutigen.

Gegenüber der Normalform staatlicher Gymnasien hat es die besondere Form eines Gymnasiums ab der 7. Klasse – also ohne eigene Orientierungsstufe.

Die Schule bietet zwei Übergangsmöglichkeiten:

- In die Klasse 7 für Schüler aus der Klasse 6 – auch aus Haupt- und Realschulen: diese Schüler erhalten hier die Chance eines Neuanfangs und müssen nicht, wie beim Übergang an einem Gymnasium in Langform, in eine Klassengemeinschaft hineingenommen werden, die bereits seit zwei Jahren besteht.
- In die Klasse 11 (Jahrgangsstufe 11 der Mainzer Studienstufe) – auch für Absolventen von Realschulen oder des freiwilligen 10. Schuljahres an Hauptschulen.

Trifels-Gymnasium
674 Annweiler
Leitung: Oberstudiendirektor Günther Gerth

Evangelische Fachhochschule Ludwigshafen

Die Fachhochschule der Evangelischen Kirche der Pfalz in Ludwigshafen bildet für die Berufe des Sozialwesens den Diplom-Sozialarbeiter und den Diplom-Sozialpädagogen aus.

Das Studium beträgt drei Jahre. Voraussetzung für die Zulassung ist das Abitur eines Gymnasiums oder aber die fachgebundene Hochschulreife (Abschluß der Fachoberschule oder Versetzung in Klasse 13 des Gymnasiums). Gymnasiasten benötigen ein Vorpraktikum.

Fächer des Studiums sind u. a. Pädagogik, Psychologie, Soziologie, Recht, Sozialethik und Theorie der Sozialarbeit/Sozialpädagogik.

Evangelische Fachhochschule Ludwigshafen
Maxstraße 29
6700 Ludwigshafen
Leitung: Prof. Kurt Witterstätter

Südwestdeutscher Gemeinschaftsverband e. v.

Der Südwestdeutsche Gemeinschaftsverband e. V. wurde im Jahre 1926 gegründet. Die 26 Gemeinschaften sind in 9 Bezirke aufgegliedert. Das geistliche Zentrum der Arbeit ist das „Diakonissen-Mutterhaus Lachen". Hier befindet sich auch die Geschäftsstelle des Verbandes.

Grundlage der Gemeinschaftsarbeit ist das Evangelium von Jesus Christus. Die Bekenntnisse der Reformation und die Anliegen der Erweckungsbewegung führten zur Konzentration auf die Bibel (Bibelkreise) und zur Evangelisation (Evangelistische Veranstaltungen, Tagungen und Freizeiten).

Zur Zeit sind 9 Prediger und 12 Diakonissen hauptamtlich angestellt, die von zahlreichen ehrenamtlichen Mitarbeitern unterstützt werden. Neben den regelmäßigen Evangelisations- und Bibelbesprechstunden treffen sich Senioren, Ehepaare, junge Erwachsene zu besonderen Veranstaltungen. Die Kinder-, Jungschar- und Jugendarbeit ist dem EC-Kreisverband Pfalz angegliedert, der zur Landesjugendkammer der Evangelischen Kirche in der Pfalz gehört.

Vom Gemeinschaftsverband werden für die einzelnen Gruppen Freizeiten, Mitarbeiterschulungen sowie Arbeitsmaterial für die Blättermissions-, Chor- und Posaunenarbeit angeboten.

Höhepunkte sind die jährlichen Glaubenskonferenzen im Konferenzhaus des Diakonissen-Mutterhauses in Lachen-Speyerdorf.

Südwestdeutscher Gemeinschaftsverband e. V.
Diakonissen-Mutterhaus Lachen
6730 Neustadt 17

Diakonissen-Mutterhaus Lachen

Das Diakonissen-Mutterhaus Lachen wurde im Jahre 1932 als Ausbildungsstätte für Missionare und Missionarinnen der „Marburger Mission" gegründet. Heute gehören zur Schwesternschaft 90 Diakonissen. Davon sind 72 im aktiven Dienst. Das Mutterhaus ist Ausbildungsstätte, Verwaltungszentrale und Heimat für jede Schwester. Aufgenommen werden junge Mädchen, die ihren Glauben an Jesus Christus bekennen können und von ihm berufen sind zum gemeinsamen Leben in Ehelosigkeit, einem einfachen Lebensstil und bereit sind, sich senden zu lassen.

Am Eingang des Mutterhauses grüßt jeden Besucher das Motto: „Werft eure Netze aus!" Diesen Auftrag Jesu möchten die Schwestern auf den verschiedenen Dienstplätzen verwirklichen: Im Mutterhaus (30 Schwestern), in Sozialstationen der Pfalz (7 Schwestern), in Krankenhäusern (21 Schwestern), in Landeskirchlichen Gemeinschaften und EC-Jugendbünden (7 Schwestern), in Altersheimen (5 Schwestern), in der Äußeren Mission (2 Schwestern). Das Altersheim Haus „Friede" in Mannheim, K 4.10 mit 32 Plätzen ist Tochteranstalt des Mutterhauses, ebenso das Altersheim Haus „Abendruhe" in Schwetzingen, Schloßplatz 9, mit 14 Plätzen.

Organisatorisch ist das Diakonissen-Mutterhaus Lachen dem Deutschen Gemeinschafts-Diakonieverband (DGD) angegliedert. Die geistliche Heimat ist der neuere Pietismus, insbesondere die innerkirchliche Gemeinschaftsbewegung (Gnadauer Verband). Darum sind für die Schwestern der praktisch-diakonische Dienst der Nächstenliebe sowie das Zeugnis von Jesus Christus oberstes Ziel ihres Lebens.

Im Mitteilungsblatt „Werft eure Netze aus" berichten die Schwestern zweimal jährlich von Erfahrungen, Problemen und Herausforderungen ihrer missionarischen Diakonie.

Diakonissen-Mutterhaus Lachen
6730 Neustadt 17

G
DIE GESAMTKIRCHE

Evangelische Kirche in Deutschland (EKD)

Nach der geltenden Grundordnung von 1948 ist die EKD „ein
Bund lutherischer, reformierter und unierter Kirchen" (Art. 1), in
dem „die bestehende Gemeinschaft der deutschen evangelischen
Christenheit" (Art. 2) reformatorischen Ursprungs sichtbar wird.
Die heute 17 Gliedkirchen der EKD standen als territorial abge-
grenzte Landeskirchen von der Zeit der Reformation bis zum Jahr
1918 in enger Verbindung mit den Landesherren oder freien
Reichsstädten. Trotz vieler Gemeinsamkeiten in Lehre und Leben
gab es bis ins 19. Jahrhundert keine organisatorische Zusammenfassung dieser Kirchen. Der erste Versuch einer Annäherung
führte 1848 zum „Deutschen Evang. Kirchentag", einer Konferenz kirchlicher Organe. Es folgte 1852 die Gründung der „Eisen-
acher Konferenz", aus der 1903 der „Deutsche Evangelische Kir-
chenausschuß" hervorging. Die rechtliche und organisatorische
Selbständigkeit der Landeskirchen blieb dabei erhalten.
   Nach dem Ersten Weltkrieg, mit dem auch das landesherrliche
Kirchenregiment zu Ende ging, gaben sich die einzelnen Kirchen
eine eigenständige Verfassung. Im Jahr 1921 beschlossen die Vertreter der 28 deutschen Landeskirchen in Stuttgart einstimmig,
den „Deutschen Evangelischen Kirchenbund" zu bilden. Er
wurde 1922 in der Schloßkirche zu Wittenberg konstituiert. Im
Rahmen dieses Kirchenbundes konnten sich gesamtkirchliches
Denken und Handeln stetig entwickeln.

Dieser Vorgang der Einigung wurde 1933 jäh unterbrochen. Zwar wurde die „Deutsche Evangelische Kirche" (DEK) gegründet, aber dies geschah bereits unter merklichem Druck der nationalsozialistischen Machthaber. Vor allem mit Hilfe der „Deutschen Christen" und durch massive Eingriffe in das innere Leben der Kirchen versuchte das NS-Regime, aus der DEK eine dem Staat willfährige, seinen Zielen gleichgeschaltete Staatskirche zu machen. Dieser Versuch scheiterte am entschlossenen Widerstand bekenntnistreuer Pfarrer und Gemeinden. Aber auf dem Weg zu einer verbindlicheren Gemeinschaft wurden alle Kirchen weit zurückgeworfen.

Der Kirchenkampf von 1933–1945 hat innerhalb der evangelischen Christenheit in Deutschland Kräfte gesammelt und organisiert, denen es gelang, die zwischen den Landeskirchen bestehenden konfessionellen Gegensätze anfangsweise abzubauen und das Bewußtsein übergreifender Gemeinschaft zu stärken. Die „Bekennende Kirche" hatte ihren theologischen und geistlichen Rückhalt in einer Neubesinnung auf Schrift und Bekenntnis, deren wichtigstes Dokument die „Theologische Erklärung von Barmen" (1934) ist. Freilich gab es Trennungen an der Frage, wo und wie Widerstand zu leisten sei.

Nach Kriegsende konnte eine erste Kirchenversammlung bereits im August 1945 in Treysa/Hessen stattfinden. Dort wurde beschlossen, die „Evangelische Kirche in Deutschland (EKD)" zu bilden. Ein vorläufiger Rat der EKD wurde gewählt, der Vorsitz wurde Bischof Wurm übertragen. Drei Jahre danach, am 13. 7. 1948, konnte auf der Kirchenversammlung in Eisenach die Grundordnung der EKD verabschiedet werden. Es stand in Frage, ob die EKD als einheitliche Kirche aufgebaut werden sollte oder ob die überlieferten bekenntnismäßigen Unterschiede nahelegten, es doch bei einem Bund weithin selbständiger Landeskirchen zu belassen. Für die erste Regelung sprach die auf der Grundlage des Barmer Bekenntnisses im Kirchenkampf entstandene überkonfessionelle christliche Solidarität und der durch die „Stuttgarter Schulderklärung" (1945) neueröffnete Anschluß der deutschen Christenheit an die weltweite Gemeinschaft der Kirchen. Daß sich die Kirchen mehrheitlich nur zu einem Kirchenbund bereitfanden, hängt mit Vorbehalten hauptsächlich der lutherischen Landeskirchen zusammen, die sich (zusätzlich) in einem eigenen Verbund, der „Vereinigten Evangelisch-Lutherischen Kirche Deutschlands" (VELKD) enger zusammenschlossen.

Die Landeskirchen in der Bundesrepublik Deutschland und in der Deutschen Demokratischen Republik

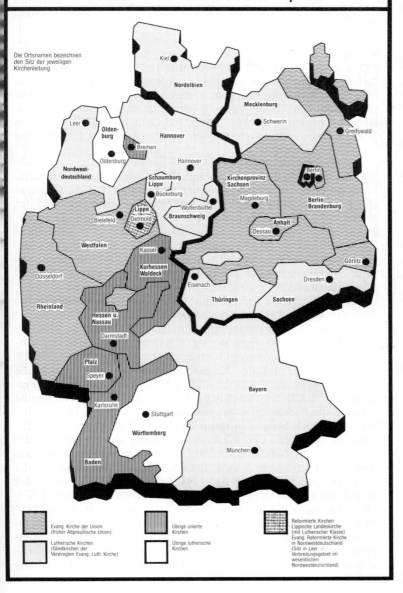

Die Ortsnamen bezeichnen den Sitz der jeweiligen Kirchenleitung

Kiel

Nordelbien

Mecklenburg

Leer

Oldenburg

Hannover

Schwerin

Greifswald

Bremen

Oldenburg

Hannover

Nordwestdeutschland

Schaumburg Lippe

Bückeburg

Kirchenprovinz Sachsen

Berlin

Magdeburg

Berlin Brandenburg

Lippe

Detmold

Wolfenbüttel

Braunschweig

Bielefeld

Anhalt

Dessau

Westfalen

Kassel

Kurhessen Waldeck

Görlitz

Düsseldorf

Eisenach

Dresden

Rheinland

Thüringen

Sachsen

Hessen u. Nassau

Darmstadt

Pfalz

Speyer

Bayern

Karlsruhe

Stuttgart

Baden

Württemberg

München

Evang. Kirche der Union (früher Altpreußische Union)

Übrige unierte Kirchen

Reformierte Kirchen Lippische Landeskirche (mit Lutherischer Klasse) Evang. Reformierte Kirche in Nordwestdeutschland (Sitz in Leer — Verbreitungsgebiet im wesentlichen Nordwestdeutschland)

Lutherische Kirchen (Gliedkirchen der Vereinigten Evang. Luth. Kirche)

Übrige lutherische Kirchen

Aufbau, Organe und Amtsstellen der Evangelischen Kirche in Deutschland

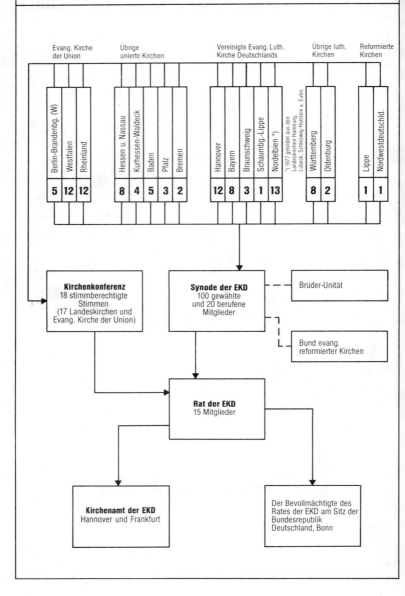

Evang. Kirche der Union

- Berlin-Brandenbg. (W) — 5
- Westfalen — 12
- Rheinland — 12

Übrige unierte Kirchen

- Hessen u. Nassau — 8
- Kurhessen-Waldeck — 4
- Baden — 5
- Pfalz — 3
- Bremen — 2

Vereinigte Evang. Luth. Kirche Deutschlands

- Hannover — 12
- Bayern — 8
- Braunschweig — 3
- Schaumbg.-Lippe — 1
- Nordelbien *) — 13

*) 1977 gebildet aus den Landeskirchen Hamburg, Lübeck, Schleswig-Holstein u. Eutin.

Übrige luth. Kirchen

- Württemberg — 8
- Oldenburg — 2

Reformierte Kirchen

- Lippe — 1
- Nordwestdeutschld. — 1

Kirchenkonferenz
18 stimmberechtigte Stimmen
(17 Landeskirchen und Evang. Kirche der Union)

Synode der EKD
100 gewählte und 20 berufene Mitglieder

Brüder-Unität

Bund evang. reformierter Kirchen

Rat der EKD
15 Mitglieder

Kirchenamt der EKD
Hannover und Frankfurt

Der Bevollmächtigte des Rates der EKD am Sitz der Bundesrepublik Deutschland, Bonn

Die EKD ist eine Gemeinschaft von Kirchen, in denen Kanzel- und Abendmahlsgemeinschaft besteht.

Der EKD angeschlossen sind die Evangelische Brüder-Unität in Deutschland und der Bund Evangelisch-Reformierter Kirchen Deutschlands. Nach der Grundordnung der EKD von 1948 behalten die Gliedkirchen weitgehende Selbständigkeit. Die theologischen Fragen des Bekenntnisses, der Verkündigung und der Ordnung des Gottesdienstes bleiben ihre Sache, desgleichen die gesetzliche Regelung von Fragen der Kirchenordnung. Dagegen ist die EKD die gewiesene Ebene für Kooperation und Koordination gliedkirchlicher Aktivitäten und der Ort gemeinsamen Sprechens und Handelns. Was hier gelingt, stärkt die Gemeinschaft.

Die EKD vertritt ihre Mitgliedskirchen gegenüber dem Staat, gesellschaftlichen Gruppen und in der ökumenischen Zusammenarbeit. Sie hält die Verbindung zu Auslandsgemeinden und -kirchen. Sie kann in allen gesamtkirchlichen Fragen Anregungen geben und unter bestimmten Voraussetzungen Richtlinien beschließen. In einer Reihe von Denkschriften, erarbeitet durch vom Rat der EKD berufene Kammern, Kommissionen oder Ausschüsse, hat die EKD zu öffentlichen Fragen Stellung genommen. Organe der EKD sind die Synode, die Kirchenkonferenz und der Rat. Die Amtsperiode beträgt jeweils 6 Jahre.

Aufgabe der Synode ist es, im Auftrag und in der Vertretung der Gemeinden und einzelnen Landeskirchen Angelegenheiten von gesamtkirchlicher Bedeutung zu beraten. Die Synode kann ihr Wort an die Gemeinden richten, öffentliche Erklärungen abgeben und Richtlinien für den Rat verabschieden. Ihr obliegt es, Kirchengesetze zu beschließen und verbindliche Rahmenpläne für das kirchliche Handeln zu erstellen.

Die Kirchenkonferenz wird von den Kirchenleitungen der Gliedkirchen gebildet. Sie hat die Aufgabe, die Arbeit der EKD und die gemeinsamen Anliegen der Gliedkirchen zu beraten und Anregungen an die Synode und den Rat zu geben. Sie fördert den ständigen Erfahrungsaustausch und bemüht sich um übereinstimmendes Handeln der Gliedkirchen in grundsätzlichen Fragen.

Der Rat der EKD übt die Leitung und Verwaltung der EKD aus und vertritt sie nach außen. Er hält in der Regel monatlich eine zweitägige Sitzung. Seine 15 Mitglieder werden von Synode und Kirchenkonferenz gewählt. Der Rat bedient sich der Arbeit von Kammern und Kommissionen, die aus sachverständigen Persönlichkeiten der Kirche gebildet werden. Am Sitz der Bundesregierung ist der Rat durch einen Bevollmächtigten vertreten.

Organisationsschema der Evangelischen Kirche in Deutschland

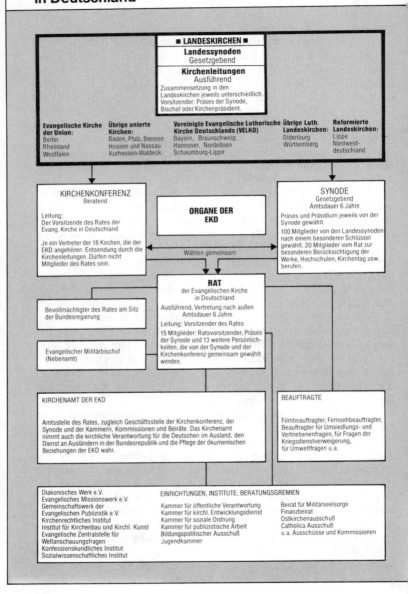

■ LANDESKIRCHEN ■

Landessynoden
Gesetzgebend

Kirchenleitungen
Ausführend
Zusammensetzung in den Landeskirchen jeweils unterschiedlich.
Vorsitzender: Präses der Synode, Bischof oder Kirchenpräsident.

Evangelische Kirche der Union:
Berlin
Rheinland
Westfalen

Übrige unierte Kirchen:
Baden, Pfalz, Bremen
Hessen und Nassau
Kurhessen-Waldeck

Vereinigte Evangelische Lutherische Kirche Deutschlands (VELKD)
Bayern, Braunschweig
Hannover, Nordelbien
Schaumburg-Lippe

Übrige Luth. Landeskirchen:
Oldenburg
Württemberg

Reformierte Landeskirchen:
Lippe
Nordwest-deutschland

KIRCHENKONFERENZ
Beratend

Leitung:
Der Vorsitzende des Rates der Evang. Kirche in Deutschland

Je ein Vertreter der 18 Kirchen, die der EKD angehören. Entsendung durch die Kirchenleitungen. Dürfen nicht Mitglieder des Rates sein.

ORGANE DER EKD

Wählen gemeinsam

SYNODE
Gesetzgebend
Amtsdauer 6 Jahre

Präses und Präsidium jeweils von der Synode gewählt.

100 Mitglieder von den Landessynoden nach einem besonderen Schlüssel gewählt. 20 Mitglieder vom Rat zur besonderen Berücksichtigung der Werke, Hochschulen, Kirchentag usw. berufen.

RAT
der Evangelischen Kirche in Deutschland

Ausführend, Vertretung nach außen
Amtsdauer 6 Jahre

Leitung: Vorsitzender des Rates

15 Mitglieder: Ratsvorsitzender, Präses der Synode und 13 weitere Persönlichkeiten, die von der Synode und der Kirchenkonferenz gemeinsam gewählt werden.

Bevollmächtigter des Rates am Sitz der Bundesregierung

Evangelischer Militärbischof (Nebenamt)

KIRCHENAMT DER EKD

Amtsstelle des Rates, zugleich Geschäftsstelle der Kirchenkonferenz, der Synode und der Kammern, Kommissionen und Beiräte. Das Kirchenamt nimmt auch die kirchliche Verantwortung für die Deutschen im Ausland, den Dienst an Ausländern in der Bundesrepublik und die Pflege der ökumenischen Beziehungen der EKD wahr.

BEAUFTRAGTE

Filmbeauftragter, Fernsehbeauftragter, Beauftragter für Umsiedlungs- und Vertriebenenfragen, für Fragen der Kriegsdienstverweigerung, für Umweltfragen u.a.

Diakonisches Werk e.V.
Evangelisches Missionswerk e.V.
Gemeinschaftswerk der Evangelischen Publizistik e.V.
Kirchenrechtliches Institut
Institut für Kirchenbau und Kirchl. Kunst
Evangelische Zentralstelle für Weltanschauungsfragen
Konfessionskundliches Institut
Sozialwissenschaftliches Institut

EINRICHTUNGEN, INSTITUTE, BERATUNGSGREMIEN

Kammer für öffentliche Verantwortung
Kammer für kirchl. Entwicklungsdienst
Kammer für soziale Ordnung
Kammer für publizistische Arbeit
Bildungspolitischer Ausschuß
Jugendkammer

Beirat für Militärseelsorge
Finanzbeirat
Ostkirchenausschuß
Catholica Ausschuß
u.a. Ausschüsse und Kommissionen

Amtsstelle des Rates ist das Kirchenamt (Sitz in Hannover). Es führt im Rahmen der kirchlichen Ordnungen die laufenden Geschäfte der Organe der EKD und ist den Weisungen des Rates unterstellt. Der Haushalt der EKD, über den die Synode beschließt, erhält seine Mittel hauptsächlich durch Beiträge der Gliedkirchen.

Die vielfältigen Aufgaben der Diakonie werden vom Diakonischen Werk der EKD e. V. (Sitz in Stuttgart) wahrgenommen. In ihm ist die Arbeit der „Inneren Mission" (gegründet 1848) und des nach dem Zweiten Weltkrieg entstandenen „Evangelischen Hilfswerks" zusammengefaßt. Die endgültige Verschmelzung wurde im Oktober 1976 in Stuttgart vollzogen. Die rechtliche Selbständigkeit dieses Werkes der Kirche ermöglicht nicht nur den zahlreichen juristisch eigenständigen Mitgliedern im Bereich der EKD, sondern auch den evangelischen Freikirchen ein Höchstmaß an Zusammenarbeit.

Ebenfalls 1976 wurde das „Evangelische Missionswerk im Bereich der BRD und Berlin West e. V." (Sitz in Hamburg) gegründet, das die Arbeit der „Evangelischen Arbeitsgemeinschaft für Weltmission" weiterführt und die Tätigkeit der regionalen Missionswerke ergänzt. Damit hat die Integration von Kirche und Mission strukturell einen gewissen Abschluß erreicht. Unverändert wichtig bleibt die Aufgabe, die Dimension des Missionarischen in allen Bereichen und Ebenen kirchlicher Arbeit durchzuhalten.

Die 8 Landeskirchen auf dem Gebiet der Deutschen Demokratischen Republik (DDR) haben sich 1969 zum „Bund der Evangelischen Kirchen in der DDR" (BEKDDR) zusammengeschlossen. Auch nach dieser unvermeidlich gewordenen organisatorischen Trennung wissen sich die evangelischen Kirchen in beiden deutschen Staaten nach ihrem Selbstverständnis über die Grenzen hinweg in besonderer geistlicher Gemeinschaft verbunden.

19 weitere deutsche Landeskirchen, Provinzialkirchen bzw. Kirchen deutscher Sprache in Osteuropa sind als Folge des Zweiten Weltkriegs untergegangen. Andere mußten große Gebietsverluste hinnehmen. Ihre Gemeindeglieder und Pfarrer leben heute zum überwiegenden Teil innerhalb der Gliedkirchen der EKD.

Die EKD bemüht sich, die ihr in den Jahrzehnten seit 1948 zugewachsene Gemeinschaft zu vertiefen und zu festigen. Die Bemühungen um eine Annäherung zwischen den reformatorischen Kirchen beschränken sich nicht auf die Bundesrepublik. So führten Gespräche, die von 1964–1967 in Bad Schauenburg (Schweiz)

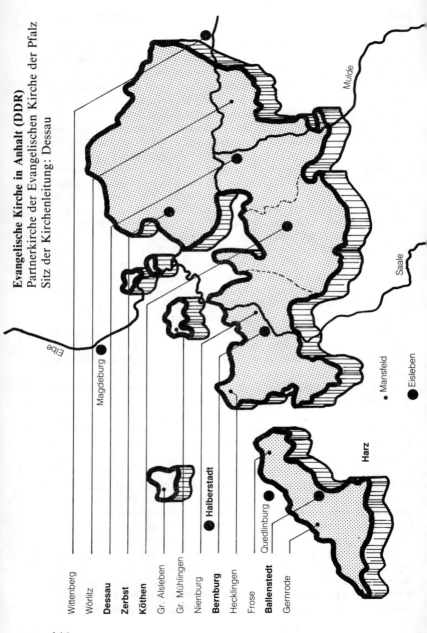

Evangelische Kirche in Anhalt (DDR)
Partnerkirche der Evangelischen Kirche der Pfalz
Sitz der Kirchenleitung: Dessau

Wittenberg
Wörlitz
Dessau
Zerbst
Köthen
Gr. Alsleben
Gr. Mühlingen
Nienburg
Bernburg
Hecklingen
Frose
Ballenstedt
Gernrode

Magdeburg

Mansfeld
Eisleben

Elbe
Mulde
Saale

Halberstadt

Quedlinburg

Harz

146

stattfanden, zu der Einsicht, daß den zwischen den beteiligten Kirchen bestehenden Unterschieden in Lehre und Lebensordnung keine kirchentrennende Bedeutung mehr zukommt. In Fortsetzung dieser Kontakte trafen sich zwischen 1969 und 1973 in Leuenberg (Schweiz) Vertreter lutherischer, reformierter und unierter Kirchen in Europa zu Lehrgesprächen über „Kirchengemeinschaft und Kirchentrennung". Sie konnten am 16. 3. 1973 als Ergebnis ihrer Arbeit die „Konkordie reformatorischer Kirchen in Europa" (Leuenberger Konkordie) verabschieden. Diese gemeinsame Lehrgrundlage trat am 1. 10. 1974 in Kraft, nachdem ihr bis dahin 60 von 88 beteiligten Kirchen zugestimmt hatten. Inzwischen ist sie von allen Gliedkirchen der EKD rezipiert bzw. anerkannt. Dies bedeutet, daß die in der Vergangenheit an der Verschiedenheit reformatorischer Bekenntnisse entstandenen Kirchentrennungen als überwunden anzusehen sind. In weiteren Lehrgesprächen werden die „Leuenberger Kirchen" versuchen, die Übereinstimmung zu vertiefen und zu aktualisieren.

Die EKD-Synode 1970 in Stuttgart hat den Auftrag zur Revision der Grundordnung von 1948 erteilt. „Unter uns ist eine Bewegung im Gange, welche die bestehende Gemeinschaft des Zeugnisses und Dienstes unserer bekenntnisbestimmten Kirchen vertiefen und verstärken will … An die Stelle des Kirchenbundes soll eine engere Gemeinschaft der Kirchen (Bundeskirche) treten." Der Struktur- und Verfassungsausschuß der Synode hat insgesamt vier Entwürfe einer neuen Grundordnung vorgelegt. Anfragen und Einwände der Gliedkirchen wurden eingearbeitet. Auf der EKD-Synode in Berlin-Spandau wurde die 5. Vorlage am 7. 11. 1974 zum Beschluß erhoben. In Kraft treten kann die Grundordnung von 1974 erst, wenn alle EKD-Gliedkirchen zugestimmt haben. Da die neue Grundordnung nicht die Zustimmung aller Gliedkirchen erhielt, konnte sie nicht in Kraft treten.

Arbeitsgemeinschaft Christlicher Kirchen (ACK)
– Region Südwest

Elf Kirchen und kirchliche Gemeinschaften, die im Bereich der Bundesländer Rheinland-Pfalz und Saarland vertreten sind, arbeiten in der 1975 gegründeten „Arbeitsgemeinschaft Christlicher Kirchen (ACK) – Region Südwest" zusammen. Fundament dafür sind die Bibel und das Apostolische Glaubensbekenntnis.

Mitglieder

- Arbeitsgemeinschaft Südwestdeutscher Mennonitengemeinden
- Europäisch-Festländische Brüder-Unität (Herrnhuter Brüdergemeine)
- Katholisches Bistum der Altkatholiken in Deutschland
- Römisch-Katholische Kirche Diözese Speyer
- Römisch-Katholische Kirche Diözese Trier
- Evangelische Kirche der Pfalz (Protestantische Landeskirche)
- Evangelische Kirche im Rheinland
- Evangelisch-methodistische Kirche – Südwestdeutsche Konferenz
- Griechisch-Orthodoxe Metropolie von Deutschland

Gastmitglieder

- Bund Evangelisch-Freikirchlicher Gemeinden – Vereinigung Hessen-Siegerland
- Selbständige Evangelisch-Lutherische Kirche – Kirchenbezirk Süddeutschland

Das ist das gemeinsame Ziel:

„Die in der Arbeitsgemeinschaft Christlicher Kirchen – Region Südwest – verbundenen Kirchen und kirchlichen Gemeinschaften wollen ihrer Gemeinsamkeit im Glauben an den Herrn Jesus Christus, der Haupt der Kirche und Herr der Welt ist, in Zeugnis und Dienst gerecht werden – zur Ehre Gottes, des Vaters und des Sohnes und des Heiligen Geistes."

Aus dem unterschiedlichen Selbstverständnis der verschiedenen Kirchen ergeben sich immer wieder Schwierigkeiten, die ein geduldiges Suchen nach Verständigung verlangen. Als ein Ergebnis bisheriger gemeinsamer Arbeit kann das wachsende zwischenkirchliche Vertrauen angesehen werden.

Delegiertenversammlungen der Mitgliedskirchen, Studientagungen und Arbeitskreise versuchen den gemeinsamen Auftrag zu verwirklichen.

Die Arbeitsgemeinschaft Christlicher Kirchen unterstützt ökumenische Initiativen am Ort, ermutigt, örtliche Arbeitsgemeinschaften zu bilden und sucht nach Wegen, gemeinsam die Botschaft des Evangeliums zu verkündigen.

Arnoldshainer Konferenz

Die Arnoldshainer Konferenz ist ein Zusammenschluß von 12 Kirchenleitungen aus den Gliedkirchen der Evangelischen Kirche in Deutschland. Zu ihr gehören die Evangelischen Kirchen (Landeskirchen) in Baden, Berlin-Brandenburg (Berlin West), Bremen, Hessen und Nassau, Kurhessen-Waldeck, Lippe, Nordwestdeutschland, Oldenburg, Rheinland, Westfalen, die Evangelische Kirche der Union und die Evangelische Kirche der Pfalz. Als Gäste arbeiten die Evangelische Landeskirche in Württemberg und das Reformierte Moderamen mit.

Diese Kirchen sind der Überzeugung, daß die Bekenntnisse der Reformation ihre kirchentrennende Bedeutung verloren haben. Darum verstehen sie die Evangelische Kirche in Deutschland als Kirche und setzen sich zum Ziel, in gemeinsamer theologischer und kirchenrechtlicher Arbeit die Einheit der EKD zu fördern.

Die Ökumenische Bewegung

Die ökumenische Bewegung ist so alt wie die Geschichte der Kirche, denn seit den Tagen der Apostel steht die Kirche vor der doppelten Aufgabe, die Reinheit der Verkündigung und die Einheit der Kirche zugleich zu bewahren. Im Zuge der Mission und Ausbreitung des Christentums wurde die Kirche bei jedem Übergang in eine neue Kultur und zu anderen Völkern vor neue Entscheidungen gestellt. Die Verschiedenheit der Antworten auf die jeweilige Situation bedrohte die Einheit. Aber auch jede Rückbesinnung auf das Zeugnis der Schrift war zugleich eine Gefahr für die Einheit, weil nicht alle ihr folgten. Doch ging nie das Wissen darum verloren, daß die heilige christliche Kirche, zu welcher wir uns im 3. Glaubensartikel bekennen, ihrem Wesen nach nur eine sein kann.

Die Wurzeln der modernen ökumenischen Bewegung liegen im 19. Jahrhundert, eine Folge der starken Ausbreitung des christlichen Glaubens in alle Kontinente durch die Mission. Zuerst schlossen sich Kirchen derselben Tradition weltweit zusammen: ab 1867/68 die Konferenzen der Anglikaner und Lutheraner, 1877 der Reformierte Weltbund. Einen anderen Weg als diese „Konfessionsfamilien" beschritt die Evang. Allianz, welche ab 1846 gläubige Einzelne aus verschiedenen Kirchen zu einem weltweiten Bruderbund vereinigte. Auf einer ähnlichen Basis entstand

Stationen auf dem Wege

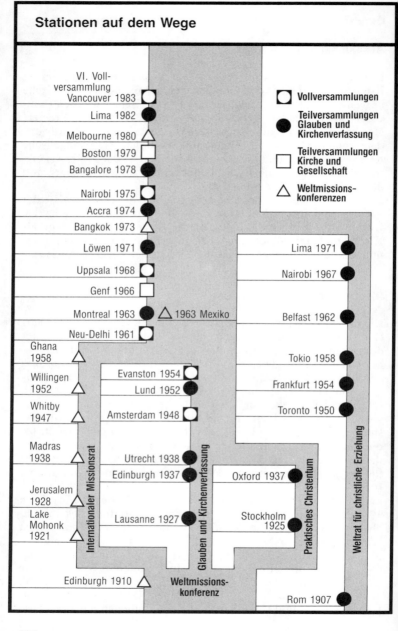

VI. Vollversammlung
Vancouver 1983 ◖
Lima 1982 ●
Melbourne 1980 △
Boston 1979 □
Bangalore 1978 ●
Nairobi 1975 ◖
Accra 1974 ●
Bangkok 1973 △
Löwen 1971 ●
Uppsala 1968 ◖
Genf 1966 □
Montreal 1963 ● △ 1963 Mexiko
Neu-Delhi 1961 ◖
Ghana 1958 △
Willingen 1952 △
Whitby 1947 △
Madras 1938 △
Jerusalem 1928 △
Lake Mohonk 1921 △
Edinburgh 1910 △

Evanston 1954 ◖
Lund 1952 ●
Amsterdam 1948 ◖
Utrecht 1938 ●
Edinburgh 1937 ●
Lausanne 1927 ●

Oxford 1937 ●
Stockholm 1925 ●

Lima 1971 ●
Nairobi 1967 ●
Belfast 1962 ●
Tokio 1958 ●
Frankfurt 1954 ●
Toronto 1950 ●
Rom 1907 ●

◖ Vollversammlungen

● Teilversammlungen
Glauben und
Kirchenverfassung

□ Teilversammlungen
Kirche und
Gesellschaft

△ Weltmissions-
konferenzen

Internationaler Missionsrat

Glauben und Kirchenverfassung

Praktisches Christentum

Weltrat für christliche Erziehung

Weltmissions-
konferenz

150

1855 der Weltbund des CVJM. Gemeinsam ist diesen Vorläufern der heutigen Ökumene, daß sie zwar international waren, jedoch nur Kirchen bzw. Christen derselben Tradition bzw. desselben Frömmigkeitstyps umfaßten, also nur Gleichgesinnte auf Weltebene vereinigten.

Den Durchbruch zur Idee des ÖRK (Ökumenischer Rat der Kirchen) brachte der 1895 gegründete Christliche Studentenweltbund. Er wollte ein Bund (Föderation) selbständiger nationaler Bewegungen sein, die mit Christus im Zentrum eine Einheit im Geist bilden, aber die schöpfungsmäßige Vielfalt der Gaben Gottes in Kultur und Geschichte der beteiligten Völker bewahren wollten. Im Laufe der Entwicklung wurden dann auch theologische und konfessionelle Eigenarten zu der legitimen Vielfalt gezählt, die in der Einheit Platz finden kann. Die so gefundene Formel „Einheit in der Mannigfaltigkeit" ist bis heute ein unentbehrliches Werkzeug jeder ökumenischen Bemühung.

Wahrscheinlich muß auch heute jede ökumenische Begegnung mit den Schritten beginnen, welche die ökumenische Bewegung am Anfang unseres Jahrhunderts gegangen ist. Man suchte die Einheit um eines gemeinsamen Zieles willen: Die Weltmissionskonferenz von Edinburgh 1910 suchte die Zusammenarbeit in der Mission, mit dem Ziel, allen Menschen dieser Generation das Evangelium zu verkündigen. Daraus erwuchs der Internationale Missionsrat. Die Weltkonferenz für Praktisches Christentum in Stockholm 1925 erstrebte gemeinsames Bemühen zur Lösung der sozialen Probleme, zur Förderung internationaler Brüderlichkeit und des Weltfriedens: Ein gemeinsames christliches Gewissen sollte zur Welt sprechen. Die Kraft zu solchem Dienst sollte aus dem gemeinsamen Gebet fließen: Die Stockholmer Bewegung suchte nach einer „Gemeinschaft in der Anbetung und im Dienst".

Gemeinsam ist diesen beiden Weisen ökumenischer Bemühung die Art, wie sie mit den innerhalb ihrer Arbeitsgemeinschaft vorhandenen Unterschieden in Glaubensfragen umgingen. Sie wählten den Weg, den man heute „Konfliktvermeidung" nennt: Sie gingen einander und den Differenzen „aus dem Weg". Im Wissen um die ungeheure Zahl der vom Evangelium noch unerreichten Menschen und Völker suchten sie eine Absprache, welche Missionsgesellschaften welche Missionsfelder übernehmen sollten, damit nicht in manchen Ländern die Missionare sich behinderten oder gar bekämpften, während andere Gebiete völlig unerreicht blieben.

Überzeugt, daß der Dienst eint, die Lehre aber trennt, wurden die Unterschiede in Glaubensfragen bewußt beiseite gelassen, ausgeklammert. Man versuchte, auf dem zu bauen, was allen an Überzeugungen gemeinsam war: auf der Minimalbasis der von allen anerkannten Überzeugungen. Dieses Prinzip entstammte vor allem dem Denken der reformierten und lutherischen Kirchen, seine berühmten Vertreter waren der Methodist John Mott (USA) und der Lutheraner Nathan Söderblom (Schweden).

Überzeugt, daß ein solcher Rückzug auf ein gemeinsames Minimum für die Ökumene eine Verarmung bedeuten müsse, versuchte die Bewegung für Glauben und Kirchenverfassung einen anderen Weg, mit den Differenzen umzugehen. Auch diesen zweiten Schritt muß jede ökumenische Bemühung gehen. Die Weltkonferenz von Lausanne 1927 stellte sich die Aufgabe, den vorhandenen Differenzen bewußt standzuhalten und sie theologisch aufzuarbeiten. Es ging um Themen wie Gottesdienst, Sakramente, Glaubensbekenntnis, Wesen der Kirche, geistliches Amt. Dabei ließ man sich von der Überzeugung leiten, daß vorhandene Unterschiede nicht Stolpersteine auf dem Weg zur Einheit sind, die man aus dem Weg räumen muß, sondern Bausteine, die man dem gemeinsamen Bau einfügen kann. Man versuchte, den anderen einfühlend zu verstehen und die Unterschiede zur gegenseitigen Bereicherung fruchtbar zu machen. Dieses Prinzip, die Fülle der Vielfalt in die Einheit einzubringen, wurde vor allem von Anglikanern und Orthodoxen angewandt. Einen weiteren Fortschritt machte die Bewegung, als sie – vorangetrieben durch Frauen und Männer wie Susanne de Diétrich und W. A. Visser 't Hooft – erkannte, daß Einheit nur Gemeinschaft in der Wahrheit sein kann. Alle Traditionen müssen sich stets neu messen am Wort der Heiligen Schrift. Weiter wurde klar erkannt, daß die Ökumene nur eine Gemeinschaft der Kirchen, nicht von einzelnen, Gruppen oder Räten neben bzw. aus den Kirchen sein kann. Dies führte, vorbereitet durch die Konferenzen von Oxford und Edinburgh 1937 und verzögert durch den Zweiten Weltkrieg, zum Zusammenschluß der Bewegungen für „Praktisches Christentum" und „Glaube und Kirchenverfassung" und damit zur Gründung des ÖRK in Amsterdam 1948. Die Jahre des Kirchenkampfes verbanden die deutschen Kirchen noch enger als zuvor mit den Kirchen der Ökumene. Die Barmer Theologische Erklärung zeigt, daß die Bekennende Kirche in der Gemeinschaft der weltweiten Kirche stand und dadurch gestärkt dem Versuch zur Schaffung eines nationalistischen Christentums widerstehen konnte. Vollends die

Stuttgarter Schulderklärung verband die Kirchen Deutschlands mit der Ökumene.

Den Höhepunkt erreichte diese Entwicklung auf dem Wege über die 2. Vollversammlung in Evanston bei der 3. Vollversammlung in Neu-Delhi 1961. Durch die hier erfolgte Integration von Internationalem Missionsrat und Ökumenischem Rat waren nun die drei großen klassischen Anliegen der ökumenischen Bewegung, nämlich die Verpflichtung zur Weltmission, die Verantwortung gegenüber den Nöten der Welt und das Streben nach sichtbarer Einheit, in der Gemeinschaft eines Rates beisammen. Dementsprechend beriet diese Vollversammlung unter den drei Stichworten „Zeugnis", „Dienst" und „Einheit". Außerdem wurde der ÖRK durch den Beitritt der Russisch-Orthodoxen Kirche vollends zu einer universalen Gemeinschaft, in der nun (außer der Römisch-Katholischen Kirche) alle christlichen Konfessionen und Traditionen repräsentiert sind. Um dieser Entwicklung Rechnung zu tragen, wurde 1961 die „Basis" des ÖRK in die Fassung gebracht, die sie noch heute hat.

Die folgenden stürmischen sechziger Jahre beeinflußten auch den Weg des ÖRK durch dieses Jahrzehnt. Die Herausforderung der Kirchen durch die „Welt" wurde noch deutlicher als zuvor gesehen. Die Kirchen aus der Dritten Welt, inzwischen zu mehr Selbständigkeit und Eigenverantwortung gewachsen, kamen auf der 4. Vollversammlung in Uppsala 1968 und der 5. Vollversammlung in Nairobi 1975 vernehmbarer als zuvor zu Wort. Die Verantwortung der Kirchen für wirtschaftliche und soziale Weltentwicklung, für Befreiung, Gerechtigkeit und Frieden wurde klar gesehen. Insgesamt stand in diesen Jahren das Anliegen der „Erneuerung" der Kirchen stärker im Blickfeld als das der „Einigung".

Gleichzeitig aber vollzog sich eine Erneuerung anderer Art, die in den siebziger Jahren zur Wirksamkeit kam: das Wiedererstarken der weltweiten Bekenntnisfamilien! Die konfessionellen Weltbünde, voran der Lutherische Weltbund, wurden sich ihrer eigenen Identität und ökumenischen Verpflichtung neu bewußt. Die Römisch-Katholische Kirche erneuerte sich im Zweiten Vatikanischen Konzil 1962–1965 und öffnete sich ökumenischen Gedanken. Die weltweite evangelikale Bewegung profilierte sich in den Internationalen Kongressen für Weltevangelisation in Lausanne 1974 und Pattaya 1980. All das trug dazu bei, daß der ÖRK auf und nach seiner 5. Vollversammlung in Nairobi 1975 sich wieder stärker den Fragen des Bekenntnisses zu Christus und der geistlichen Begründung des ökumenischen Engagements zuwandte (Rechenschaft über die Hoffnung, die in uns ist; auf dem Weg zu einem gemeinsamen Ausdruck des apostolischen Glaubens heute). Dabei wurde die Bedrohung der Menschheit durch Übervölkerung, Ausbeutung und Verschmutzung der Natur und durch den Krieg ebenso deutlich und noch realistischer gesehen als im vorigen Jahrzehnt. Das Ziel der Einheit, auf das der ÖRK zugeht, wird jetzt als „Konziliare Gemeinschaft" beschrieben: Im Bekenntnis desselben apostolischen Glaubens und in der Feier des Heiligen Abendmahls am selben Tisch soll eine Gemeinschaft gründen, die sich in der Art des Apostelkonzils von Jerusalem (Apg 15, 1–35) immer von neuem eins wird über den Weg Gottes mit seiner Kirche in der jeweiligen kulturellen, wirtschaftlichen und politischen Situation, worin sich die örtlichen Gemeinden und Kirchen vorfinden.

Die Abteilung „Kirche und Gesellschaft" befaßte sich in Boston 1979 mit dem Thema „Glaube und Wissenschaft in einer ungerechten Welt"; die Weltmissionskonferenz in Melbourne 1980 mit der Vaterunserbitte „Dein Reich komme" und der Frage, wie die Botschaft vom Reich Gottes den Armen glaubwürdig verkündigt werden kann. Die Abteilung für „Glaube und Kirchenverfassung" verabschiedete in Lima 1982, unter voller Mitarbeit Römisch-katholischer Theologen, drei „Konvergenzerklärungen" über Taufe, Abendmahl und kirchliches Amt, welche – wenn sie von den Mitgliedskirchen angenommen werden – einen Meilenstein auf dem Weg zur Einheit der Kirche darstellen. Die VI. Vollversammlung des ÖRK in Vancouver 1983 hatte zum Thema: „Jesus Christus, das Leben der Welt".

Ökumenischer Rat der Kirchen (ÖRK)

150, Route de Ferney, CH-1211 Genf 20, Schweiz,
Ruf (00 41 22) 98 94 00

Die derzeitige Gestalt des ÖRK und seiner Arbeitsstelle in Genf ist geprägt von den Erfahrungen, die während der „geistlichen Pilgerfahrt" der ökumenischen Bewegung unseres Jahrhunderts gemacht wurden. Die drei Hauptziele des ÖRK sind dementsprechend die Ziele der drei historischen Bewegungen: sichtbare Einheit und Gemeinschaft im Gottesdienst, gemeinsame Verkündigung des Evangeliums und vereinigter Dienst der Kirche für die Welt. Der ÖRK versteht sich nicht als Vereinigung gleichgesinnter Einzelner, sondern als Gemeinschaft von Kir-

Struktur des Ökumenischen Rates der Kirchen

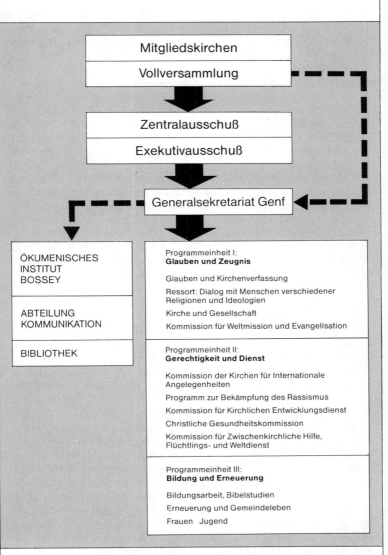

Mitgliedskirchen

Vollversammlung

Zentralausschuß

Exekutivausschuß

Generalsekretariat Genf

ÖKUMENISCHES
INSTITUT
BOSSEY

ABTEILUNG
KOMMUNIKATION

BIBLIOTHEK

Programmeinheit I:
Glauben und Zeugnis

Glauben und Kirchenverfassung

Ressort: Dialog mit Menschen verschiedener
Religionen und Ideologien

Kirche und Gesellschaft

Kommission für Weltmission und Evangelisation

Programmeinheit II:
Gerechtigkeit und Dienst

Kommission der Kirchen für Internationale
Angelegenheiten

Programm zur Bekämpfung des Rassismus

Kommission für Kirchlichen Entwicklungsdienst

Christliche Gesundheitskommission

Kommission für Zwischenkirchliche Hilfe,
Flüchtlings- und Weltdienst

Programmeinheit III:
Bildung und Erneuerung

Bildungsarbeit, Bibelstudien

Erneuerung und Gemeindeleben

Frauen Jugend

chen, die durch ihre verschiedene politische, kulturelle, und gesellschaftliche Umwelt unterschiedlich geprägt sind. Diese Mitgliedskirchen sollen sich gegenseitig bereichern und korrigieren, stärken und trösten, im Leid begleiten, an der Freude teilgeben, in Konflikten vertrauen. Der ÖRK will keine Überkirche oder Einheitskirche sein oder werden, sondern ein Diener der Mitgliedskirchen. Er hilft ihnen, gemeinsam zu erfüllen, wozu sie berufen sind (Basis, Funktionen, Ziele und Vollmacht sind in seiner Verfassung niedergelegt). Als Diener der Kirchen sieht der Rat eine doppelte Aufgabe: Er will ihre Kooperation fördern und sie ständig auffordern, sich durch stetige Erneuerung auf die Einheit hin zu bewegen.

Der ÖRK umfaßt heute über 300 Mitgliedskirchen aller Konfessionen und Traditionen aus allen Kontinenten und damit ca. ⅔ aller nicht römisch-katholischen Christen. Er ist die repräsentativste und nach der römisch-katholischen Kirche die zahlenmäßig größte christliche Organisation.

Seine Struktur ist aus dem Schaubild zu erkennen. Der etwa 150köpfige Zentralausschuß ist zwischen den Vollversammlungen das wichtigste ausführende Organ des ÖRK.

Verfassung des Ökumenischen Rates der Kirchen (Auszug)

I. *Basis.* Der ÖRK ist eine Gemeinschaft von Kirchen, die den Herrn Jesus Christus gemäß der Heiligen Schrift als Gott und Heiland bekennen und darum gemeinsam zu erfüllen trachten, wozu sie berufen sind, zur Ehre Gottes, des Vaters, des Sohnes und des Heiligen Geistes.

II. *Mitgliedschaft.* In den ÖRK können alle diejenigen Kirchen aufgenommen werden, die ihre Zustimmung zu der Basis erklären, auf welcher der ÖRK gegründet ist, und die Voraussetzungen erfüllen, die von der Vollversammlung oder dem Zentralausschuß festgelegt werden. Die Wahl zum Mitglied muß mit Zweidrittelmehrheit der bei der Vollversammlung vertretenen Mitgliedskirchen erfolgen, wobei jede Kirche über eine Stimme verfügt. Zwischen den Tagungen der Vollversammlung eingehende Aufnahmeanträge können durch den Zentralausschuß behandelt werden. Wenn ein solcher Antrag durch eine Zweidrittelmehrheit der anwesenden stimmberechtigten Mitglieder des Ausschusses unterstützt wird, wird dieser Beschluß den Kirchen, die bereits Mitglieder des ÖRK sind, mitgeteilt, und die Aufnahme gilt als vollzogen, wenn nicht innerhalb von sechs Monaten von mehr als einem Drittel der Mitgliedskirchen Einwände erhoben werden.

III. *Funktionen und Ziele.* Der Aufgabenbereich des ÖRK erstreckt sich auf folgende Funktionen und Ziele:

- die Kirchen aufzurufen zu dem Ziel der sichtbaren Einheit im einen Glauben und der einen eucharistischen Gemeinschaft, die ihren Ausdruck im Gottesdienst und im gemeinsamen Leben in Christus findet, und auf diese Einheit zuzugehen, damit die Welt glaube;
- das gemeinsame Zeugnis der Kirchen an jedem Ort und überall zu erleichtern;
- die Kirchen in ihrer weltweiten missionarischen und evangelistischen Aufgabe zu unterstützen;
- der gemeinsamen Aufgabe der Kirchen im Dienst am Menschen in Not Ausdruck zu verleihen, die die Menschen trennenden Schranken niederzureißen und das Zusammenleben der menschlichen Familie in Gerechtigkeit und Frieden zu fördern;
- die Erneuerung der Kirche in Einheit, Gottesdienst, Mission und Dienst zu ermutigen;
- Beziehungen zu nationalen Kirchenkonferenzen, konfessionellen Weltbünden und anderen ökumenischen Organisationen aufzunehmen und aufrechtzuerhalten;
- die Arbeit der internationalen Bewegungen für Glauben und Kirchenverfassung und für Praktisches Christentum sowie des Internationalen Missionsrates und des Weltrates für christliche Erziehung weiterzuführen.

IV. *Vollmacht.* Der ÖRK hat beratende Funktion und bietet die Möglichkeit zum gemeinsamen Vorgehen in Fragen von allgemeinem Interesse.

Er kann im Auftrage von Mitgliedskirchen nur in solchen Angelegenheiten handeln, die ihm eine oder mehrere Kirchen übertragen, und nur im Namen dieser Kirchen.

Der ÖRK besitzt keine gesetzgebende Gewalt über die Kirchen. Er handelt auch in keiner Weise in ihrem Namen, außer in den erwähnten oder von den Mitgliedskirchen künftig festgelegten Fällen.

Leitende Amtsträger(innen) des Ökumenischen Rates der Kirchen (ÖRK)

Präsidenten/Präsidentinnen

Dame R. Nita Barrow (Barbados), Methodistische Kirche in der Karibik und Mittel- und Lateinamerika

Dr. Marga Bührig, Schweizerischer Evangelischer Kirchenbund

Metropolit Dr. Paulos Mar Gregorios, Orthodoxe Syrische Kirche von Malankara (Indien)

Bischof Dr. Johannes Hempel (Dresden), Bund der Evangelischen Kirchen in der Deutschen Demokratischen Republik

Patriarch Ignatios IV. Hazim (Damaskus), Griechisch-Orthodoxes Patriarchat von Antiochien und dem gesamten Morgenland

Erzbischof W. P. Khotso Makhulu, Kirche der Zentralafrikanischen Provinz (Botswana)

Pfarrer Dr. Lois M. Wilson, Vereinigte Kirche von Kanada

Generalsekretär Pfarrer Dr. Emilio Castro, Evangelisch-Methodistische Kirche in Uruguay

Mitglieder des Exekutivausschusses

Annathaie Abayasekera, Kirche von Ceylon (Sri Lanka)

Metropolit von Transsylvanien Antonie, Rumänische Orthodoxe Kirche

Harry Ashmall, Kirche von Schottland

Bischof Athanasios, Koptische Orthodoxe Kirche (Ägypten)

Bena-Silu, Kirche Christi auf Erden durch den Propheten Simon Kimbangu (Zaire)

Metropolit von Myra Chrysostomos, Ökumenisches Patriarchat von Konstantinopel (stv. Vorsitzender des Zentralausschusses)

Pfarrer Puafitu Faa'alo, Kirche von Tuvalu (Ozeanien)

Pfarrer Dr. Heinz Joachim Held, Evangelische Kirche in Deutschland (Vorsitzender des Zentralausschusses)

Joyce Kaddu, Kirche von Uganda (Ostafrika)

Erzbischof Kirill, Russische Orthodoxe Kirche

Dr. Janice Love, Vereinigte Methodistische Kirche (USA)

Pfarrer J. Oscar McCloud, Presbyterianische Kirche (USA)

Pfarrer Dr. S. A. E. Nababan, Protestantisch-Christliche Batak-Kirche (Indonesien)

Pfarrer Meinrad Piske, Evangelische Kirche L. B. in Brasilien

Jean Skuse, Unionskirche in Australien

Pfarrer Gunnar Stalsett, Kirche von Norwegen

Dr. Sylvia Ross Talbot, Afrikanische Methodistisch-Bischöfliche Kirche (USA) (stellv. Vorsitzende des Zentralausschusses)

Dr. Aaron Tolen, Presbyterianische Kirche in Kamerun

Bischof Karoly Toth, Reformierte Kirche in Ungarn

H
BEKENNTNISGRUNDLAGEN

Bekenntnis Pfalz (159) – Bekenntnisse der Alten Kirche
(160) – Bekenntnisse der frühen Christenheit (161) –
Bekenntnisse der Reformation (163) – Bekenntnisschriften
aus neuerer Zeit (163) – Vereinigungsurkunde (163) –
Barmer Erklärung (167)

Das Bekenntnis der Evangelischen Kirche der Pfalz

Die Verfassung unserer Kirche sagt in § 1 Abs 1 und im § 2:
„Die Evangelische Kirche der Pfalz (Protestantische Landeskirche), in der sich im Jahre 1818 Lutheraner und Reformierte des
damaligen bayerischen Rheinkreises als protestantisch-evangelisch-christliche Kirche der Pfalz vereinigt haben, bekennt mit der
evangelischen Gesamtkirche Jesus Christus als den Herrn und
das alleinige Haupt seiner Gemeinde.

Das Bekenntnis der Protestantischen Landeskirche ist ausgesprochen in ihrer Vereinigungsurkunde und deren gesetzlichen
Erläuterungen."

Mit dem Bekenntnis des Glaubens antwortet die Kirche auf das
Handeln Gottes in Christus. Das Glaubensbekenntnis sagt in ver-
dichteter Form, wovon der Glaube lebt:

„Daß Christus gestorben ist für unsere Sünden nach der
Schrift; und daß er begraben worden ist; und daß er auferstanden
ist am dritten Tage nach der Schrift; und daß er gesehen worden
ist von Kephas, danach von den Zwölfen" (1. Kor. 15, 3 b–5).

Form und Inhalt der Bekenntnisse sind von der Situation geprägt, in der sie entstanden sind. Je nach der ursprünglichen Ziel-
setzung kann ein Bekenntnis mehr lobpreisenden (z. B. Nizänum),
mehr unterrichtlichen (Katechismus), mehr lehrhaften (Augsbur-

gisches Bekenntnis) oder mehr kämpferischen Charakter (Barmer Theologische Erklärung) haben.

Bekenntnisse der frühen Christenheit

Messias/Christus

Die erste Gemeinde lebte inmitten des Judentums. Von ihm unterschied sie sich durch den Glauben an Jesus. Was er für sie bedeutete, bekannte sie, indem sie Jesus als den „Messias" (griechisch: Christus) anerkannte. „Du bist der Christus" bekannte Petrus auf die Frage, für wen die Jünger Jesus halten (Mk 8, 29).

Herr

Im griechisch-römischen Raum, wo die alttestamentlich-jüdische Messiaserwartung unbekannt war, verlor das Bekenntnis zu Jesus als dem Christus seine Aussagekraft. Das Bekenntnis zu Jesus mußte daher neu formuliert werden. Die heidnische Umwelt kannte für ihre Götter den Titel „Herr" (griechisch: Kyrios). Im Herrscherkult wurden auch Könige und Kaiser so genannt. Das griechisch sprechende Judentum hatte den Gottesnamen „Jahwe" mit „Kyrios" weitergegeben. Nun sprach die christliche Gemeinde im Hymnus davon, daß „alle Zungen bekennen sollen, daß Jesus Christus der Herr ist" (Phil 2, 11). Neben diesem Titel gewann vor allem das Bekenntnis zu Jesus als dem „Sohn Gottes" (1. Joh 4, 15) an Gewicht.

Der Glaube an den einen Gott

Unter den monotheistischen Juden mußte die junge Christenheit den Glauben an den einen Gott nicht besonders betonen. In heidnischer Umwelt wurde aber auch diese Glaubensaussage ein Element des Bekenntnisses. So findet sich in 1. Kor 8, 6 ein Bekenntnis, das beides ausspricht: den Glauben an den einen Gott und den Glauben an Jesus Christus als den Herrn: „So haben wir doch nur einen Gott, den Vater, von dem alle Dinge sind und wir zu ihm; und einen Herrn, Jesus Christus, durch den alle Dinge sind und wir durch ihn."

Bekenntnisse der Alten Kirche

Das Apostolische Glaubensbekenntnis

Im Abendland setzte sich seit dem zweiten Jahrhundert das Taufbekenntnis der römischen Gemeinde durch, aus dem sich das sogenannte Apostolische Glaubensbekenntnis entwickelt hat. Es lautet in der bei uns (1974) eingeführten ökumenischen deutschen Fassung:

Ich glaube an Gott,
den Vater, den Allmächtigen,
den Schöpfer des Himmels und der Erde,

und an Jesus Christus,
seinen eingeborenen Sohn, unsern Herrn,
empfangen durch den Heiligen Geist,
geboren von der Jungfrau Maria,
gelitten unter Pontius Pilatus,
gekreuzigt, gestorben und begraben,
hinabgestiegen in das Reich des Todes,
am dritten Tage auferstanden von den Toten,
aufgefahren in den Himmel;
er sitzt zur Rechten Gottes,
des allmächtigen Vaters;
von dort wird er kommen,
zu richten die Lebenden und die Toten.

Ich glaube an den Heiligen Geist,
die heilige christliche Kirche,
Gemeinschaft der Heiligen,
Vergebung der Sünden,
Auferstehung der Toten
und das ewige Leben. Amen.

Das Nizänische Glaubensbekenntnis

Das Konzil von Nizäa (325 n. Chr.) bekannte sich zur Wesensgleichheit von Gott dem Vater und Gott dem Sohn. Das Nizänische Bekenntnis ist heute in der erweiterten Fassung, die es 381 auf dem Konzil von Konstantinopel erhielt, in Gebrauch und wird daher auch genauer das Glaubensbekenntnis von Nizäa-Konstantinopel genannt. Im Abendland wurde im Mittelalter noch die Aussage hinzugefügt, daß der Heilige Geist auch „aus dem Sohn" hervorgeht, was von der Orthodoxen Kirche abge-

161

lehnt wurde und einer der Gründe der Kirchenspaltung zwischen
der abendländischen und der östlichen Kirche im Jahre 1054
war.

Von diesem Zusatz abgesehen ist das Nizänische Glaubensbekenntnis das einzige ökumenische Glaubensbekenntnis, das die
östliche und die westliche, die römisch-katholische und die reformatorische Christenheit durch alle Trennungen hindurch verbindet.

Das Nizänum lautet in der bei uns eingeführten ökumenischen
deutschen Fassung:

Wir glauben an den einen Gott, den Vater, den Allmächtigen,
der alles geschaffen hat, Himmel und Erde,
die sichtbare und die unsichtbare Welt.
Und an den einen Herrn Jesus Christus,
Gottes eingeborenen Sohn,
aus dem Vater geboren vor aller Zeit:
Gott von Gott, Licht vom Licht, wahrer Gott vom wahren Gott,
gezeugt, nicht geschaffen, eines Wesens mit dem Vater;
durch ihn ist alles geschaffen.
Für uns Menschen und zu unserem Heil ist er vom Himmel gekommen,
hat Fleisch angenommen durch den Heiligen Geist von der Jungfrau Maria
und ist Mensch geworden.
Er wurde für uns gekreuzigt unter Pontius Pilatus,
hat gelitten und ist begraben worden,
ist am dritten Tage auferstanden nach der Schrift
und aufgefahren in den Himmel.
Er sitzt zur Rechten des Vaters
und wird wiederkommen in Herrlichkeit,
zu richten die Lebenden und die Toten;
seiner Herrschaft wird kein Ende sein.
Wir glauben an den Heiligen Geist,
der Herr ist und lebendig macht,
der aus dem Vater und dem Sohn hervorgeht,
der mit dem Vater und dem Sohn angebetet und verherrlicht
wird,
der gesprochen hat durch die Propheten;
und die eine, heilige, allgemeine und apostolische Kirche.
Wir bekennen die eine Taufe zur Vergebung der Sünden.
Wir erwarten die Auferstehung der Toten
und das Leben der kommenden Welt. Amen.

Zu den großen Bekenntnissen der Alten Kirche gehören noch
- Das Athanasianische Glaubensbekenntnis
- Das Glaubensbekenntnis von Ephesus (431) und
- Das Glaubensbekenntnis von Chalcedon (451)

Die Bekenntnisse der Reformationszeit

Zu den Bekenntnissen der Reformationszeit gehören vor allem
- Der Kleine Katechismus Dr. Martin Luthers von 1529
- Das Augsburger Bekenntnis von 1530 und
- Der Heidelberger Katechismus von 1563

Bekenntnisschriften aus neuerer Zeit

- Die Vereinigungsurkunde von 1818
- Der Pfälzische Katechismus von 1869
- Die Barmer Theologische Erklärung von 1934 und
- Der Beschluß der Vorläufigen Landessynode der Pfälzischen Landeskirche von 1946.

Urkunde der Vereinigung beider protestantischen Konfessionen im Rheinkreise

(Auszug)

Auf den Antrag Unsers protestantischen General-Konsistoriums[1] erteilen Wir der von euch mittelst Bericht vom 21. August d.J. eingesandten Vereinigungs-Urkunde der beiden protestantischen Konfessionen im Rheinkreise die erbetene Landesherrliche Bestätigung in der Art, daß dieselbe nach den von uns genehmigten Erinnerungen Unsers General-Konsistoriums abzufassen und zur allgemeinen Kenntnis zu bringen ist. Wir erklären daher, auf diese Grundlage, die Vereinigung der protestantischen Konfessionen im Rheinkreise für vollzogen und tragen euch auf, für die Ausführung der gefaßten Beschlüsse die geeigneten Vorkehrungen zu treffen.
München, den 10. Oktober 1818.
Max Joseph von Gottes Gnaden König von Bayern.
Graf v. Thürheim. Auf Königlichen Allerhöchsten Befehl, Der General-Sekretär,
Statt dessen, v. Grimmeisen.

Vereinigungsurkunde[1]

Die in Gemäßheit des Allerhöchsten Reskriptes vom 11. Juni 1818 zu Kaiserslautern unter dem Vorsitz eines königlichen Kommissarius versammelte protestantische General-Synode;

erwägend, daß Seine königl. Majestät den mit großer Stimmenmehrheit ausgedrückten Wunsch der Protestanten des Rheinkreises beider Konfessionen, sich künftig in eine einzige evangelisch christliche Kirche zu vereinigen, huldreichst aufgenommen haben;

erwägend, daß Allerhöchstdieselben ausdrücklich zu bestimmen geruhten, daß, wenn eine Vereinigung zu Stande gebracht werden soll, solche nicht bloß dem Namen nach, sondern auch in der Tat bestehen müsse;

erwägend, daß der zur Ausführung dieses wichtigen Zweckes Allergnädigst bewilligten General-Synode als Richtschnur vorgeschrieben worden ist, zur Vermeidung aller künftigen Irrungen die Art dieser Vereinigung durch gegenseitige Übereinkunft festzusetzen und deshalb in ihren gemeinschaftlichen Beschlüssen auf die kirchliche Lehre, den Ritus, die Liturgie, den Schulunterricht, das Kirchenvermögen und die Kirchenverfassung Rücksicht zu nehmen;

erwägend ferner, daß der glückliche Augenblick der Wiedervereinigung beider bisher getrennten protestantischen Konfessionen zugleich die fröhliche Rückkehr eines neuen religiösen Lebens bezeichnet, welches alle Verhältnisse der protestantischen Gesamtgemeinde gleich kräftig umfassend und durchdringend den erhabenen Zweck ihres kirchlichen Vereins unter Gottes allmächtigem Segen und dem Schutze des besten Königs zur gewünschten und dauerhaften Ausführung bringen wird;

erwägend endlich, daß es zum innersten und heiligsten Wesen des Protestantismus gehört, immerfort auf der Bahn wohlgeprüfter Wahrheit und echt religiöser Aufklärung, mit ungestörter Glaubensfreiheit, mutig voranzuschreiten;

hat in ihren Sitzungen, unter Vorbehalt der Allerhöchsten Genehmigung Seiner königlichen Majestät, sich ernstlich und umständlich über die verschiedenen Punkte der kirchlichen Lehre, des Ritus, der Liturgie, des religiösen Schulunterrichts, des Kirchenvermögens und der Kirchenverfassung beraten und sodann die also erhaltenen Resultate in einen allgemeinen Beschluß zusammengefaßt.

A. Allgemeine Bestimmungen.

§ 1

Inskünftig wollen die Protestanten des Rheinkreises fest und brüderlich vereiniget sein und bleiben als *protestantisch-evangelischchristliche Kirche.*

§ 2

Sie erklären feierlich, daß der wirklichen Vereinigung beider Konfessionen in Lehre, Ritus, Kirchenvermögen und Kirchenverfassung durchaus nichts Wesentliches im Wege stehe.

§ 3

Die protestantisch-evangelisch-christliche Kirche hält die allgemeinen Symbola und die bei den getrennten protestantischen Konfessionen gebräuchlichen symbolischen Bücher in gebührender Achtung, erkennt jedoch keinen andern Glaubensgrund noch Lehrnorm als allein die heilige Schrift.

In das *Symbolum apostolicum* soll, um die früherhin bestandenen Verschiedenheiten gänzlich zu beseitigen, das Wort *allgemein* aufgenommen und anstatt *abgestiegen* der Ausdruck *niedergefahren* gebraucht werden.

B. Kirchliche Lehre.

§ 4

Die bisherigen, streitigen Lehrpunkte sind nach wohlerwogenen Gründen durch eine den klaren Aussprüchen des Evangeliums gemäße Ansicht beseitigt worden.

§ 5

Diesemnach erklärt die protestantisch-evangelisch-christliche Kirche das *heilige Abendmahl* für ein Fest des Gedächtnisses an Jesum und der seligsten Vereinigung mit dem für die Menschen in den Tod gegebenen, vom Tode auferweckten, zu seinem und ihrem Vater (aufgenommenen)[2] Erlöser derselben, der bei ihnen ist alle Tage bis an der Welt Ende. – Die Protestanten des Rheinkreises erklären sich dabei öffentlich für seine Bekenner.

Die Früchte einer frommen und dankvollen Feier dieses Gedächtnisses sind in dem gläubigen Gemüte des Christen, – Schmerz über das Böse, Entschluß zu allem Guten (Überzeugung von der durch Christum erlangten Vergebung der Sünde)[3], Liebe zu den Brüdern, und Hoffnung auf ein ewiges Leben.

§ 6

Da die protestantisch-evangelisch-christliche Kirche mit dem Worte *Beichte* keinen andern Begriff verbindet, als die im 1. Korinth. 11 Vers 28 für notwendig erkannte Selbstprüfung vor dem Genusse des heiligen Abendmahls und die alsdann den gebesserten oder sich bessern wollenden Christen durch den Diener der Kirche aus dem Worte Gottes zugesicherte Vergebung der Sünden, so nimmt dieselbe dafür den Ausdruck *Vorbereitung* an[4].

§ 7

Hinsichtlich der früheren kirchlichen Lehren von *Prädestination* und *Gnadenwahl* gründet die protestantisch-evangelisch-christliche Kirche auf die Worte des neuen Testaments 1. Joh. 4 Vers 16, 1. Timoth. 2 Vers 4, 5, 6, und 2. Petri 3 Vers 9 ihre Überzeugung, daß Gott alle Menschen zur Seligkeit bestimmt hat und ihnen die Mittel nicht vorenthält, derselben teilhaftig zu werden.

§ 8

Die protestantisch-evangelisch-christliche Kirche (nimmt keine *Nottaufe* an), beschränkt aber keineswegs die Freiheit christlicher Eltern, die Taufe ihrer neugeborenen Kinder so viel nötig zu beschleunigen, jedesmal aber solche durch [den] ordentlichen Diener der Kirche verrichten zu lassen.

---

[1] Die Vereinigungsurkunde ist, mit Ausnahme des § 3, der in der Formulierung von 1821 gebracht ist, in dem Wortlaut abgedruckt, in dem sie vom König auf Vorschlag des Generalkonsistoriums 1818 genehmigt worden war.

[2] Ursprünglicher Wortlaut: „heimgegangenen".

[3] Ursprünglicher Wortlaut: „Vergebung der Sünde". Begründung des Generalkonsistoriums für die Änderung: „… da das heil. Abendmahl an sich nach protestantischer Lehre keine Sündenvergebung bewirkt …"

[4] Ursprünglicher Schluß: „und entfernt somit alle Nebenvorstellungen, welche an eine dem Protestantismus ganz fremde Kirchensatzung erinnern".

Die Theologische Erklärung der Bekenntnissynode von Barmen, 1934

I.

Die Deutsche Evangelische Kirche ist nach den Eingangsworten ihrer Verfassung vom 11. Juli 1933 ein Bund der aus der Reformation erwachsenen, gleichberechtigt nebeneinanderstehenden Bekenntniskirchen. Die theologische Voraussetzung der Vereinigung dieser Kirchen ist in Art. 1 und Art. 2, 1 der von der Reichsregierung am 14. Juli 1933 anerkannten Verfassung der Deutschen Evangelischen Kirche angegeben:

II.

Art. 1: Die unantastbare Grundlage der Deutschen Evangelischen Kirche ist das Evangelium von Jesus Christus, wie es in der Heiligen Schrift bezeugt und in den Bekenntnissen der Reformation neu ans Licht getreten ist. Hierdurch werden die Vollmachten, deren die Kirche für ihre Sendung bedarf, bestimmt und begrenzt.

Art. 2, 1: Die Deutsche Evangelische Kirche gliedert sich in Kirchen (Landeskirchen).

III.

Wir, die zur Bekenntnissynode der Deutschen Evangelischen Kirche vereinigten Vertreter lutherischer, reformierter und unierter Kirchen, freier Synoden, Kirchentage und Gemeindekreise erklären, daß wir gemeinsam auf dem Boden der Deutschen Evangelischen Kirche als eines Bundes der deutschen Bekenntniskirchen stehen. Uns fügt dabei zusammen das Bekenntnis zu dem einen Herrn der einen, heiligen, allgemeinen und apostolischen Kirche.

IV.

Wir erklären vor der Öffentlichkeit aller evangelischen Kirchen Deutschlands, daß die Gemeinschaft dieses Bekenntnisses und damit auch die Einheit der Deutschen Evangelischen Kirche aufs schwerste gefährdet ist. Sie ist bedroht durch die in dem ersten Jahr des Bestehens der Deutschen Evangelischen Kirche mehr und mehr sichtbar gewordenen Lehr- und Handlungsweise der herrschenden Kirchenpartei der Deutschen Christen und des von ihr getragenen Kirchenregimentes. Die Bedrohung besteht darin, daß die theologische Voraussetzung, in der die Deutsche Evangelische Kirche vereinigt ist, sowohl seitens der Führer und Sprecher der Deutschen Christen als auch seitens des Kirchenregiments, dauernd und grundsätzlich durch fremde Voraussetzungen durchkreuzt und unwirksam gemacht wird. Bei deren Geltung hört die Kirche nach allen bei uns in Kraft stehenden Bekenntnissen auf, Kirche zu sein. Bei deren Geltung wird also auch die Deutsche Evangelische Kirche als Bund der Bekenntniskirchen innerlich unmöglich.

V.

Gemeinsam dürfen und müssen wir als Glieder lutherischer, reformierter und unierter Kirchen heute in dieser Sache reden. Gerade weil wir unseren verschiedenen Bekenntnissen treu sein und bleiben wollen, dürfen wir nicht schweigen, da wir glauben, daß uns in einer Zeit gemeinsamer Not und Anfechtung ein gemeinsames Wort in den Mund gelegt ist. Wir befehlen es Gott, was dies für das Verhältnis der Bekenntniskirchen untereinander bedeuten mag.

VI.

Wir bekennen uns angesichts der die Kirche verwüstenden und damit auch die Einheit der Deutschen Evangelischen Kirche sprengenden Irrtümer der Deutschen Christen und der gegenwärtigen Reichskirchenregierung zu folgenden evangelischen Wahrheiten:

1 „Ich bin der Weg und die Wahrheit und das Leben; niemand kommt zum Vater denn durch mich" (Joh. 14, 6)

„Wahrlich, wahrlich, ich sage euch: Wer nicht zur Tür hineingeht in den Schafstall, sondern steigt anderswo hinein, der ist ein Dieb und ein Mörder. Ich bin die Tür; so jemand durch mich eingeht, der wird selig werden" (Joh. 10, 1. 9)

Jesus Christus, wie er uns in der Heiligen Schrift bezeugt wird, ist das eine Wort Gottes, das wir zu hören, dem wir im Leben und im Sterben zu vertrauen und gehorchen haben.

Wir verwerfen die falsche Lehre, als könne und müsse die Kirche als Quelle ihrer Verkündigung außer und neben diesem einen Wort Gottes auch noch andere Ereignisse und Mächte, Gestalten und Wahrheiten als Gottes Offenbarung anerkennen.

2 „Jesus Christus ist uns gemacht von Gott zur Weisheit und zur Gerechtigkeit und zur Heiligung und zur Erlösung" (1. Kor. 1, 30)

Wie Jesus Christus Gottes Zuspruch der Vergebung aller unserer Sünden ist, so und mit gleichem Ernst ist er auch Gottes kräftiger Anspruch auf unser ganzes Leben; durch ihn widerfährt uns frohe Befreiung aus den gottlosen Bindungen dieser Welt zu freiem, dankbarem Dienst an seinen Geschöpfen.

Wir verwerfen die falsche Lehre, als gebe es Bereiche unseres

Lebens, in denen wir nicht Jesus Christus, sondern anderen Herren zu eigen wären, Bereiche, in denen wir nicht der Rechtfertigung und Heiligung durch ihn bedürften.

3 „Lasset uns aber rechtschaffen sein in der Liebe und wachsen in allen Stücken an dem, der das Haupt ist, Christus, von welchem aus der ganze Leib zusammengefügt ist" (Eph. 4, 15–16)

Die christliche Kirche ist die Gemeinde von Brüdern, in der Jesus Christus in Wort und Sakrament durch den Heiligen Geist als der Herr gegenwärtig handelt. Sie hat mit ihrem Glauben wie mit ihrem Gehorsam, mit ihrer Botschaft wie mit ihrer Ordnung mitten in der Welt der Sünde als die Kirche der begnadigten Sünder zu bezeugen, daß sie allein sein Eigentum ist, allein von seinem Trost und von seiner Weisung in Erwartung seiner Erscheinung lebt und leben möchte.

Wir verwerfen die falsche Lehre, als dürfe die Kirche die Gestalt ihrer Botschaft und ihrer Ordnung ihrem Belieben oder dem Wechsel der jeweils herrschenden weltanschaulichen und politischen Überzeugungen überlassen.

4 „Ihr wisset, daß die weltlichen Fürsten herrschen und die Oberherren haben Gewalt. So soll es nicht sein unter euch; sondern so jemand unter euch will gewaltig sein, der sei euer Diener" (Matth. 20, 25. 26)

Die verschiedenen Ämter in der Kirche begründen keine Herrschaft der einen über die anderen, sondern die Ausübung des der ganzen Gemeinde anvertrauten und befohlenen Dienstes.

Wir verwerfen die falsche Lehre, als könne und dürfe sich die Kirche abseits von diesem Dienst besondere, mit Herrschaftsbefugnissen ausgestattete Führer geben oder geben lassen.

5 „Fürchtet Gott, ehret den König" (1. Petr. 2, 17)

Die Schrift sagt uns, daß der Staat nach göttlicher Anordnung die Aufgabe hat, in der noch nicht erlösten Welt, in der auch die Kirche steht, nach dem Maß menschlicher Einsicht und menschlichen Vermögens unter Androhung und Ausübung von Gewalt für Recht und Frieden zu sorgen. Die Kirche erkennt in Dank und Ehrfurcht gegen Gott die Wohltat dieser seiner Anordnung an. Sie erinnert an Gottes Reich, an Gottes Gebot und Gerechtigkeit und damit an die Verantwortung der Regierenden und Regierten. Sie vertraut und gehorcht der Kraft des Wortes, durch das Gott alle Dinge trägt.

Wir verwerfen die falsche Lehre, als solle und könne der Staat über seinen besonderen Auftrag hinaus die einzige und totale Ordnung menschlichen Lebens werden und also auch die Bestimmung der Kirche erfüllen.

Wir verwerfen die falsche Lehre, als solle und könne sich die Kirche über ihren besonderen Auftrag hinaus staatliche Art, staatliche Aufgaben und staatliche Würde aneignen und damit selbst zu einem Organ des Staates werden.

6 „Siehe, ich bin bei euch alle Tage bis an der Welt Ende" (Matth. 28, 20)
„Gottes Wort ist nicht gebunden" (2. Tim. 2, 9)
Der Auftrag der Kirche, in welchem ihre Freiheit gründet, besteht darin, an Christi Statt und also im Dienst seines eigenen Wortes und Werkes durch Predigt und Sakrament die Botschaft von der freien Gnade Gottes auszurichten an alles Volk.

Wir verwerfen die falsche Lehre, als könne die Kirche in menschlicher Selbstherrlichkeit das Wort und Werk des Herrn in den Dienst irgendwelcher eigenmächtig gewählter Wünsche, Zwecke und Pläne stellen.

Die Bekenntnissynode der Deutschen Evangelischen Kirche erklärt, daß sie in der Anerkennung dieser Wahrheiten und in der Verwerfung dieser Irrtümer die unumgängliche theologische Grundlage der Deutschen Evangelischen Kirche sieht. Sie fordert alle, die sich ihrer Erklärung anschließen, auf, bei ihren kirchenpolitischen Entscheidungen dieser theologischen Erkenntnisse eingedenk zu sein. Sie bittet alle, die es angeht, in die Einheit des Glaubens, der Hoffnung und der Liebe zurückzukehren.

Verbum Dei manet in aeternum.

Beschluß der Vorläufigen Landessynode der Pfälzischen Landeskirche in Speyer, 1946.

Die Vorläufige Landessynode erkennt dankbar an, daß in der Barmer Theologischen Erklärung von 1934 auf Grund der Heiligen Schrift und in rechter Auslegung der reformatorischen Bekenntnisse das Evangelium gegenüber den eingebrochenen Irrtümern klar bezeugt ist. Sie sieht darin einen Aufruf zum wirklichen Gehorsam gegenüber dem Herrn der Kirche und erblickt in ihr notwendige Richtlinien auch für die Neuordnung der Pfälzischen Landeskirche, die sie anzuwenden gewillt ist.

I
KIRCHLICHES RECHT

Verfassung (171) – Pfarrwahlordnung (200) – Einführungs-
ordnung (206) – Einführung von Presbytern (207) – Mustergeschäftsordnung (209) – Konfirmandenarbeitsordnung (217) –
Kirchenvisitation (221)

Verfassung
der Evangelischen Kirche der Pfalz (Protestantische Landeskirche)
in der Fassung vom 25. Januar 1983

Erster Abschnitt   Die Landeskirche im allgemeinen

§ 1

(1) Die Evangelische Kirche der Pfalz (Protestantische Landeskirche), in der sich im Jahre 1818 Lutheraner und Reformierte des damaligen bayerischen Rheinkreises als protestantisch-evangelisch-christliche Kirche der Pfalz vereinigt haben, bekennt mit der evangelischen Gesamtkirche Jesus Christus als den Herrn und das alleinige Haupt seiner Gemeinde.

(2) Die Landeskirche, die Kirchengemeinden, die Gesamtkirchengemeinden, die Kirchenbezirke und die sonstigen Körperschaften, Anstalten und Stiftungen sowie die gesamtkirchlichen Dienste bilden eine innere und äußere Einheit.

Ihnen mit allen ihren Gliedern ist aufgegeben die Verkündigung des Evangeliums in Wort und Sakrament, die Seelsorge, der Dienst christlicher Liebe, die christliche Unterweisung und der missionarische Dienst.

Von allen Gemeindegliedern wird erwartet, daß sie einen christlichen Lebenswandel führen und sich am kirchlichen Leben beteiligen.

(3) Die Landeskirche erstrebt organische Verbindung mit den übrigen evangelischen Kirchen Deutschlands und tritt ein für die ökumenische Gemeinschaft der Kirchen in der Welt.

§ 2

Das Bekenntnis der Protestantischen Landeskirche ist ausgesprochen in ihrer Vereinigungsurkunde und deren gesetzlichen Erläuterungen.

§ 3 – aufgehoben –

§ 4

(1) Die Protestantische Landeskirche ist eine Körperschaft des öffentlichen Rechts.

(2) Die Protestantische Landeskirche hat das Recht der Besteuerung.

(3) Die Protestantische Landeskirche ordnet und verwaltet innerhalb der Schranken des allgemein gültigen Staatsgesetzes ihre Angelegenheiten selbständig.

Zweiter Abschnitt   Die Kirchengemeinde

§ 5
Die Gemeinde hat den Beruf, durch Wort und Sakrament eine Pflanzstätte evangelischen Glaubens und Lebens und eine Gemeinschaft brüderlicher Liebe zu sein.

§ 6
(1) Die Kirchengemeinde ist eine Körperschaft des öffentlichen Rechts.
(2) Die Kirchengemeinde hat das Recht der Besteuerung.
(3) Die Kirchengemeinde ordnet und verwaltet durch das Presbyterium sowohl auf dem innerkirchlichen wie auf dem vermögensrechtlichen Gebiet ihre Angelegenheiten selbständig im Rahmen der kirchlichen Ordnung. Sie wird durch das Presbyterium gerichtlich und außergerichtlich vertreten.

§ 7
(1) Die Kirchengemeinden sind räumlich abgegrenzt.
(2) Zur Kirchengemeinde gehören alle Mitglieder der Landeskirche, die in der Kirchengemeinde ihren Wohnsitz haben. Wer gleichzeitig in mehreren Kirchengemeinden seinen Wohnsitz hat, ist Mitglied dieser sämtlichen Kirchengemeinden.
(3) In Ausnahmefällen kann der Bezirkskirchenrat auf Antrag die Zugehörigkeit eines Kirchenmitglieds zu einer anderen Kirchengemeinde zulassen. Das Presbyterium der aufnehmenden Kirchengemeinde ist zu hören.

§ 8
(1) Die Gemeindeglieder haben Anspruch auf den Dienst der Kirche und das Recht der Teilnahme am kirchlichen Leben der Kirchengemeinde.
(2) Außerordentliche Wünsche sind zu erfüllen, wenn triftige Gründe vorliegen und religiöse oder kirchliche Bedenken nicht entgegenstehen. Dies gilt insbesondere für die Überlassung kirchlicher Gebäude und Geräte für besondere Zwecke. Die Überlassung der Kirche oder eines Gerätes, das dem Gottesdienst dient, bedarf auch der Zustimmung des Pfarrers. Die Überlassung ist abzulehnen für Veranstaltungen, die mit der Würde der Kirche oder des Gerätes nicht in Einklang stehen. Gegen die Entscheidung ist Beschwerde zum Landeskirchenrat zulässig.

§ 9
Die Gemeindeglieder sollen Verantwortung für ihre Kirchengemeinde tragen und bereit zur Mitarbeit und zum Opfer sein.

1. Das Presbyterium

§ 10

Das Presbyterium besteht aus gewählten und berufenen Mitgliedern (Presbyter) sowie aus den Pfarrern aller Pfarrämter der Kirchengemeinde.

§ 11

(1) Die Presbyter werden gewählt oder berufen. Die Amtsdauer des Presbyteriums beträgt sechs Jahre.

(2) In Kirchengemeinden

bis zu   500 Mitgliedern werden fünf   Presbyter,
bis zu 1000 Mitgliedern werden sechs   Presbyter,
bis zu 1500 Mitgliedern werden sieben Presbyter,
bis zu 2000 Mitgliedern werden acht   Presbyter,
bis zu 2500 Mitgliedern werden neun   Presbyter,
bis zu 3000 Mitgliedern werden zehn   Presbyter,
bis zu 3500 Mitgliedern werden elf   Presbyter,
bis zu 4000 Mitgliedern werden zwölf Presbyter

gewählt. Für Kirchengemeinden mit mehr als 4000 Mitgliedern ist für jedes weitere angefangene Tausend ein Presbyter mehr zu wählen; mehr als 21 Presbyter können nicht gewählt werden. Gehören zu einer Kirchengemeinde mehrere Gemeindeteile, in denen regelmäßig Gottesdienste stattfinden, so kann die Zahl der Presbyter erhöht werden. Das Nähere regelt die Wahlordnung.

(3) Das gewählte Presbyterium ist berechtigt, zum Presbyteramt wählbare Mitglieder der Kirchengemeinde zu berufen, jedoch nicht mehr als ein Fünftel der Zahl der zu wählenden Presbyter.

(4) Die Presbyter werden nach kirchlicher Ordnung in einem Sonntagsgottesdienst in ihr Amt eingeführt. Die bisherigen Presbyter bleiben bis zur Einführung ihrer Nachfolger im Amt; der Landeskirchenrat kann im Einzelfall anders entscheiden.

(5) Den Verlust der Eigenschaft als gewähltes oder berufenes Mitglied des Presbyteriums stellt der Landeskirchenrat fest.

(6) Ist ein Presbyterium auf Dauer beschlußunfähig, so kann der Landeskirchenrat im Benehmen mit dem Bezirkskirchenrat ein geschäftsführendes Presbyterium bestellen oder Neuwahlen anordnen.

(7) Bei Neubildung einer Kirchengemeinde bestellt der Landeskirchenrat auf Vorschlag des Bezirkskirchenrates das erste Presbyterium. Die Absätze 2 bis 6 sowie § 12 gelten entsprechend.

(8) In besonderen Fällen können Mitglieder oder beauftragte Vertreter des Landeskirchenrats an den Verhandlungen des Pres-

byteriums mit beratender Stimme teilnehmen. Ausnahmsweise kann der Landeskirchenrat im Einvernehmen mit dem Bezirkskirchenrat auch Sitzungen des Presbyteriums einberufen; in diesem Fall kann ein Mitglied oder ein beauftragter Vertreter des Landeskirchenrats ohne Stimmrecht den Vorsitz übernehmen.

§ 12

Eheleute, Eltern und Kinder, Geschwister, Großeltern und Enkel, Schwiegereltern und Schwiegerkinder können nicht zu gleicher Zeit Mitglieder des Presbyteriums sein. Das Nähere regelt die Wahlordnung.

§ 13

(1) Presbyter und Pfarrer (Presbyterium) leiten zusammen die Kirchengemeinde. Sie tragen deshalb gemeinsam Verantwortung für die Verkündigung des Evangeliums in Wort und Sakrament, die Seelsorge, die christliche Unterweisung, die Diakonie und Mission sowie für die Einhaltung der kirchlichen Ordnung.

(2) Zu den Aufgaben des Presbyteriums gehört insbesondere:

1. für den Dienst der haupt-, neben- und ehrenamtlichen Mitarbeiter in der Kirchengemeinde Sorge zu tragen,
2. die Gemeindearbeit in allen Bereichen zu fördern,
3. zur Aussprache über kirchliche Angelegenheiten und zur Pflege des kirchlichen Lebens Gemeindeversammlungen einzuberufen,
4. für die Durchführung von Sammlungen zu sorgen,
5. die Gemeindeglieder zu informieren,
6. das Vermögen der Kirchengemeinde gewissenhaft zu verwalten,
7. dafür zu sorgen, daß die Gebäude nebst Zubehör in gutem Zustand erhalten werden,
8. das Pfarrwahlrecht der Kirchengemeinde nach Maßgabe der gesetzlichen Bestimmungen auszuüben,
9. die Kirchengemeinde gerichtlich und außergerichtlich zu vertreten (§ 6 Abs. 3 Satz 2).

§ 14

(1) Das Presbyterium wählt zu Beginn seiner Amtszeit eines seiner Mitglieder zum Vorsitzenden und eines zum stellvertretenden Vorsitzenden. Wird ein Presbyter zum Vorsitzenden gewählt, soll ein Pfarrer zum stellvertretenden Vorsitzenden gewählt werden; wird ein Pfarrer zum Vorsitzenden gewählt, soll ein Presbyter zum stellvertretenden Vorsitzenden gewählt werden. Bis zur Wahl des Vorsitzenden werden seine Aufgaben vom geschäftsführenden Pfarrer wahrgenommen.

(2) Aufgabe des Vorsitzenden ist es, die Sitzungen vorzubereiten und zu leiten.

(3) Das Nähere regelt die Geschäftsordnung für die Presbyterien.

§ 15

Mehrere benachbarte Kirchengemeinden können zur Erfüllung gemeinsamer Aufgaben Zusammenschlüsse bilden. Das Nähere kann durch Gesetz geregelt werden.

2. Das Pfarramt

§ 16

Der Pfarrer hat als Diener des Wortes Gottes das ihm übertragene Amt aufgrund seiner Ordination und seines Einführungsversprechens treu und gewissenhaft zu führen. Es wird von ihm erwartet, daß er sich in seinem ganzen Leben so verhält, wie es einem Diener des Wortes Gottes geziemt.

§ 17

(1) Die besonderen Aufgaben des Pfarrers sind die Leitung des Gottesdienstes mit Predigt und Verwaltung der Sakramente, die Amtshandlungen, die Seelsorge und die christliche Unterweisung.

(2) Dem Pfarrer obliegen die pfarramtliche Geschäftsführung und sonstige Aufgaben im Rahmen der kirchlichen Ordnung.

§ 18

(1) Der Pfarrer ist bei der Verkündigung des Evangeliums in Wort und Sakrament allein an Schrift und Bekenntnis gebunden.

(2) Der Pfarrer ist zur Verschwiegenheit über alle dienstlichen Angelegenheiten verpflichtet. Das Beichtgeheimnis ist unverbrüchlich.

§ 19

Das Dienstverhältnis des Pfarrers ist in der Regel ein öffentlich-rechtliches Dienstverhältnis besonderer Art. Näheres ist gesetzlich zu regeln.

§ 20

Pfarrdiakonen kann die Verwaltung einer Pfarrstelle übertragen werden. Das Nähere regelt ein Gesetz.

§§ 21 bis 23 – aufgehoben –

§ 24

(1) Eine Pfarrstelle kann für eine Kirchengemeinde, mehrere Kir-

chengemeinden oder Teile von Kirchengemeinden errichtet werden.

(2) In Kirchengemeinden mit mehreren Pfarrstellen legt das Presbyterium die Amtsbereiche der Pfarrer fest. Sind mehrere Kirchengemeinden betroffen, entscheiden die Presbyterien dieser Kirchengemeinden. Die Entscheidung bedarf der Genehmigung des Bezirkskirchenrats. Wird keine Übereinstimmung erzielt, legt der Landeskirchenrat die Amtsbereiche fest.

(3) Der Amtsbereich eines Gemeindepfarrers führt die Bezeichnung Pfarramt. In Kirchengemeinden mit mehreren Pfarrämtern wird die Führung der laufenden Geschäfte der Kirchengemeinde durch den Pfarrer mit der vorgeordneten Dienststellung wahrgenommen, bei gleicher Dienststellung entscheidet das höhere Dienstalter. Hiervon kann mit Genehmigung des Landeskirchenrats abgewichen werden.

§ 25

(1) Die Gemeindeglieder sind an den für ihren Wohnsitz zuständigen Pfarrer gewiesen. Sie können in besonderen Fällen einen anderen Pfarrer in Anspruch nehmen.

(2) Ein Pfarrer darf eine Amtshandlung (Taufe, Konfirmandenunterricht mit Konfirmation, Trauung, Beerdigung), für die er nicht zuständig ist, nur vornehmen, wenn ihm ein Abmeldeschein des zuständigen Pfarrers übergeben wird oder wenn ein Notfall vorliegt. Der Abmeldeschein darf nur verweigert werden, wenn seiner Erteilung ernste religiöse oder kirchliche Bedenken entgegenstehen. Über Beschwerden gegen die Verweigerung eines Abmeldescheins entscheidet der Dekan, bei seiner persönlichen Beteiligung der Landeskirchenrat.

(3) Im Notfall ist der Pfarrer zur Vornahme einer Amtshandlung, für die er nicht zuständig ist, verpflichtet, sonst unterliegt sie seiner freien Entscheidung.

(4) Die vollzogene Amtshandlung ist mit den für das Kirchenbuch erforderlichen Angaben unverzüglich der zuständigen kirchenbuchführenden Stelle anzuzeigen.

§ 26 – aufgehoben –

§ 27

(1) Die Besetzung einer Pfarrstelle erfolgt vorbehaltlich des § 29 abwechselnd durch Gemeindewahl oder durch Ernennung seitens der Kirchenregierung.

(2) In Kirchengemeinden mit mehreren Pfarrstellen vollzieht sich der Wechsel innerhalb der Kirchengemeinde.

(3) Das Besetzungsrecht für eine Pfarrstelle, die durch Versetzung eines Pfarrers auf eine andere Pfarrstelle in derselben Kirchengemeinde frei wird, hat

1. nach Versetzung aufgrund des § 28 Abs. 1 Nr. 4 die Kirchengemeinde,
2. nach sonstigen durch Ernennung der Kirchenregierung oder mit Zustimmung der Kirchengemeinde erfolgten Versetzung die Kirchenregierung,
3. nach allen übrigen Versetzungen die Kirchengemeinde.

Bei der nächsten Erledigung steht in den Fällen der Nr. 1 und 3 wiederum der Kirchenregierung, im Fall der Nr. 2 wiederum der Kirchengemeinde das Besetzungsrecht zu.

(4) Das Besetzungsrecht für jede neu errichtete Pfarrstelle hat die Kirchenregierung.

§ 28

(1) Die Besetzung durch die Kirchenregierung findet auch in denjenigen Erledigungsfällen statt, in denen zunächst der Kirchengemeinde das Besetzungsrecht zusteht, wenn

1. innerhalb der Bewerbungsfrist kein Bewerber aufgetreten ist oder alle Bewerber ihre Bewerbungen zurückgenommen haben oder
2. die Pfarrwahl ergebnislos verlaufen oder der Gewählte nicht bestätigt worden ist oder
3. die Kirchengemeinde beschließt, von ihrem Wahlrecht keinen Gebrauch zu machen oder
4. die Kirchengemeinde die Versetzung eines ihrer Pfarrer auf diese Stelle im Einverständnis mit ihm beantragt hat und die dafür geltend gemachten Gründe von der Kirchenregierung als erheblich anerkannt werden.

(2) Ist das Ernennungsrecht nach Abs. 1 Nr. 1 bis 3 ausgeübt worden, so hat für den nächsten Erledigungsfall vorbehaltlich der Vorschrift des § 27 Abs. 3 Nr. 2 die Kirchengemeinde das Besetzungsrecht.

§ 29

(1) Die Besetzung von Pfarrstellen, mit denen das Dekanat verbunden ist, erfolgt durch Wahl durch die Bezirkssynode und für die Dauer der Amtszeit des Dekans, sofern die Erledigung der Pfarrstelle nicht aus anderen kirchengesetzlich geregelten Gründen früher eintritt.

(2) Ist eine solche Wahl in einem Falle erfolgt, in dem das regelmäßige Besetzungsrecht für die Pfarrstelle der Kirchengemeinde

zugestanden hätte, so findet schon bei der nächsten Erledigung einer Pfarrstelle in der nämlichen Kirchengemeinde die Besetzung durch Gemeindewahl statt, wenn nicht mit der Besetzung wiederum die Wahl des Dekans verbunden wird.

(3) Die Versetzung eines Dekans auf eine andere Pfarrstelle des nämlichen Kirchenbezirks ist nur zulässig, wenn für die zu besetzende Pfarrstelle das Ernennungsrecht der Kirchenregierung besteht oder wenn die wahlberechtigte Kirchengemeinde mit der Versetzung einverstanden ist. Erfolgt im letzteren Falle die Versetzung innerhalb der nämlichen Kirchengemeinde, so erhält die Kirchengemeinde schon für die freiwerdende Pfarrstelle das Besetzungsrecht.

§ 30

(1) Die durch Wahl zu besetzenden Pfarrstellen werden zur Bewerbung ausgeschrieben. Die Bewerbungen sind beim Landeskirchenrat einzureichen.

(2) Berechtigt zur Bewerbung sind

a) Pfarrer der Landeskirche, die mindestens fünf Jahre Inhaber ihrer Pfarrstelle sind;

b) freigestellte Pfarrer der Landeskirche, die die Tätigkeit, für die sie freigestellt wurden, seit mindestens fünf Jahren ausüben. Probezeiten werden nicht berücksichtigt;

c) Geistliche, die im Gebiet der Landeskirche als Staatsbeamte, als Religionslehrer oder im Dienst selbständiger kirchlicher Rechtsträger tätig sind sowie die im Zeitpunkt der Bewerbung ausgeübte Tätigkeit seit mindestens fünf Jahren ausüben. Probezeiten werden nicht berücksichtigt.

d) Pfarrdiakone der Landeskirche. Das Nähere regelt ein Gesetz.

(3) Die Kirchenregierung kann in besonderen Fällen Ausnahmen von den Bestimmungen des Abs. 2 Buchst. a bis c zulassen.

(4) Der Landeskirchenrat gibt die berechtigten Bewerbungen an die Kirchengemeinde in einem Verzeichnis weiter, in dem die Bewerber nach ihrer dienstlichen Würdigung und nach dem Bedürfnis der Kirchengemeinde geordnet sind.

§ 31

Den Bewerbern ist verboten, bei den Wählern um Stimmen zu werben oder werben zu lassen.

§ 32

Das Wahlrecht der Kirchengemeinden wird von den weltlichen Mitgliedern der Presbyterien, verstärkt durch die Ersatzleute, ausge-

übt. Die Mitwirkung von wenigstens zwei Dritteln der Wähler
und die Mehrheit der Stimmen sind erforderlich. Die Wahl ist geheim. Ist die Wahl dadurch nicht zustande gekommen, daß nicht
zwei Drittel der Wähler mitgewirkt haben, so findet frühestens
nach 48 Stunden ein zweiter Wahlgang statt; für die Abstimmung
gelten die Bestimmungen des § 103 Abs. 1 der Verfassung.

§ 33
Zur Gewinnung von Aufschlüssen über die zur Wahl bezeichneten Bewerber kann das verstärkte Presbyterium aus seiner Mitte
eine Abordnung ernennen, die alle oder einzelne Bewerber bei
kirchlichen Amtshandlungen hört und Erkundigungen einzieht.
Auch Probepredigten am Bewerbungsort sind mit Genehmigung
des Landeskirchenrats zulässig.

§ 34
Die näheren Bestimmungen über die Wahl erläßt die Kirchenregierung.

§ 35
Die Wahl bedarf der Bestätigung des Landeskirchenrats. Die Be-
stätigung kann nur verweigert werden, wenn der Gewählte dem
Verbot des § 31 zuwidergehandelt hat oder wenn sonst zugunsten
seiner Wahl oder zu Ungunsten der Wahl eines Mitbewerbers
Mittel angewendet worden sind, die ein gedeihliches Wirken des
Gewählten in dem neuen Amt in Frage stellen.

§ 36
Pfarrstellen, für welche die Kirchenregierung von vornherein das
Ernennungsrecht hat, sind in der Regel auszuschreiben.

§ 37
(1) Die Kirchenregierung darf nur Bewerbungsberechtigte (§ 30
Abs. 2 und 3) ernennen, ausgenommen die Fälle des § 28 Abs. 1
Nr. 2 und 3 und die Fälle, in denen innerhalb der Bewerbungsfrist kein Bewerber aufgetreten ist oder alle Bewerber ihre Bewerbungen zurückgenommen haben.
(2) Im übrigen ist die Auswahl bei den Ernennungen nach dem
Wohl der Kirchengemeinden und der Landeskirche, der dienstlichen Würdigung, dem Dienstalter und den Bedürfnissen der Bewerber zu treffen; in Orten mit mehreren Pfarrstellen ist starken
Minderheiten Rechnung zu tragen. Bei den Ernennungen von
Kandidaten ist der Prüfungsjahrgang und innerhalb des Jahr-
gangs die Prüfungsnote besonders zu berücksichtigen.

§ 38

(1) Über Gesuche um Enthebung von dem Antritt verliehener Pfarrstellen entscheidet die Kirchenregierung nach freiem Ermessen.

(2) Im Falle der Enthebung gilt für die Neubesetzung der Pfarrstelle die nämliche Besetzungsart wie bei Verleihung der Pfarrstelle an den Enthobenen. War der Enthobene nach § 28 Abs. 1 Nr. 4 ernannt worden, so erfolgt die Neubesetzung durch Gemeindewahl; die Stelle ist in diesem Falle auszuschreiben. War der Enthobene gewählt worden, so erfolgt eine neue Ausschreibung der Pfarrstelle nur auf Verlangen der Kirchengemeinde.

§ 39

Für die Beschlußfassung der Kirchengemeinden in den Fällen des § 27 Abs. 3 Nr. 2, des § 28 Abs. 1 Nr. 3 und 4, des § 29 Abs. 3 Satz 1 und des § 38 Abs. 2 Schlußsatz gilt die Vorschrift des § 32.

§ 40

Die Besetzung einer Pfarrstelle durch Wahl oder Ernennung ist unwiderruflich, soweit nicht durch Kirchengesetz etwas anderes bestimmt ist.

§ 41

Aus wichtigem Grunde, wenn es das Wohl der Kirche oder einer Kirchengemeinde erfordert, kann der Pfarrer von der Kirchenregierung versetzt werden. Das Nähere regelt ein Gesetz.

§ 42

(1) Durch Gesetz kann die Errichtung von Pfarrstellen verfügt werden, mit denen kein Gemeindepfarramt verbunden ist (z. B. Jugendpfarrstellen).

(2) Diese Stellen werden durch die Kirchenregierung besetzt; wird die Besoldung einer Stelle zu einem erheblichen Teile aus kirchengemeindlichen Mitteln bestritten, so ist den beteiligten Kirchengemeinden vor der Besetzung Gelegenheit zur Äußerung über die Person des zu Ernennenden zu geben.

(3) Die Kirchenregierung kann dem Inhaber der Pfarrstelle bei Zustimmung des Presbyteriums Sitz und Stimme in diesem gewähren.

§ 43

Die Besoldungsverhältnisse der Pfarrer werden durch Gesetz geregelt; das gleiche gilt von ihren Dienstverhältnissen, soweit diese nicht in der Verfassung selbst geregelt sind.

§ 44

Die den Pfarrer betreffenden Vorschriften dieses Abschnitts der Kirchenverfassung gelten mit Ausnahme der §§ 19, 30 Abs. 2 und § 41 auch für andere Mitarbeiter im pfarramtlichen Dienst, soweit sie Inhaber oder Verwalter von Pfarrstellen oder Vikariaten sind.

3. Andere kirchliche Mitarbeiter

§ 45

Zur Erfüllung des kirchlichen Auftrags können im Rahmen des geltenden Rechts andere haupt-, neben- und ehrenamtliche Mitarbeiter vornehmlich als Religionslehrer, Prädikanten, Lektoren, Kirchenmusiker, Krankenschwestern, Gemeindediakone, Sozialarbeiter, Sozialpädagogen, Erzieher, Kirchendiener und Verwaltungsmitarbeiter berufen werden.

§ 46 – aufgehoben –

Dritter Abschnitt   Der Kirchenbezirk

§ 47

(1) Das Gebiet mehrerer Kirchengemeinden bildet einen Kirchenbezirk.

(2) Die Bildung, Aufhebung oder Änderung von Kirchenbezirken erfolgt nach Anhörung der beteiligten Presbyterien und Bezirkskirchenräte durch die Kirchenregierung.

§ 48

(1) Der Kirchenbezirk ist eine Körperschaft des öffentlichen Rechts.

(2) Organe des Kirchenbezirks sind die Bezirkssynode, der Bezirkskirchenrat und der Dekan.

(3) Der Bezirkskirchenrat vertritt den Kirchenbezirk gerichtlich und außergerichtlich.

1. Die Bezirkssynode

§ 49

(1) Die Bezirkssynode besteht aus gewählten und berufenen Synodalen, aus sämtlichen Pfarrern, Verwaltern von Pfarrstellen und Vikariaten und anderen Geistlichen, die in unmittelbarem oder mittelbarem Dienst der Landeskirche stehen und ihren Dienstsitz im Kirchenbezirk haben.

(2) Absatz 1 gilt nicht für geistliche Mitglieder des Landeskir-

chenrats und andere Geistliche, die ein Amt im Landeskirchenrat bekleiden.

(3) Mitglieder des Landeskirchenrats und der Kirchenregierung können beauftragt werden, den Verhandlungen mit beratender Stimme beizuwohnen.

§ 50
(1) Die Zahl der zu wählenden Synodalen ist doppelt so groß wie die Zahl der Pfarrstellen und Vikariate im Bereich des Kirchenbezirks; jedoch muß jede Kirchengemeinde einen gewählten Synodalen entsenden.
(2) In jeder Kirchengemeinde sind doppelt soviel weltliche Synodale zu wählen, als sie Pfarrstellen und Vikariate besitzt. Andere Stellen für Pfarrer im unmittelbaren oder mittelbaren Dienst der Landeskirche werden durch Beschluß des Landeskirchenrats einzelnen Kirchengemeinden zugewiesen.
(3) Ist für mehrere Kirchengemeinden eine Pfarrstelle errichtet, und ist die Zahl der Kirchengemeinden größer als die Zahl der zu wählenden Synodalen, so wählt jede Kirchengemeinde einen Vertreter. Ist die Zahl der Kirchengemeinden kleiner als die Zahl der zu wählenden Synodalen, so bestimmt der Bezirkskirchenrat, wie viele gewählte Synodale die einzelnen Kirchengemeinden entsenden; der Beschluß bedarf der Bestätigung des Landeskirchenrats.
(4) Für die gewählten Synodalen sind Ersatzleute in gleicher Zahl zu wählen.
(5) Die gewählte Bezirkssynode kann weitere Synodale berufen, jedoch nicht mehr als ein Zehntel der Zahl der gewählten Synodalen.

§ 51
(1) Die zur Bezirkssynode Wählbaren müssen im Kirchenbezirk wohnen und die Eigenschaften für das Amt eines Presbyters besitzen.
(2) Die Bezirkssynode prüft die Vollmacht der Mitglieder und entscheidet darüber.

§ 52
Die Amtsdauer der Bezirkssynode beträgt sechs Jahre.

§ 53
(1) Zum Wirkungskreis der Bezirkssynode gehören:
1. Aussprache über die Situation im Kirchenbezirk;
2. Förderung
    a) des kirchlichen Lebens im Kirchenbezirk,

    b) der Zusammenarbeit der Kirchengemeinden,

    c) der Zusammenarbeit mit übergemeindlichen Diensten;

3. Stellungnahmen zu kirchlichen und gesellschaftlichen Vorgängen im Kirchenbezirk;

4. Beschlußfassung über den Haushalt des Kirchenbezirks und Festsetzung der Umlagen;

5. Entlastung für die Haushaltsrechnung;

6. Beratung von Anträgen, Wünschen und Beschwerden, die an die Organe der Landeskirche (§ 65 Abs. 2) gerichtet werden sollen;

7. Erledigung der Vorlagen des Landeskirchenrats;

8. Wahl

    a) des Seniors aus dem Kreis der Inhaber von Gemeindepfarrstellen,

    b) des Vorsitzenden der Bezirkssynode und seines Stellvertreters,

    c) der Beisitzer des Bezirkskirchenrats,

    d) des Dekans,

    e) der Mitglieder der Landessynode.

(2) Vor der Beratung in der Landessynode sollen Vorlagen in den Angelegenheiten des § 76 Nr. 1 in der Regel den Bezirkssynoden zur gutachtlichen Äußerung zugeleitet werden.

(3) Der Bezirkssynode können durch Gesetz weitere Aufgaben übertragen werden.

§ 54

Die Bezirkssynode wählt zu Beginn ihrer ersten Tagung aus ihrer Mitte den Senior, dann ihren Vorsitzenden und seinen Stellvertreter. Ist der Vorsitzende nicht weltlicher Synodaler, soll der Stellvertreter weltlicher Synodaler sein und umgekehrt. Der Dekan und der Senior können weder Vorsitzender noch stellvertretender Vorsitzender der Bezirkssynode sein. Bis zur Wahl des Vorsitzenden werden dessen Aufgaben vom Dekan wahrgenommen.

§ 55

(1) Die Bezirkssynode wird von ihrem Vorsitzenden nach Bedarf, mindestens aber einmal im Jahr, einberufen. Der Bezirkskirchenrat bestimmt Ort und Zeit nach der Geschäftsordnung, die der Landeskirchenrat erläßt.

(2) Die Einberufung erfolgt mindestens vier Wochen vor dem Zusammentritt und ist dem Landeskirchenrat anzuzeigen.

(3) Die Bezirkssynode kann auf Anordnung des Landeskirchenrats außerordentlich einberufen werden.

§ 56

(1) Die Verhandlungen sind öffentlich. Sie werden ausnahmsweise geheim, wenn die Bezirkssynode es beschließt.

(2) Zur Beschlußfassung ist die Anwesenheit von wenigstens zwei Dritteln der Mitglieder erforderlich.

(3) Die Niederschrift über die Verhandlungen wird von dem Vorsitzenden und den Schriftführern unterzeichnet und dem Landeskirchenrat in Abschrift vorgelegt.

(4) Die Bezirkssynode bezeichnet die Beschlüsse, die den Kirchengemeinden des Kirchenbezirks mitgeteilt werden sollen.

§ 57

(1) Die Bezirkssynode kann für einzelne Aufgaben oder Arbeitsgebiete Synodalbeauftragte und Ausschüsse berufen. Es können auch sachverständige Gemeindeglieder berufen werden, die der Bezirkssynode nicht angehören.

(2) Die Synodalbeauftragten und Ausschüsse berichten der Bezirkssynode regelmäßig.

2. Der Bezirkskirchenrat

§ 58

Der Bezirkskirchenrat besteht aus dem Dekan als Vorsitzendem, dem Senior, dem Vorsitzenden der Bezirkssynode und seinem Stellvertreter sowie drei weltlichen Beisitzern. Der Senior, der Vorsitzende der Bezirkssynode, sein Stellvertreter und die weltlichen Beisitzer bleiben als Mitglieder des Bezirkskirchenrats bis zur Wahl ihrer Nachfolger im Amt.

§ 59

Die Bezirkssynode wählt bei ihrer ersten Tagung nach dem Senior, dem Vorsitzenden der Bezirkssynode und seinem Stellvertreter die weltlichen Beisitzer. Anschließend werden drei geistliche und vier weltliche Ersatzleute gewählt. Die Ersatzleute sind auch bei vorübergehender Verhinderung der Mitglieder in der durch die Wahl und § 103 Abs. 2 bestimmten Reihenfolge einzuberufen.

§ 60

(1) Zu den Aufgaben des Bezirkskirchenrats gehören:

1. Vorbereitung der Tagung der Bezirkssynode;
2. Bericht an die Bezirkssynode über seine Tätigkeit;
3. Vorlage des Haushaltsplans des Kirchenbezirks;
4. Ausführung von Aufträgen der Bezirkssynode;
5. Mitwirkung bei Kirchenvisitationen;

6. Schlichtung von Unstimmigkeiten im Kirchenbezirk sowie in und zwischen Kirchengemeinden;
7. Mitwirkung bei kirchlichen Wahlen nach Maßgabe der Kirchengesetze;
8. Stellungnahmen, die von Organen der Landeskirche (§ 65 Abs. 2) zu Personal- und Sachfragen angefordert werden;
9. Mitwirkung bei Baumaßnahmen im Kirchenbezirk.
(2) Dem Bezirkskirchenrat können durch Gesetz weitere Aufgaben übertragen werden.

§ 61
(1) Der Bezirkskirchenrat tritt auf Einladung des Dekans nach Bedarf zusammen.
(2) Über die Verhandlungen führt ein Mitglied eine Niederschrift, die von dem Vorsitzenden unterzeichnet wird.

§ 62
Die nicht am Tagungsort wohnenden Mitglieder des Bezirkskirchenrats erhalten aus der allgemeinen Kirchenkasse Tagegelder und Vergütung der Reisekosten. Die Höhe der Tagegelder bestimmt der Landeskirchenrat.

3. Das Dekanat
§ 63
(1) Der Dekan wird von der Bezirkssynode auf die Dauer von zehn Jahren gewählt. Wiederwahl ist zulässig.
(2) Die Kirchenregierung kann Geistliche, die nicht als Bewerber aufgetreten sind, nachträglich zur Bewerbung auffordern. Die Kirchenregierung schlägt der Bezirkssynode die für diese Stelle geeigneten Bewerber vor. Der im Amt befindliche Dekan, der sich um die Wiederwahl bewirbt, steht ohne Vorschlag der Kirchenregierung zur Wahl.
(3) Die Kirchenregierung kann einem Dekan nach Anhörung des Bezirkskirchenrats das Dekanat entziehen.
(4) Stellvertreter des Dekans ist der Senior. Ist der Senior verhindert oder ausgeschieden, so vertritt ihn das weitere geistliche Mitglied des Bezirkskirchenrats und danach der nächste geistliche Ersatzmann im Bezirkskirchenrat. Beim nächsten Zusammentritt der Bezirkssynode finden die erforderlichen Ergänzungswahlen statt.

§ 64
(1) Zu den Amtspflichten des Dekans gehören insbesondere:
  1. die Sorge für das kirchliche Leben im Kirchenbezirk;

2. die Vertretung des Kirchenbezirks in der Öffentlichkeit;
3. die Aufsicht in den Kirchengemeinden über Lehre und Ordnung;
4. die Kirchenvisitation;
5. die Aufsicht über die Amts- und Lebensführung der Pfarrer und der anderen Mitarbeiter im pfarramtlichen Dienst;
6. die Dienstaufsicht über die Mitarbeiter des Kirchenbezirks;
7. das Gespräch mit Presbytern in Konfliktfällen;
8. die Leitung von Pfarrwahlen;
9. die Ordination und die Einführung der Pfarrer im Auftrag des Landeskirchenrats;
10. die Einweihung von Kirchen im Auftrag des Landeskirchenrats sowie die Teilnahme an kirchlichen Feiern im Kirchenbezirk;
11. der Bericht an die Bezirkssynode über die Situation im Kirchenbezirk und die Tätigkeit des Bezirkskirchenrats;
12. die Einberufung und Leitung der Pfarrkonferenzen;
13. die Förderung der Gemeinschaft aller kirchlichen Mitarbeiter;
14. die Beratung und Förderung des theologischen Nachwuchses im Zusammenwirken mit dem Landeskirchenrat;
15. die Vermittlung des dienstlichen Verkehrs zwischen Kirchengemeinden und Landeskirchenrat;
16. die Regelung von Vertretungen und Aushilfen sowie die Anordnung von einstweiligen Geschäftsbesorgungen in vorübergehenden Fällen.

(2) In besonderen Fällen kann der Dekan an den Sitzungen der Presbyterien mit beratender Stimme teilnehmen sowie im Einvernehmen mit dem Bezirkskirchenrat Sitzungen einberufen und in diesen ohne Stimmrecht den Vorsitz übernehmen.

(3) Der Dekan hat das Recht, in allen Kirchengemeinden des Kirchenbezirks Gottesdienste zu halten.

Vierter Abschnitt   Die Landeskirche

§ 65

(1) Die Gesamtheit der Kirchengemeinden bildet die Landeskirche.

(2) Organe der Landeskirche sind die Landessynode, die Kirchenregierung und der Landeskirchenrat.

1. Die Landessynode

§ 66

(1) Die Landessynode als kirchliche Volksvertretung ist die Inhaberin der Kirchengewalt.

(2) In Kirchenbezirken

mit bis zu   30 000 Mitgliedern werden ein weltlicher und ein geistlicher,
mit 30 001 bis 45 000 Mitgliedern werden zwei weltliche und ein geistlicher,
mit 45 001 bis 60 000 Mitgliedern werden drei weltliche und ein geistlicher,
mit 60 001 bis 75 000 Mitgliedern werden drei weltliche und zwei geistliche,
mit 75 001 bis 90 000 Mitgliedern werden vier weltliche und zwei geistliche,
mit mehr als   90 000 Mitgliedern werden vier weltliche und drei geistliche

Synodale gewählt. Pfarrdiakone gelten im Sinne dieser Bestimmungen als Geistliche. Die gewählte Landessynode kann weitere Synodale berufen, jedoch nicht mehr als ein Zehntel der Zahl der gewählten Synodalen. Nicht mehr als die Hälfte der Berufenen dürfen Geistliche sein.

(3) Die Landessynode ist zugleich Steuersynode.

§ 67

Die Mitglieder der Landessynode sind Vertreter der ganzen Landeskirche und an Aufträge und Weisungen nicht gebunden, vielmehr verpflichtet, nach eigener Überzeugung ihre Stimme abzugeben.

§ 68

Zur Teilnahme an der Landessynode ist für die Geistlichen und die Beamten und Angestellten der Kirche Urlaub nicht erforderlich.

§ 69

Die Landessynode wird auf sechs Jahre gewählt; das Amt der Abgeordneten erlischt mit der Neuwahl. Die Landessynode ist in jedem zweiten Jahr zu einer ordentlichen Tagung und außerdem bei dringendem Bedürfnis zu außerordentlichen Tagungen durch die Kirchenregierung einzuberufen. Auf Antrag von mindestens zwei Fünfteln der Mitglieder muß binnen längstens drei Monaten eine außerordentliche Einberufung erfolgen.

§ 70

Die Tagungen der Landessynode werden mit öffentlichem Gottesdienst eingeleitet und in der Regel in gleicher Weise geschlossen.

§ 71

(1) Der Kirchenpräsident eröffnet die Landessynode.

(2) Bei ihrer erstmaligen Versammlung nimmt er den Mitgliedern folgende feierliche Versicherung ab:

„Ich gelobe vor Gott, bei meinem Wirken in der Landessynode die Ordnungen der Landeskirche zu beachten und, soviel Gott Gnade gibt, dahin mitzuar-
beiten, daß die Kirche in allen Stücken wachse an
dem, der das Haupt ist, Christus".

(3) Später eintretende Mitglieder werden vom Präsidenten der
Landessynode verpflichtet.

§ 72

(1) Die Landessynode wählt zu Beginn ihrer ersten Tagung in geheimer Abstimmung aus ihrer Mitte ein Präsidium, das aus dem
Präsidenten, dem ersten und zweiten Vizepräsidenten sowie zwei
Beisitzern besteht. Die Beisitzer sind zugleich Schriftführer. Ist
der Präsident kein Geistlicher, soll einer der Vizepräsidenten
Geistlicher sein. Zuerst wird der Präsident, danach werden die Vizepräsidenten und die Schriftführer einzeln gewählt. Erhebt sich
kein Widerspruch, so kann die Wahl der Beisitzer durch Zuruf erfolgen.

(2) Bis die Wahlen vollzogen sind, führt der Kirchenpräsident
den Vorsitz; die beiden jüngsten Mitglieder der Landessynode be-
sorgen das Schriftführeramt.

(3) Das Präsidium beschließt den Arbeitsplan der Landessynode.
Der Präsident oder einer der beiden Vizepräsidenten leitet die
Verhandlungen der Synode.

§ 72 a

(1) Gesetzesvorlagen können durch ein Viertel der Mitglieder der
Landessynode eingebracht werden. Die Vorlagen müssen den
vollständigen Wortlaut des Gesetzes und eine Begründung enthalten.

(2) Gesetzesvorlagen aus der Mitte der Landessynode sind zunächst der Kirchenregierung und dem Landeskirchenrat zur Stellungnahme zuzuleiten. Die Stellungnahmen sind der Landessynode auf ihrer nächsten ordentlichen Tagung vorzulegen. Sieht
eine Gesetzesvorlage Ausgaben vor, die nicht aus dem festgestell-
ten Haushalt (§ 75 Abs. 2 Nr. 7) gedeckt werden können, so kann
erst bei Feststellung des nächsten Haushalts oder Nachtragshaus-
halts entschieden werden.

(3) Die Befugnis der Kirchenregierung, der Landessynode Gesetz-
zesvorlagen nach § 89 Abs. 2 Nr. 1 vorzulegen, wird durch die in
Abs. 1 und 2 getroffene Regelung nicht berührt.

§ 73

(1) Die Verhandlungen der Landessynode sind öffentlich. Sie werden ausnahmsweise geheim durch Beschluß der Landessynode, wenn das Wohl der Landeskirche es erfordert.

(2) Die näheren Bestimmungen über die Behandlung der Geschäfte in der Landessynode stellt die von ihr erlassene Geschäftsordnung fest.

(3) Bei Verhinderung synodaler Mitglieder werden Ersatzleute einberufen.

§ 74

Die Mitglieder und Beauftragten der Kirchenregierung und des Landeskirchenrats sind berechtigt, der Beratung und Beschlußfassung anzuwohnen und müssen auf Verlangen mit ihren Vorträgen gehört werden.

§ 75

(1) Die Landessynode kann über alle Angelegenheiten der Landeskirche beraten und beschließen.

(2) Zu ihrem Wirkungskreis gehört:

1. die Wahl des Kirchenpräsidenten, seines Stellvertreters, der Oberkirchenräte und der synodalen Mitglieder der Kirchenregierung;

2. die Aussprache über den Zustand der Landeskirche in bezug auf Lehre, Kultus, Zucht und Verfassung;

3. der Erlaß von Gesetzen, deren Abänderung und Aufhebung;

4. die Entgegennahme des Berichts eines Mitglieds der Kirchenregierung über die Tätigkeit der Bezirkssynoden und die Erledigung der von ihnen an die Landessynode gebrachten Anträge;

5. die Prüfung der Amtsführung der Kirchenregierung und des Landeskirchenrats, insbesondere auch hinsichtlich der Aufsicht über die kirchlichen Behörden und Beamten;

6. die Prüfung und Erledigung der Vorlagen der Kirchenregierung und des Landeskirchenrats;

7. die Feststellung des Haushalts der Landeskirche und der vom Landeskirchenrat verwalteten Stiftungen sowie die Prüfung der entsprechenden Rechnungen.

§ 76

Ein Gesetz ist erforderlich für

1. die Abänderung dieser Kirchenverfassung, den Erlaß landeskirchlicher Vorschriften in bezug auf Lehre, Kultus und Zucht

sowie die Einführung von neuen Lehr-, Gesang- und Kirchen-
büchern (Agenden);
2. die Feststellung des Haushalts der Landeskirche und der vom
Landeskirchenrat verwalteten Stiftungen;
3. die Aufnahme von Anleihen für die Landeskirche.

§ 77
(1) Beschlüsse der Landessynode sind gültig, wenn
1. sämtliche Mitglieder zur Tagung einzeln eingeladen sind;
2. mehr als zwei Drittel davon erschienen sind;
3. die Mehrheit der anwesenden Mitglieder sich für eine Meinung entschieden hat.
(2) Gesetze nach § 76 Nr. 1 bedürfen einer Mehrheit von zwei
Dritteln der anwesenden Mitglieder.

§ 78
(1) Die von der Landessynode beschlossenen Gesetze sind von
der Kirchenregierung zu verkünden. Sie treten, soweit die Landessynode nicht anders bestimmt hat, 14 Tage nach dem Erscheinen im kirchlichen Amtsblatt in Kraft.
(2) Die Kirchenregierung ist berechtigt, die Verkündung eines
von ihr als nachteilig für die Landeskirche erachteten Gesetzes zu
unterlassen. Ein solches Gesetz ist binnen sechs Monaten nach
seiner Annahme an die Landessynode zurückzuverweisen, die es
bei ihrem nächsten Zusammentreten noch einmal berät. Wird das
Gesetz hierbei von der Landessynode wiederum angenommen, so
muß es innerhalb einer von ihr zu bestimmenden Frist verkündet
werden, und zwar mit rückwirkender Kraft, falls die Landessynode dies ausdrücklich beschlossen hat.

§ 79
Die Landessynode kann sich vertagen. Sie wird von der Kirchenregierung geschlossen.

§ 80
– aufgehoben –

2. Die Kirchenregierung

§ 81
(1) Die Kirchenregierung ist die oberste Stelle zur Leitung und
Verwaltung der Landeskirche im Auftrag der Landessynode.
(2) Die Kirchenregierung besteht aus dem Kirchenpräsidenten,
seinem Stellvertreter, dem dienstältesten geistlichen und weltlichen Rat des Landeskirchenrats und neun Mitgliedern der Lan-

dessynode. Das Dienstalter beginnt mit der Wahl zum Oberkirchenrat und wird im Falle einer anschließenden Wiederwahl nicht unterbrochen.

§ 82

(1) Der Kirchenpräsident wird von der Landessynode auf die Dauer von sieben Jahren gewählt. Wiederwahl ist zulässig. Die Wahl bedarf in den ersten beiden Wahlgängen einer Mehrheit von zwei Dritteln der gesetzlichen Mitgliederzahl der Synode. Erhält in den ersten beiden Wahlgängen niemand die erforderliche Mehrheit, so genügt ab dem dritten Wahlgang die Mehrheit der gesetzlichen Mitgliederzahl der Synode. Ab dem dritten Wahlgang ist bei mehreren Bewerbern zwischen den beiden Bewerbern zu entscheiden, die zuletzt die meisten Stimmen erhalten haben.

(2) Die Oberkirchenräte werden von der Landessynode auf die Dauer von sieben Jahren gewählt. Wiederwahl ist zulässig. Die Stellen sind auszuschreiben. Die Kirchenregierung schlägt der Landessynode geeignete Bewerber vor. Die Landessynode wählt einen der Oberkirchenräte auf die Dauer seiner Amtszeit, höchstens jedoch für sieben Jahre, zum Stellvertreter des Kirchenpräsidenten. Wiederwahl ist zulässig.

(3) Die synodalen Mitglieder der Kirchenregierung werden bei der ersten Tagung der Landessynode gewählt. Zu wählen sind vier geistliche und fünf weltliche Mitglieder. Die Gewählten bleiben bis zur Wahl ihrer Nachfolger im Amt, die Kirchenregierung kann im einzelnen Fall anders bestimmen.

(4) Die Ersatzleute der synodalen Mitglieder werden gleichzeitig mit diesen und in gleicher Weise gewählt.

(5) Das Nähere bestimmt die Geschäftsordnung der Landessynode.

§ 83

Die Mitglieder der Kirchenregierung werden auf die Kirchenverfassung verpflichtet, und zwar der Kirchenpräsident durch den Präsidenten der Landessynode, die anderen Mitglieder durch den Kirchenpräsidenten. Die Verpflichtungsformel lautet:

> „Ich gelobe vor Gott, die Ordnung der Evangelischen Kirche der Pfalz zu beachten, meines Amtes mit aller Gewissenhaftigkeit, Unparteilichkeit und Gerechtigkeit zu walten und, soviel Gott Gnade gibt, dahin mitzuarbeiten, daß die Kirche in allen Stücken wachse an dem, der das Haupt ist, Christus".

§ 84

(1) Der Kirchenpräsident führt den Vorsitz in der Kirchenregierung. Er vertritt die Landeskirche in der Öffentlichkeit.

(2) Der Kirchenpräsident ist der Landessynode für seine Tätigkeit verantwortlich.

§ 85

(1) Zweiter Stellvertreter des Kirchenpräsidenten ist der dienstälteste geistliche, dritter der dienstälteste weltliche Rat des Landeskirchenrats.

(2) Bei Verhinderung eines synodalen Mitglieds ist auf rechtzeitig eingelaufene Anzeige der Ersatzmann einzuberufen. Die der Kirchenregierung angehörenden Mitglieder des Landeskirchenrats werden bei Verhinderung durch die übrigen Mitglieder des Landeskirchenrats vertreten. Die Vertretung richtet sich nach dem Dienstalter.

(3) Scheidet ein synodales Mitglied aus, so tritt der Ersatzmann in die Kirchenregierung ein.

§ 86

Die der Kirchenregierung nicht angehörenden Mitglieder des Landeskirchenrats nehmen an den Sitzungen der Kirchenregierung mit beratender Stimme teil.

§ 87

(1) Die Kirchenregierung beschließt in einer Sitzung oder schriftlich. In letzterem Falle muß jedem Mitglied vom Kirchenpräsidenten ein Sonderabdruck des Antrags mit Begründung übermittelt werden.

(2) Zur Sitzung werden die Mitglieder durch den Kirchenpräsidenten eingeladen. Auf gemeinsamen Antrag von wenigstens drei Mitgliedern muß eine Sitzung stattfinden; der Antrag muß den Beratungsgegenstand bezeichnen.

(3) Die Einladung ist mindestens eine Woche vor der Sitzung schriftlich zu erlassen unter Mitteilung der Tagesordnung. Über Gegenstände, die nicht auf der Tagesordnung stehen, kann nur beraten und beschlossen werden, wenn die Mehrheit der Mitglieder zustimmt.

(4) Bei den Gegenständen des § 89 Abs. 2 Nr. 4 sind die Mitglieder des Landeskirchenrats von der Abstimmung ausgeschlossen.

§ 88

(1) Die Kirchenregierung ist beschlußfähig, wenn mehr als die Hälfte ihrer Mitglieder und darunter mehr als die Hälfte der synodalen Mitglieder anwesend ist.

(2) Bei schriftlicher Beschlußfassung ist der Antrag angenommen, wenn mehr als die Hälfte aller Mitglieder zustimmt und nicht wenigstens zwei binnen einer Woche Sitzungsbeschluß verlangt haben.

§ 89

(1) Aufgabe der Kirchenregierung ist die oberste Leitung und Verwaltung der Landeskirche und die Wahrung und Weiterbildung der gesamten kirchlichen Ordnung im Rahmen der Verfassung und der Kirchengesetze, soweit dies ausdrücklich bestimmt oder sinngemäß zu folgern ist.

(2) Vorbehalten sind der Kirchenregierung außer den anderweitig bestimmten Befugnissen:

1. die Feststellung der Vorlagen an die Landessynode;
2. die Einberufung und Schließung der Landessynode sowie die Festsetzung ihrer Verhandlungsgegenstände;
3. die Ernennung von Pfarrern;
4. die Entscheidung über Beschwerden gegen Entschließungen des Landeskirchenrats;
5. die Begnadigung der vom kirchlichen Disziplinargericht Bestraften;
6. die Festsetzung von Dienst- und Amtsbezeichnungen und die Verleihung von Titeln;
7. die Errichtung und Aufhebung von Pfarrstellen;
8. die Bildung, Veränderung und Auflösung von Kirchengemeinden und Kirchenbezirken.

§ 90

(1) Die Kirchenregierung ist ermächtigt, Gesetze und Verfügungen, die der Zustimmung der Landessynode bedürfen, vorläufig zu erlassen, wenn sie dringend nötig und unverschieblich sind, die Berufung einer außerordentlichen Landessynode aber nicht möglich ist oder sich durch die Erheblichkeit der Sache nicht rechtfertigen läßt.

(2) Die Kirchenregierung hat in diesen Fällen vor der nächsten Landessynode die Dringlichkeit und Zweckmäßigkeit der Maßregel zu rechtfertigen. Stimmt die Landessynode zu, so ist das Gesetz oder die Verfügung als endgültig zu verkünden, andernfalls sofort außer Wirksamkeit zu setzen.

§ 91

Die synodalen Mitglieder der Kirchenregierung können über alle Angelegenheiten Auskunft fordern. Sie sind befugt, Einsicht in die Akten zu nehmen, die einen zur Behandlung stehenden Gegenstand betreffen. Sie können zur Mitarbeit an Aufgaben des Landeskirchenrats herangezogen werden.

§ 92
– aufgehoben –

3. Der Landeskirchenrat

§ 93
(1) Der Landeskirchenrat ist die oberste Behörde zur Leitung und Verwaltung der Landeskirche, soweit diese Befugnisse nicht durch die Kirchenregierung ausgeübt werden. Er vertritt die Landeskirche gerichtlich und außergerichtlich.
(2) Der Landeskirchenrat besteht aus dem Kirchenpräsidenten, dem Stellvertreter des Präsidenten und der erforderlichen Zahl weiterer geistlicher und weltlicher Räte (Oberkirchenräte). Er ist der Landessynode verantwortlich.

§ 94
(1) Der Landeskirchenrat entscheidet in Angelegenheiten grundsätzlicher Natur und in Einzelfällen von besonderer Bedeutung als Kollegium unter Vorsitz des Kirchenpräsidenten. Im übrigen entscheiden seine Mitglieder als Leiter der ihnen zugewiesenen Geschäftsbereiche. Das Nähere regelt der Landeskirchenrat mit Zustimmung der Kirchenregierung.
(2) Der Kirchenpräsident verteilt im Benehmen mit den anderen Mitgliedern des Landeskirchenrats und mit Zustimmung der Kirchenregierung die Geschäfte und koordiniert die Arbeit der einzelnen Geschäftsbereiche.
(3) Der Landeskirchenrat hat die gesamtkirchlichen Dienste in Angelegenheiten, die ihren Auftrag betreffen, zu hören. Er kann ihnen unter Beachtung ihrer Ordnungen Aufgaben zuweisen.

§ 95
Der Kirchenpräsident und die Oberkirchenräte haben besonders dafür zu sorgen, daß der kirchliche Dienst in allen Bereichen der Landeskirche und der Kirchengemeinden gefördert wird. Ist der Kirchenpräsident Theologe, hat er das Recht, in allen Kirchengemeinden der Landeskirche Gottesdienste zu halten. Die geistlichen Oberkirchenräte haben dieses Recht in den Kirchengemeinden der ihnen zugeteilten Kirchenbezirke. Der Landeskirchenrat hat das Recht, das Wort an die Kirchengemeinden zu richten.

§ 96

(1) Auf die Stellung der Mitglieder und der Beamten des Landeskirchenrats finden bis zum Erlaß eines Kirchenbeamtengesetzes die für die Staatsbeamten geltenden Vorschriften entsprechend Anwendung, ausgenommen das Dienststrafrecht und die Vorschriften über die vorläufige Dienstenthebung. Die Mitglieder des Landeskirchenrats sind im Sinne des Beamtengesetzes vom 16. August 1908 etatmäßig und unwiderruflich; ihre Entlassung und Zurruhesetzung erfolgt durch die Kirchenregierung. Die Ernennung, Entlassung und Zurruhesetzung der etatmäßigen Beamten des Landeskirchenrats erfolgt durch die Kirchenregierung, der nicht etatmäßigen Beamten durch den Landeskirchenrat. Die Besoldungsordnung für die Mitglieder und die etatmäßigen Beamten wird durch Gesetz festgestellt.

(2) Die Landessynode kann Mitglieder des Landeskirchenrats jederzeit ohne Angabe von Gründen in den Ruhestand versetzen. Der Beschluß bedarf einer Mehrheit von zwei Dritteln der anwesenden Mitglieder der Landessynode. Das Ruhegehalt beträgt in diesem Falle drei Viertel der ruhegehaltsfähigen Dienstbezüge.

(3) Mitglieder des Landeskirchenrats können auf ihren Antrag von der Kirchenregierung in den Ruhestand versetzt werden. Der Antrag kann ohne Angabe von Gründen abgelehnt werden.

§ 97

Das Dienststrafrecht für die unwiderruflichen Beamten des Landeskirchenrats und deren vorläufige Dienstenthebung werden durch Gesetz geregelt, bezüglich der widerruflichen Beamten erfolgt diese Regelung durch die Kirchenregierung.

§ 98

(1) Der Landeskirchenrat ist in allen Fällen zuständig, für die nicht ausdrücklich oder sinngemäß die Zuständigkeit einer anderen Stelle vorgesehen ist.

(2) Zum Wirkungskreis des Landeskirchenrats gehören vornehmlich:

1. die Wahrung und Weiterbildung der gesamten kirchlichen Ordnung im Rahmen der Verfassung und der Kirchengesetze;
2. die Förderung des diakonischen, missionarischen und ökumenischen Auftrags der Kirche;
3. die Pflege und Förderung einer organischen Verbindung mit der Evangelischen Kirche in Deutschland und ihren Gliedkirchen;

4. die Wahrnehmung der Mitverantwortung für den Religionsunterricht und den kirchlichen Unterricht;

5. die Unterstützung der kirchlichen Körperschaften und Einrichtungen bei der Erfüllung ihrer Aufgaben und die Ausübung der Aufsicht über sie nach Maßgabe kirchlicher Ordnungen;

6. die Aufsicht über die Kirchenvisitationen in den Kirchenbezirken und die Vornahme von Kirchenvisitationen;

7. die Leitung der theologischen Prüfungen;

8. die Aufsicht über die Aus- und Fortbildung der Geistlichen und der anderen Mitarbeiter im pfarramtlichen Dienst und deren dienstliche Würdigung;

9. die Aufträge zur Ordination, zur Einführung der Pfarrer in ihr Amt und zur Einweihung von Kirchen;

10. die Aufsicht über Amts- und Lebensführung der Geistlichen und Kirchenbeamten, unbeschadet der Amtspflichten des Dekans nach § 64;

11. die Anordnung außerordentlicher Gottesdienste;

12. die Befreiung von der Beachtung kirchlicher Vorschriften;

13. die Anordnung von Kirchensammlungen und Kollekten;

14. die Verwaltung der Finanzen der Landeskirche gemäß dem Haushaltsplan;

15. die Entscheidung über Beschwerden gegen Verfügungen der übrigen Kirchenbehörden und über Beschwerden gegen Geistliche und Kirchenbeamte;

16. die Vorbereitung der Sitzungen der Kirchenregierung und die Ausführung ihrer Beschlüsse;

17. die Vorbereitung der Tagungen der Landessynode, die Ausarbeitung von Gesetzentwürfen und die Ausführung der Beschlüsse der Landessynode.

§ 99

In den Fällen, in denen der Landeskirchenrat zuerst oder gegen die Anträge und Erkenntnisse aller vor ihm zur Entscheidung berufenen Stellen entschieden hat, ist eine Beschwerde an die Kirchenregierung zulässig.

§ 100

Der Landeskirchenrat hat der Kirchenregierung für jede ordentliche Landessynode vorzulegen:

1. einen umfassenden, auch das Ergebnis der Kirchenvisitationen berücksichtigenden Bericht über alle auf kirchlichem Gebiet

seit der letzten Landessynode eingetretenen wichtigen Vorkommnisse;

2. die Rechnungen über die unter Verwaltung des Landeskirchenrats stehenden Stiftungen und Kassen und die Nachweisung ihres Vermögensstandes;

3. den Voranschlag der allgemeinen Ausgaben und Einnahmen dieser Stiftungen und Kassen.

§ 100 a

(1) Durch Kirchengesetz können für bestimmte Sachgebiete Kammern errichtet werden, die die Kirchenregierung und den Landeskirchenrat beraten.

(2) Maßnahmen des Landeskirchenrats auf diesen Gebieten können von der Zustimmung der zuständigen Kammer abhängig gemacht werden. Kommt in zustimmungsbedürftigen Maßnahmen eine Einigung zwischen dem Landeskirchenrat und der Kammer nicht zustande, entscheidet die Kirchenregierung.

(3) Will die Kirchenregierung von der ihr vorgetragenen gemeinsamen Auffassung des Landeskirchenrats und einer Kammer abweichen, so gibt sie vor ihrer Entscheidung unter Darlegung ihrer Gründe dem Landeskirchenrat und der Kammer Gelegenheit zur Stellungnahme.

Fünfter Abschnitt   Gemeinsame Bestimmungen

§ 101

Wahlberechtigt und wählbar ist, wer das 18. Lebensjahr vollendet hat. Für die gewählten Mitglieder des Presbyteriums, der Bezirkssynode und der Landessynode sind Ersatzleute zu wählen. Die näheren Bestimmungen über die Wahl, insbesondere über die Wählbarkeit und den Verlust des Amtes, werden durch Gesetz getroffen.

§ 102

– aufgehoben –

§ 103

(1) Soweit nicht anders bestimmt ist, fassen alle kirchlichen Körperschaften ihre Beschlüsse mit Stimmenmehrheit der Anwesenden und sind beschlußfähig, wenn mehr als die Hälfte der Mitglieder anwesend ist.

(2) Im Falle der Stimmengleichheit gibt der Vorsitzende den Stichentscheid, ausgenommen bei Wahlen; bei diesen entscheidet das Los.

(3) Erhält bei einer Einzelwahl auch in wiederholter Abstimmung niemand die Mehrheit, so ist im dritten Wahlgang zwischen den beiden Bewerbern zu entscheiden, die zuletzt die meisten Stimmen erhalten haben.

§ 104
Ein Mitglied einer kirchlichen Körperschaft, das persönlich am Ausgang einer Abstimmung beteiligt ist, bleibt von der Teilnahme an der Beratung mit Abstimmung über den Gegenstand ausgeschlossen.

§ 105
Die Mitglieder kirchlicher Körperschaften und Behörden haben über die vermöge ihres Amtes ihnen bekanntgewordenen Angelegenheiten, deren Geheimhaltung ihrer Natur nach erforderlich oder ausdrücklich vorgeschrieben ist, Verschwiegenheit zu beobachten.

§ 106
(1) Für sämtliche in der Verfassung vorgesehenen Beschwerden gegen Entscheidungen kirchlicher Körperschaften und Behörden gilt eine Beschwerdefrist von 14 Tagen. Sie beginnt mit dem Tag, der auf die Zustellung der schriftlichen Entscheidung oder die mündliche Eröffnung folgt.
(2) Die Beschwerde ist bei der Stelle, welche die angefochtene Entscheidung getroffen oder über die Beschwerde zu entscheiden hat, schriftlich oder mündlich einzulegen und zu begründen. Die Stelle, gegen deren Entscheidung die Beschwerde gerichtet ist, kann selbst abhelfen.

§ 107
Gesetze, die in dieser Verfassung vorbehalten sind, bilden keinen Bestandteil der Verfassung.

Pfarrwahlordnung

Vom 9. März 1921 i. d. Fassung vom 5. April 1960 (Amtsblatt 1960 S. 62)

Artikel 1

(1) Die Ausschreibung der Stellen zur Bewerbung erfolgt durch den Landeskirchenrat im Amtsblatt.

(2) Die Bewerbungen sind in der Regel innerhalb einer Frist von 4 Wochen, gerechnet vom Ausgabetag des Amtsblattes, beim Landeskirchenrat einzureichen.

Artikel 2

(1) Die Zulassung zur Bewerbung nach § 30 Abs. 3 Satz 1 KV kann mit einem besonderen Gesuch schon vor der Bewerbung erbeten werden, sobald die Pfarrstelle erledigt oder auch nur die Versetzung des Stelleninhabers, seine Versetzung in den Ruhestand oder seine Entlassung durch die Kirchenregierung oder durch ein rechtskräftiges Urteil eines Dienststrafgerichts verfügt worden ist. Liegt bei der Einreichung des Bewerbungsgesuchs eine Entscheidung der Kirchenregierung über die Zulassung zur Bewerbung noch nicht vor, so hat der Landeskirchenrat diese Entscheidung vor der Aufstellung des Bewerberverzeichnisses zu erholen; zur Beschleunigung des Verfahrens kann er, wenn er die Zulassung für unangebracht hält, dem Bewerber die Zurücknahme der Bewerbung anheimgeben.

(2) Soweit nicht die Kirchenregierung für einzelne Fälle Gegenteiliges verfügt hat, bleibt es dem Landeskirchenrat überlassen, ob er Gesuche von Bewerbern über 60 und unter 40 Jahren vor der Aufstellung des Bewerberverzeichnisses der Kirchenregierung zur Prüfung nach § 30 Abs. 3 Satz 2 KV vorlegen will.

Artikel 3

Die Leitung der Wahl erfolgt durch den Dekan oder dessen Stellvertreter; in besonderen Fällen kann der Landeskirchenrat auch eines seiner Mitglieder mit der Wahlleitung betrauen.

Artikel 4

Der Landeskirchenrat übersendet dem Wahlleiter das Bewerberverzeichnis (Art. 30 Abs. 4 KV) unter Vorstreckung einer Frist für die Vornahme der Wahl.

Artikel 5

(1) Der Wahlleiter beraumt sofort eine Sitzung des verstärkten Presbyteriums an (§ 32 Satz 1 KV), gibt in dieser das Bewerberverzeichnis ohne die dienstliche Würdigung bekannt und macht

darauf aufmerksam, daß unlautere Machenschaften bei oder vor der Wahl die Verweigerung der Bestätigung zur Folge haben können.
(2) Der Wahlleiter beraumt für die Vornahme der Wahl eine weitere Sitzung des verstärkten Presbyteriums innerhalb der ihm vorgestreckten Frist mit dem Bemerken an, daß in dieser Sitzung eine endgültige Wahl nur zustande kommen kann, wenn wenigstens zwei Drittel der Wahlberechtigten abstimmen.
(3) Über die Ladung des verstärkten Presbyteriums zu beiden Sitzungen bringt der Wahlleiter Nachweis zu seinen Verhandlungen.
(4) Die einberufenen Ersatzleute sind in der ersten Sitzung, in der sie erschienen sind, von dem Wahlleiter durch Handgelübde dahin zu verpflichten, daß sie die ihnen zustehenden Rechte und obliegenden Pflichten nach den kirchlichen Vorschriften und zum Besten der Kirchengemeinde getreulich und in christlichem Geiste erfüllen werden.

Artikel 6
Der Wahlleiter kann schon in der ersten Sitzung die Wahl vornehmen lassen, wenn wenigstens zwei Drittel der Wahlberechtigten anwesend sind und sämtliche Anwesenden die Vornahme der Wahl wünschen; doch wird bei der Bedeutung, die eine glückliche Wahl für die Gemeinde hat, erwartet, daß die Wahlberechtigten regelmäßig neben dem Aufschluß, den ihnen die Ordnung der Bewerber im Bewerbeverzeichnis gibt, weitere Erhebungen über die Eignung der Bewerber machen (§ 33 KV).

Artikel 7
Probepredigten am Bewerbungsorte können nur zugelassen werden (§ 33 Satz 2 KV), wenn die Mehrheit des Presbyteriums auf Wunsch des Bewerbers dies beantragt.

Artikel 8
(1) Die Sitzung zur Wahl des Pfarrers wird feierlich eröffnet. Der Wahlleiter verliest einen passenden biblischen Abschnitt, hält über ihn eine Ansprache und schließt mit einem Gebet. Die Vorschrift gilt auch, wenn die Wahl in der ersten Sitzung erfolgt (Artikel 6).
(2) Sodann nimmt der Wahlleiter die zusammengefalteten Stimmzettel der Wähler entgegen. Nach Abgabe aller Stimmzettel öffnet er diese in Gegenwart der Wähler und stellt das Ergebnis fest.
(3) Stimmzettel, die unbeschrieben sind, eine Unterschrift, einen Vermerk oder ein Kennzeichen tragen, keinen bestimmten oder

keinen lesbaren Namen enthalten oder auf keine wählbare Person
lauten, sind ungültig; sie werden bei der Feststellung, ob auf einen Bewerber die Mehrheit der Stimmen gefallen ist, nicht gezählt, wohl aber bei der Feststellung, ob wenigstens zwei Drittel
der Wahlberechtigten mitgewirkt haben (§ 32 Satz 2 KV).

Artikel 9

Ist bei einer Wahlsitzung, bei der wenigstens zwei Drittel der Wahlberechtigten abgestimmt haben, eine gültige Wahl nicht zustande
gekommen, so findet sofort ein zweiter Wahlgang statt, wenn
noch zwei Drittel der Wahlberechtigten anwesend sind und die
Mehrheit der Anwesenden es wünscht; auch in diesem Wahlgang
ist zur Gültigkeit der Wahl die Mitwirkung von wenigstens zwei
Dritteln der Wahlberechtigten und die Mehrheit der Stimmen erforderlich.

Artikel 10

(1) Ist weder im ersten noch im zweiten Wahlgang eine gültige
Wahl zustande gekommen oder liegen die Voraussetzungen eines
zweiten Wahlganges nicht vor, so hat der Wahlleiter frühestens
nach 48 Stunden eine zweite Wahlsitzung abzuhalten; er kann
hierbei die ihm vorgestreckte Frist (Art. 4) um eine Woche über-
schreiten. Zu der zweiten Wahlsitzung lädt er die sämtlichen Mitglieder des verstärkten Presbyteriums gegen Nachweis ein.

(2) In der zweiten Wahlsitzung genügt zum Zustandekommen einer gültigen Wahl die Anwesenheit von mehr als der Hälfte der
Wahlberechtigten und die Stimmenmehrheit der Anwesenden.
Anwesende Wahlberechtigte, die nicht abgestimmt oder ungültige
Stimmen abgegeben haben, werden so angesehen, als ob sie gegen
den Bewerber gestimmt hätten, der die meisten Stimmen erhalten
hat. Im übrigen gelten auch für die zweite Wahlsitzung die Vorschriften des Artikels 8. Ein zweiter Wahlgang findet nicht statt.

Artikel 11

Die in Art. 10 Abs. 2 erwähnte Hälfte und die in Art. 5 Abs. 2,
Art. 6, Art. 8 Abs. 3 und Art. 9 erwähnten zwei Drittel der Wahlberechtigten berechnen sich von der Zahl der tatsächlich vorhandenen Presbyter und Ersatzleute. Soweit es möglich ist, soll
versucht werden, bevor eine Stelle ausgeschrieben wird, Berufungen auf Grund des Gesetzes über die Ergänzung der Presbyterien
vom 2. Dezember 1958 (Amtsblatt 1958 S. 208) vorzunehmen.

Artikel 12

Von den Wählern wird erwartet, daß sie bei etwaiger Veröffentlichung des Ergebnisses der Wahl in der Presse die Namen der

nichtgewählten Bewerber nicht bekanntgeben. Der Wahlleiter hat am Schlusse der Wahlsitzung hierauf aufmerksam zu machen.

Artikel 13

Über die Sitzungen des verstärkten Presbyteriums hat der Wahlleiter eine Niederschrift aufzunehmen und von den Anwesenden unterzeichnen zu lassen. Die Niederschrift muß die Persönlichkeit der Anwesenden, der entschuldigt oder unentschuldigt Ausgebliebenen, den Gang der Verhandlungen und insbesondere das Ergebnis der Wahl genau ersehen lassen. Die Niederschrift nebst Stimmzettel und Ladungsnachweisen hat der Wahlleiter nach Beendigung der Wahlverhandlungen sofort dem Landeskirchenrat vorzulegen.

Ausführungsbestimmungen zur Pfarrwahlordnung

Vom 12. April 1960 (Amtsblatt S. 65)

Die Ausführungsbestimmungen zur Pfarrwahlordnung vom 18. März 1952 (Amtsblatt 1952 S. 30) werden aufgehoben. An ihre Stelle treten folgende neue Ausführungsbestimmungen:

Zu Art. 1 Abs. 2:

Der Landeskirchenrat kann aus besonderen Gründen ausnahmsweise die Bewerbungsfrist verkürzen, was jeweils im Amtsblatt bekanntzugeben ist.

Bewerbungen sind beim Landeskirchenrat unmittelbar einzureichen und müssen spätestens am Tage des Meldeschlusses um 18 Uhr vorliegen. Eine telefonische oder telegrafische Bewerbung ist am letzten Tage der Bewerbungsfrist möglich, die schriftliche Meldung ist aber dann noch am gleichen Tage nachzureichen. Eine Zweitschrift der Bewerbung ist dem Dekanat zu übermitteln, das unaufgefordert dem Landeskirchenrat die Qualifikation des Bewerbers übersendet, falls diese nicht schon vorher dem Landeskirchenrat vorgelegt worden ist.

Zu Art. 3:

Alle Sitzungen, die im Zusammenhang mit der Wahl stehen, sind geheim. Außer den Wahlberechtigten darf an ihnen nur der Wahlleiter teilnehmen. Letzterer hat kein Stimmrecht.

Zu Art. 4:

Das Bewerberverzeichnis ist erstmals in der auf Grund von Art. 5 Abs. 1 der Pfarrwahlordnung stattfindenden Sitzung des verstärkten Presbyteriums bekanntzugeben. Der Dekan ist vorher zu einer Bekanntgabe der Namen der Bewerber nicht ermächtigt. Dem Bewerber können sie auf Wunsch vom Landeskirchenrat vertraulich mitgeteilt werden, sofern er ein besonderes Interesse glaubhaft macht.

Zu Art. 5ff.:
Zwischen den Einladungen und den Sitzungen sollen wenigstens 48 Stunden liegen.
Ehrenpresbyter haben kein Stimmrecht; dieses kann ihnen auch nicht durch Beschluß des Presbyteriums verliehen werden.

Zu Art. 5 Abs. 1:
Zur Bekanntgabe der Bewerberliste ist die Anwesenheit von mehr als der Hälfte des verstärkten Presbyteriums erforderlich. Bei der Prüfung der Frage, ob sich die Presbyter und Ersatzleute in hinreichender Zahl zur Entgegennahme der Bewerberliste versammelt haben, ist wie bei den Wahlsitzungen der tatsächliche Stand zugrunde zu legen. Ist die erforderliche Zahl von Presbytern und Ersatzleuten nicht anwesend, so ist frühestens nach 48 Stunden eine zweite Sitzung einzuberufen. Wird auch bei dieser zweiten Sitzung die erforderliche Zahl von Presbytern und Ersatzleuten nicht erreicht, so liegt ein Fall des § 28 Abs. 1 Ziffer 2 KV vor.

Zu Art. 6:
Nicht nur die Vorschrift des Art. 8 Abs. 1 gilt, sondern alle Bestimmungen der Art. 8 und 9 haben Gültigkeit, wenn auf Grund von Art. 6 bereits in der ersten Sitzung eine Wahl vorgenommen wird.
Unter der Mehrheit der Stimmen ist die absolute Mehrheit zu verstehen.
Ein *Beispiel:* Bei 36 Wahlberechtigten sind 24 Wahlberechtigte anwesend. Die Zweidrittelmehrheit ist vorhanden. 21 Wahlberechtigte stimmen ab, 3 ungültige Stimmen werden abgegeben. Die Wahl ist gültig, wenn auf einen Bewerber wenigstens 11 Stimmen entfallen sind.

Zu Art. 7:
Probepredigten am Bewerbungsort werden zugelassen, wenn entweder der Bewerber sie schon bei seiner Bewerbung wünscht und daraufhin das Presbyterium einen entsprechenden Antrag stellt, oder aber, wenn das Presbyterium sie beim Landeskirchenrat beantragt und der Bewerber damit einverstanden ist. Die Probepredigten bedürfen der Genehmigung durch den Landeskirchenrat.

Zu Art. 8–10:
Die Wähler können mit Stimmenmehrheit in geheimer Abstimmung beschließen, daß sie von ihrem Wahlrecht keinen Gebrauch

machen und die Entscheidung der Kirchenregierung überlassen (§ 28 Abs. 1 Ziffer 3 und § 39 KV). Sie können dabei zum Ausdruck bringen, daß sie alle Bewerber ablehnen. In diesem Fall soll die Kirchenregierung keinem der abgelehnten Bewerber die Stelle verleihen. Geschieht der Verzicht auf die Ausübung des Wahlrechts ohne diesen Zusatz der Ablehnung, so ist die Kirchenregierung in ihrer Entscheidung frei. Sie ist nicht an die Bewerberliste gebunden.

Ein Verzicht auf die Ausübung des Wahlrechts sollte nur in Ausnahmefällen ausgesprochen werden.

Zu Art. 10 Abs. 1:
Die 2. Wahlsitzung ist, wenn bei der 1. Sitzung noch nicht gewählt wird, die 3. Sitzung des Presbyteriums, die im Zusammenhang mit der Wahl stattfindet.

Zu Art. 10 Abs. 2:
Während für die 1. Wahlsitzung zwei Drittel der Wahlberechtigten erforderlich sind, müssen bei der 2. Wahlsitzung mehr als die Hälfte der Wahlberechtigten anwesend sein. Die Stimmenthaltungen und die ungültigen Stimmen zählen jetzt im Unterschied von der 1. Wahlsitzung als Gegenstimmen.

Ein *Beispiel:* Von 36 Wahlberechtigten sind 23 anwesend. In der 1. Wahlsitzung hätten die 23 Wahlberechtigten für eine gültige Wahl nicht genügt, weil die Anwesenheit von mindestens zwei Drittel der Wahlberechtigten (24) erforderlich ist. In der 2. Wahlsitzung genügt die Anwesenheit von mehr als der Hälfte der Wahlberechtigten (19). 20 wählen; 3 ungültige Stimmen werden abgegeben. Da bei dieser Wahlsitzung die nicht abgegebenen und die ungültigen Stimmen als Gegenstimmen zählen, so sind nunmehr für die Wahl eines Bewerbers mehr als die Hälfte der 23 Stimmen erforderlich, demnach 12. Wiewohl also ein Wahlberechtigter weniger anwesend ist als in dem oben angeführten Beispiel zu Art. 6, ist für eine gültige Wahl 1 Stimme mehr erforderlich.

Zu Art. 13:
Die Niederschrift ist bei den Sitzungen jeweils sofort vorzunehmen und nach Abschluß der Wahlverhandlungen umgehend abzusenden.

**Gesetz
über die Ordnung der Einführung von Presbytern**

vom 10. November 1966

Die Landessynode hat auf Grund des § 76 Nr. 1 der Verfassung der Pfälzischen Landeskirche mit der für die Einführung der Agenden nach § 77 Abs. 2 der Verfassung der Pfälzischen Landeskirche notwendigen Mehrheit folgendes Gesetz beschlossen:

§ 1

Der Teil – Einführung von Presbytern – der Kirchenagende – Anlage – wird als Ordnung in der Pfälzischen Landeskirche eingeführt.

§ 2

Die Ordnung wird nach 5 Jahren überprüft.

§ 3

(1) Die Kirchenregierung bestimmt den Zeitpunkt, zu dem dieses Gesetz in Kraft tritt.

(2) Von dem Zeitpunkt an tritt die Ordnung der Einführung von Presbytern in dem Kirchenbuch für die vereinigte evangelisch-protestantische Kirche in der Königlich Bayerischen Pfalz von 1880 außer Kraft.

Speyer, den 22. November 1966 Prot. Kirchenregierung der Pfalz

D. Schaller

Einführung von Presbytern

Die Presbyter werden durch den Gemeindepfarrer eingeführt. Die Einführung wird der Gemeinde am Sonntag vorher bekanntgegeben. Pfarrer und Presbyter gehen zu Beginn des Gottesdienstes gemeinsam in die Kirche.

1. *Eingangslied,* z. B. 98, 1–3; 144, 1–3.
2. *Eingangsvotum:*
   Im Namen des Vaters und des Sohnes und des Heiligen Geistes. Amen.
3. *Biblisches Eingangswort* (oder Psalm), nach der Zeit des Kirchenjahres, s. Kirchenagende I.
4. *Eingangsgebet*
   Herr Gott, himmlischer Vater! Wir danken dir, daß du durch dein Wort und deinen Geist unter uns eine Gemeinde gegründet und ihr dein Evangelium erhalten hast. Wir danken dir dafür, daß du deiner Gemeinde Männer (und Frauen) gegeben hast, die als Presbyter dienen wollen. Gib uns auch Hirten und Lehrer, die dein Wort verkündigen und die Sakramente nach deinem Willen austeilen. Durch Jesus Christus, unseren Herrn. Amen.
   oder
   nach der Zeit des Kirchenjahres, Kirchenagende I
5. *Lied* (Gemeinde), z. B. 129, 6
6. *Schriftlesung*
   nach der Zeit des Kirchenjahres.
(7. *Glaubensbekenntnis*)
8. *Lied* (Gemeinde oder Chor)
9. *Predigt* (z. B. über 1. Kor. 12, 4–5)
10. *Lied* (Gemeinde oder Chor)
11. *Abkündigungen*
12. *Friedensgruß*
13. *Lied* (Gemeinde), z. B. 96, 1–3. 6 oder 99, 1–4
    Währenddessen tritt der Pfarrer an den Altar, im Halbkreis vor ihn die einzuführenden Presbyter.
14. *Einführung*
    Liebe Männer (und Frauen)!
    Ihr seid von der Kirchengemeinde als Presbyter gewählt und sollt heute eingeführt werden in euer Amt.
    Ihr seid berufen, zusammen mit dem Pfarrer die Gemeinde zu leiten.

Ihr seid mitverantwortlich für die Verkündigung des Evangeliums in dieser Gemeinde.

Helft mit, daß der Sonntag geheiligt wird!

Sorgt dafür, daß die Jugend im Glauben unterwiesen und erzogen wird!

Nehmt euch aller an, die der Fürsorge bedürfen!

Verwaltet das der Kirche anvertraute Geld und ihren Besitz treu und gewissenhaft!

Beachtet in eurem Amt die Verfassung und die Ordnungen unserer Landeskirche!

Werdet nicht müde in der Fürbitte für Pfarrer und Gemeinde!

Liebe Presbyter!

Da ihr bereit seid, diesen Dienst zu übernehmen, frage ich euch vor Gott und dieser Gemeinde: Wollt ihr euer Amt auf Grund des Wortes Gottes und der Verfassung unserer Kirche treu und gewissenhaft erfüllen, so antwortet: Ja.

Presbyter: Ja.

Der Pfarrer reicht den Presbytern die Hand. Danach spricht er: Gott, der Herr, der euch berufen hat zum Dienst an seiner Gemeinde, leite euch durch seinen Geist.

Zur Gemeinde:

Liebe Gemeinde!

Ihr habt gehört, was eure Presbyter versprochen haben. Begegnet ihnen mit Vertrauen und gutem Willen! Achtet sie! Helft ihnen, wo und wie ihr könnt. Betet für sie! Arbeitet auch ihr alle mit, daß die Kirche wachse in allen Stücken zu dem hin, der das Haupt ist, Christus.

15. *Lied* (Gemeinde oder Chor)
16. *Fürbittengebet am Altar*
(Mit folgendem Einschub:
Herr Gott, himmlischer Vater! Du hast dieser Gemeinde Männer (und Frauen) gegeben, die bereit sind, ihr zu dienen. Schenke ihnen Weisheit und Kraft, Geduld und Liebe.)
17. *Unser Vater*
18. *Lied (Gemeinde)*
19. *Segen*

Mustergeschäftsordnung für die Presbyterien

Geschäftsordnung des Presbyteriums der
Kirchengemeinde ....

Vom ....

Das Presbyterium der Kirchengemeinde ....
hat in seiner Sitzung vom .... gemäß § 14 Abs. 3
der Kirchenverfassung – KV – nachstehende Geschäftsordnung
beschlossen:

Inhaltsverzeichnis

Präambel

Presbyter und Pfarrer (Presbyterium) leiten zusammen die Kirchengemeinde. Sie tragen deshalb gemeinsam Verantwortung für die Verkündigung des Evangeliums in Wort und Sakrament, die Seelsorge, die christliche Unterweisung, die Diakonie und Mission sowie für die Einhaltung der kirchlichen Ordnung (§ 13 Abs. 1 KV).

A. Allgemeines

§ 1 Vertretung der Kirchengemeinde
(1) Das Presbyterium vertritt die Kirchengemeinde gerichtlich und außergerichtlich (§ 6 Abs. 3 Satz 2 KV)
(2) Schriftliche Erklärungen, die Rechte oder Pflichten der Kirchengemeinde begründen, ändern oder aufgeben, bedürfen zu ihrer Rechtswirksamkeit der Unterschrift des geschäftsführenden Pfarrers und zweier weiterer Mitglieder sowie der Beidrückung des Dienstsiegels; auf die zugrundeliegenden Beschlüsse ist hinzuweisen. Vor Gerichten und Notaren genügt die Vertretung durch ein gemäß Satz 1 bevollmächtigtes Mitglied. Die Vorschriften über erforderliche kirchenaufsichtliche Genehmigungen, insbesondere § 80 des Gesetzes über die Ordnung des Haushalts- und Vermögensrechts, sind zu beachten (Art. 63 Abs 9 der Bayerischen Kirchengemeindeordnung).

§ 2 Presbytersitzungen, Bekanntmachung
(1) Das Presbyterium entscheidet in Sitzungen, die regelmäßig oder bei Bedarf[1] einberufen werden[2]. Sitzungen müssen einberufen werden, wenn mindestens ein Drittel der Mitglieder oder der geschäftsführende Pfarrer es beantragen.
(2) Der geschäftsführende Pfarrer trägt Sorge dafür, daß auf die Sitzungen im vorangehenden Sonntagsgottesdienst hingewiesen wird.

§ 3 Einberufung
(1) Der Vorsitzende lädt im Benehmen mit dem stellvertretenden Vorsitzenden schriftlich oder in sonst ortsüblicher Weise[1] zu den Sitzungen ein[3].
(2) Die Einladung soll mindestens vier Tage[4] vor der Sitzung zugehen. Eine Unterschreitung der Frist ist unbeachtlich, wenn zwei Drittel der Presbyter an der Sitzung teilnehmen und auch keiner der nicht Erschienenen die Kürze der Frist beim Vorsitzenden oder dem stellvertretenden Vorsitzenden beanstandet hat.

(3) Die Einladung erfolgt unter Bekanntgabe von Ort und Beginn der Sitzung sowie der Tagesordnung. Unterlagen, die der Vorbereitung auf die einzelnen Verhandlungsgegenstände dienen, sollen der Einladung nach Möglichkeit beigefügt werden.

§ 4 Einzuladende Personen[5]

(1) Eingeladen werden außer den Mitgliedern des Presbyteriums:

1. Pfarrer im Hilfsdienst, die der Kirchengemeinde zur Dienstleistung zugewiesen sind;
2. Pfarrer im Hilfsdienst, die mehreren Kirchengemeinden zur Dienstleistung zugewiesen sind, wenn der Dekan bestimmt hat, daß sie an den Sitzungen regelmäßig teilnehmen;
3. Pfarramtskandidaten, die in der Kirchengemeinde das Gemeindepraktikum ableisten;
4. andere kirchliche Mitarbeiter, die nicht Mitglied des Presbyteriums sind, zu Verhandlungsgegenständen, die für ihren Dienst von besonderer Bedeutung sind;
5. der Vertreter der Jugend (§ 15);
6. sachverständige Gäste.

(2) Pfarrer im Hilfsdienst, Pfarramtskandidaten und der Vertreter der Jugend nehmen an den Sitzungen mit beratender Stimme teil. Andere kirchliche Mitarbeiter und sachverständige Gäste nehmen an der Verhandlung der Gegenstände, zu denen sie eingeladen sind, mit beratender Stimme teil.

§ 5 Öffentlichkeit, Nichtöffentlichkeit der Sitzungen

(1) Die Sitzungen sind in der Regel öffentlich.

(2) Gegenstände, die ihrer Natur nach oder kraft ausdrücklicher Regelung vertraulich sind, werden nichtöffentlich verhandelt. Dies gilt insbesondere für Personalangelegenheiten und Fragen über persönliche oder wirtschaftliche Verhältnisse, mit Ausnahmen der wirtschaftlichen Verhältnisse der Kirchengemeinde und ihrer Einrichtungen.

(3) Andere Gegenstände können nichtöffentlich verhandelt werden, wenn dies vorgeschlagen wird (§ 19 Abs. 2). Widerspricht ein Mitglied, so entscheidet das Presbyterium in nichtöffentlicher Sitzung über den Vorschlag.

§ 6 Beschlußfähigkeit

Das Presbyterium ist beschlußfähig, wenn ordnungsgemäß eingeladen und mehr als die Hälfte der Mitglieder anwesend ist (§ 103 Abs. 1 KV).

§ 7 Ausschluß bei persönlicher Beteiligung

(1) Mitglieder sind von der Beratung und Beschlußfassung über einen Verhandlungsgegenstand ausgeschlossen, wenn er ihnen, ihren Ehegatten, Eltern und Kindern, Geschwistern, Großeltern und Enkeln, Schwiegereltern und Schwiegerkindern einen unmittelbaren persönlichen Vorteil oder Nachteil bringen kann (§ 104 KV). Vor der Beratung erhalten ausgeschlossene Mitglieder Gelegenheit zur Äußerung.

(2) Abs. 1 gilt für die in § 4 Abs. 1 Nr. 1 bis 6 genannten Personen entsprechend.

§ 8 Beschlußfassung

(1) Abgestimmt wird durch Handzeichen oder schriftlich. Schriftliche Abstimmung findet statt, wenn dies durch landeskirchliches Recht vorgeschrieben ist oder von mindestens zwei Presbytern beantragt wird.

(2) Ist ein Pfarramt zwei Pfarrern gemeinsam übertragen und nehmen beide an der Sitzung teil, so ist nur einer stimmberechtigt. Die beiden Pfarrer einigen sich für die Dauer der gemeinsamen Verwaltung der Stelle darauf, wer das Stimmrecht ausübt. Ein Wechsel des Stimmrechts ist mit Zustimmung des Presbyteriums zulässig.

(3) Das Presbyterium faßt seine Beschlüsse mit Stimmenmehrheit der anwesenden Stimmberechtigten, soweit durch landeskirchliches Recht nichts anderes vorgeschrieben ist (§ 103 Abs. 1 KV); Stimmenthaltungen gelten als Ablehnung. In geeigneten Ausnahmefällen kann die Entscheidungsbefugnis einem Ausschuß übertragen werden (§ 17 Abs. 3).

(4) Im Falle der Stimmengleichheit gibt der Vorsitzende den Stichentscheid, ausgenommen bei Wahlen; bei diesen entscheidet das Los (§ 103 Abs. 2 KV).

(5) Stehen bei einer Einzelwahl mehr als zwei Bewerber zur Wahl und erhält auch in wiederholter Abstimmung niemand die Mehrheit, so ist im dritten Wahlgang zwischen den beiden Bewerbern zu entscheiden, die zuletzt die meisten Stimmen erhalten haben (§ 103 Abs. 3 KV).

§ 9 Verschwiegenheitspflicht

(1) Die Mitglieder haben über Gegenstände, die nichtöffentlich verhandelt worden sind, Verschwiegenheit zu wahren (§ 105 KV).

(2) Abs. 1 gilt für die in § 4 Abs. 1 Nr. 1 bis 6 genannten Personen entsprechend. Sie sind erforderlichenfalls gesondert zur Verschwiegenheit zu verpflichten.

§ 10 Sitzungsniederschrift

(1) Über jede Sitzung wird eine Sitzungsniederschrift gefertigt, aus der sich mindestens Ort, Zeit, Beginn und Ende der Sitzung, die Tagesordnung, die Beschlußfähigkeit, der Wortlaut der zur Abstimmung gebrachten Anträge sowie das Ergebnis von Abstimmungen und Aussprachen ergeben; sie ist spätestens in der nächsten Sitzung zu genehmigen.

(2) Die genehmigte Niederschrift ist vom Vorsitzenden, vom stellvertretenden Vorsitzenden und vom Schriftführer zu unterzeichnen. Sie wird Bestandteil der bei der Kirchengemeinde aufzubewahrenden Unterlagen[6].

§ 11 Ausführung von Beschlüssen

(1) Die Ausführung von Beschlüssen veranlaßt der geschäftsführende Pfarrer (§ 17 Abs. 2 KV).

(2) War der geschäftsführende Pfarrer verhindert, an einer Sitzung teilzunehmen, so unterrichtet ihn der Vorsitzende unverzüglich über die Ergebnisse der Sitzung.

(3) Müssen in Abwesenheit des geschäftsführenden Pfarrers Beschlüsse gefaßt werden, deren Ausführung dringlich ist, so unterrichtet der Vorsitzende erforderlichenfalls und unverzüglich den Dekan.

B. Vorsitzender, stellvertretender Vorsitzender und Schriftführer

§ 12 Vorsitzender

(1) Der Vorsitzende wird auf einer der ersten drei Sitzungen, längstens drei Monate nach Einführung der Presbyter, gewählt. Bis zur Wahl werden seine Aufgaben vom geschäftsführenden Pfarrer wahrgenommen (§ 14 Abs. 1 KV).

(2) Der Vorsitzende bereitet die Sitzungen vor und leitet sie (§ 14 Abs. 2 KV). Er wird vom geschäftsführenden Pfarrer über die für die Kirchengemeinde wesentlichen Ereignisse unterrichtet[7].

§ 13 Stellvertretender Vorsitzender

(1) Nach dem Vorsitzenden wird der stellvertretende Vorsitzende gewählt. Wird ein Presbyter zum Vorsitzenden gewählt, so soll ein Pfarrer zum stellvertretenden Vorsitzenden gewählt werden, und umgekehrt (§ 14 Abs. 1 KV). Der gewählte Pfarrer kann die Wahl nicht ablehnen.

(2) Der stellvertretende Vorsitzende übernimmt die Aufgaben des Vorsitzenden, wenn dieser verhindert ist oder zu einem der Verhandlungsgegenstände das Wort ergreift.

§ 14 Schriftführer

(1) Der Schriftführer unterstützt den Vorsitzenden und fertigt die Sitzungsniederschrift.

(2) Das Presbyterium einigt sich zu Beginn der ersten Sitzung auf einen vorläufigen Schriftführer.

(3) Nach der Wahl des stellvertretenden Vorsitzenden einigt sich das Presbyterium auf einen oder mehrere Schriftführer.

C. Beteiligung der Jugend

§ 15 Vertreter der Jugend

(1) Ein Vertreter der Jugend soll zu allen Sitzungen des Presbyteriums als ständiger Gast eingeladen werden. Er muß konfirmiert sein und darf bei der letzten Wahl das 18. Lebensjahr noch nicht vollendet gehabt haben.

(2) Der Vertreter der Jugend soll vom Presbyterium im Benehmen mit den Mitarbeitern in der Jugendarbeit berufen werden.

D. Vorbereitung der Sitzungen

§ 16 Tagesordnung

(1) Die Tagesordnung wird vom Vorsitzenden im Benehmen mit dem stellvertretenden Vorsitzenden aufgestellt.

(2) Verhandlungsgegenstände müssen in die Tagesordnung aufgenommen werden, wenn sie dem Vorsitzenden oder dem stellvertretenden Vorsitzenden mindestens sieben Tage[8] vor der Sitzung mitgeteilt worden sind. Antragsberechtigt sind die Mitglieder des Presbyteriums und die in § 4 Abs. 1 Nr. 1, 2 und 5 genannten Personen.

(3) Gegenstände, die in nichtöffentlicher Sitzung verhandelt werden sollen, werden entsprechend benannt.

§ 17 Ausschüsse

(1) Das Presbyterium kann Ausschüsse bilden. Einem Ausschuß soll nicht mehr als ein Drittel der Mitglieder angehören.

(2) Die Ausschüsse befassen sich mit der Vorbereitung der Beratung über Verhandlungsgegenstände, soweit sie ihnen vom Vorsitzenden oder dem Presbyterium zugewiesen werden.

(3) Das Presbyterium kann die Entscheidung über einen Verhandlungsgegenstand einem Ausschuß übertragen. Dieser ent-

scheidet abschließend für das Presbyterium, wenn kein Aus-
schußmitglied widerspricht. Der Ausschuß ist beschlußfähig,
wenn mehr als die Hälfte seiner Mitglieder anwesend und stimmberechtigt (§ 7 Abs. 1) ist.

E. Gang der Verhandlungen

§ 18 Sitzungsbeginn

(1) Die Sitzung wird mit einem Gebet[9] eröffnet.

(2) Anschließend wird die Beschlußfähigkeit festgestellt und erforderlichenfalls die Tagesordnung ergänzt. Um Verhandlungsgegenstände, die eine Beschlußfassung erfordern, darf die Tagesordnung nur ergänzt werden, wenn alle anwesenden Stimmberechtigten oder zwei Drittel der gesetzlichen Mitgliederzahl des
Presbyteriums zustimmen.

§ 19 Ordnung der Aussprache

(1) Zu den Tagesordnungspunkten erteilt der Vorsitzende jeweils
dem Mitglied zuerst das Wort, das den Verhandlungsgegenstand
angemeldet hat. Anschließend können die Berichterstatter von
Ausschüssen und sachverständige Gäste gehört werden. Dann erteilt der Vorsitzende das Wort in der Reihenfolge der Wortmeldungen.

(2) Anträge zu den Verhandlungsgegenständen können nur von
Mitgliedern gestellt werden.

(3) Mitglieder, die zur Geschäftsordnung sprechen wollen, kommen außerhalb der Reihenfolge zu Wort. Persönliche Erklärungen sind erst am Schluß der Sitzung gestattet.

(4) Bei grober Ungebühr kann ein Mitglied vom Vorsitzenden ge-
rügt und in schweren Fällen zur Ordnung gerufen werden. Nach
wiederholtem Ordnungsruf kann der Vorsitzende das Mitglied
von der weiteren Teilnahme an der Sitzung ausschließen und zum
Verlassen des Sitzungsraumes auffordern. Über einen sofortigen
Einspruch gegen Rüge, Ordnungsruf oder Ausschluß entscheidet
das Presbyterium ohne Aussprache. Vor Maßnahmen nach den
Sätzen 2 und 3 soll die Sitzung unterbrochen und die Pause zu
Gesprächen mit dem Mitglied genutzt werden.

§ 20 Ende der Aussprache, Abstimmung

(1) Der Vorsitzende erklärt die Aussprache für beendet, wenn
alle Wortmeldungen erledigt sind oder das Presbyterium das
Ende der Aussprache – gegebenenfalls nach Erschöpfung der
Rednerliste – beschlossen hat.

(2) Anschließend setzt der Vorsitzende die Fragen fest, über die abzustimmen ist. Werden über den gleichen Gegenstand mehrere Anträge zur Abstimmung gebracht, so ist über den jeweils weitergehenden Antrag zuerst abzustimmen. Wird von einem Antragsteller gegen den Inhalt der Fragen (Satz 1) oder gegen die Reihenfolge (Satz 2) Widerspruch erhoben, so entscheidet das Presbyterium darüber.

F. Schlußbestimmungen

§ 21 Verfahrenshinweise
Bei Sitzungen, die nicht vom Vorsitzenden einberufen und geleitet worden sind, kann von dieser Geschäftsordnung abgewichen werden. Auf § 11 Abs. 8 Satz 2 und § 64 Abs. 2 Halbsatz 2 der Kirchenverfassung, auf die Pfarrwahlordnung und auf § 62 Satz 2 und 3 des Pfarrerdienstgesetzes in der jeweils geltenden Fassung wird hingewiesen.

§ 22 Inkrafttreten
Diese Geschäftsordnung tritt am .... in Kraft.

Erläuterungen:

[1] Das Presbyterium kann sich auf eine der vorgesehenen Alternativen beschränken.

[2] Sollen Sitzungen nur bei Bedarf einberufen werden, so ist anzufügen: ..., mindestens aber alle zwei Monate.

[3] Soll nicht schriftlich eingeladen werden, so ist die ortsübliche Weise der Einladung kurz zu beschreiben.

[4] Die Geschäftsordnung kann eine längere Einladungsfrist vorsehen.

[5] In § 4 Abs. 3 kann geregelt werden, daß die Ersatzpresbyter zu den öffentlichen Sitzungen eingeladen werden.

[6] Die Geschäftsordnung kann vorsehen, daß die Niederschrift von allen bei der Sitzung anwesenden Mitgliedern des Presbyteriums unterzeichnet wird.

[7] § 12 Abs. 2 Satz 2 ist gegenstandslos, wenn der geschäftsführende Pfarrer zum Vorsitzenden des Presbyteriums gewählt wird.

[8] Die Geschäftsordnung kann eine abweichende Frist vorsehen.

[9] Die Geschäftsordnung kann auch regeln, daß die Sitzung z.B. mit Lesung, Lied oder Kurzandacht eröffnet wird.

Gesetz über die Ordnung der Konfirmandenarbeit

Vom 26. November 1971

Die Landessynode hat folgendes Gesetz beschlossen:

§ 1 Allgemeines

(1) Die Konfirmandenarbeit ist zu verstehen als Ermutigung zum Christsein. Sie steht in enger Verbindung mit der Taufe.

(2) Aufgabe der Konfirmandenarbeit ist die Hinführung der Konfirmanden zu selbständiger Verantwortung als Glieder der Gemeinde Christi für die Welt.

(3) Konfirmandenarbeit ist bestimmt durch folgende Funktionen und Formen: Übung, Beratung und Begleitung sowie Information, Diskussion und Aktion.

§ 2

(1) Der Konfirmationsgottesdienst ist wesentlicher Bestandteil der Konfirmandenarbeit.

(2) Der Konfirmationsgottesdienst ist ein Gottesdienst, welcher der besonderen Situation der Konfirmanden Rechnung zu tragen hat. Er erfordert deshalb auch einen besonderen Zuspruch (Segenshandlung).

§ 3

(1) Konfirmation ist Voraussetzung zur Übernahme kirchlicher Ämter.

(2) Wird die Kirchenmitgliedschaft erst nach dem vorgesehenen Konfirmationsalter erworben, können kirchliche Ämter nach der Aufnahme in die Kirche übernommen werden.

§ 4 Durchführung der Konfirmandenarbeit

(1) Die Konfirmandenarbeit beginnt in der Regel in dem Jahr, in dem das 12. Lebensjahr vollendet wird; sie endet in der Regel in dem Jahr, in dem das 14. Lebensjahr vollendet wird. Auch nichtgetaufte Kinder können an der Konfirmandenarbeit teilnehmen.

(2) Für die Teilnahme an der Konfirmandenarbeit ist eine Anmeldung beim zuständigen Pfarrer (§ 13 Satz 1) erforderlich.

(3) Ausschluß von der Konfirmandenarbeit ist nur in schwerwiegenden Fällen möglich. Der Ausschluß wird vom Presbyterium ausgesprochen, nachdem es den Erziehungsberechtigten Gelegenheit zur Stellungnahme gegeben hat. Gegen die Entscheidung ist Beschwerde an das Dekanat zulässig; ist der Pfarrer zugleich Dekan, entscheidet der Landeskirchenrat.

§ 5

(1) Die Konfirmandenarbeit soll spätestens nach den Sommerferien beginnen.

(2) Der Konfirmationsgottesdienst soll in der Zeit zwischen Invokavit und Pfingsten stattfinden.

§ 6

Die Konfirmandenarbeit umfaßt in der Regel 90 Stunden.

§ 7

Die Konfirmandenarbeit kann in Einzelstunden, in zusammengelegten Einzelstunden (Blockstunden) oder zusammengefaßt in bestimmten Zeitabschnitten durchgeführt werden.

§ 8

(1) Die Konfirmandenarbeit kann in Form von Kursen, Seminaren, Freizeiten, Studienwochen und Gemeindepraktika gestaltet werden.

(2) Die in Absatz 1 angeführten Formen der Konfirmandenarbeit können von den Pfarrämtern für mehrere Pfarreien sowie für den Kirchenbezirk gemeinsam geplant und durchgeführt werden; § 9 (1) ist zu beachten.

§ 9

(1) Über Zeit und Form der Konfirmandenarbeit entscheidet das Presbyterium im Benehmen mit den Erziehungsberechtigten.

(2) Für andere in diesem Gesetz nicht genannte Formen der Konfirmandenarbeit bedarf das Presbyterium der Zustimmung des Landeskirchenrates.

§ 10

Die Konfirmandenarbeit soll in mehreren Gruppen durchgeführt werden, wenn mehr als 25 Konfirmanden vorhanden sind.

§ 11

Die Kirchengemeinde ist verpflichtet, im Rahmen der zur Verfügung stehenden Haushaltsmittel die für die Konfirmandenarbeit notwendigen Mittel bereitzustellen und für die erforderlichen Räume zu sorgen.

§ 12

Über die Teilnahme an der Konfirmandenarbeit ist Nachweis zu führen. Die erfolgte Konfirmation ist zu bescheinigen.

§ 13 Mitarbeiter

Verantwortlich für die Konfirmandenarbeit ist der zuständige Pfarrer (§§ 25, 26 KV). Er kann im Einvernehmen mit dem Presbyterium geeignete Mitarbeiter mit der Durchführung bestimmter

Aufgaben beauftragen; die Erziehungsberechtigten sind davon in Kenntnis zu setzen.

§ 14

Mitarbeitern, die nicht vollbeschäftigt im Kirchendienst stehen, kann im Rahmen der verfügbaren Haushaltsmittel eine Entschädigung gewährt werden.

§ 15 Rahmenplan

(1) Der Landeskirchenrat erläßt den Rahmenplan für die Konfirmandenarbeit.

(2) Der Rahmenplan soll ausreichend Arbeitsstoffe enthalten, damit nach den jeweiligen Gegebenheiten eine geeignete Auswahl für die Jahresarbeitspläne (§ 16) vorgenommen werden kann.

§ 16 Jahresarbeitspläne

(1) Der Pfarrer erstellt mit seinen Mitarbeitern zu Beginn eines jeden Arbeitsjahres auf Grund des Rahmenplanes den Jahresarbeitsplan.

(2) Der Jahresarbeitsplan ist zu Beginn jedes Arbeitsjahres dem Presbyterium und den Erziehungsberechtigten bekanntzumachen.

(3) Die Durchführung der Konfirmandenarbeit ist schriftlich festzuhalten.

§ 17 Abendmahl

(1) Während der Konfirmandenarbeit soll nach einer entsprechenden Einführung den Konfirmanden das Abendmahl angeboten werden. Teilnahme am Abendmahl setzt Taufe voraus. Die Form der Abendmahlspraxis soll in erster Linie der Übung der örtlichen Kirchengemeinde entsprechen.

(2) Im Zusammenhang mit dem Konfirmationsgottesdienst ist den Konfirmanden Gelegenheit zu geben, mit der Gemeinde das Abendmahl zu feiern.

§ 18 Konfirmandengottesdienste

(1) Die Konfirmandenarbeit beginnt und endet mit einem Gottesdienst. Während der Konfirmandenarbeit sollen Gottesdienste, an denen Konfirmanden aktiv beteiligt werden, gehalten werden.

(2) Der Konfirmationsgottesdienst (§ 2) erfolgt nach der hierfür erlassenen Ordnung (Agende).

(3) Während der Konfirmandenarbeit berichten Pfarrer (§ 13 Satz 1), Mitarbeiter und Konfirmanden der Gemeinde von der Konfirmandenarbeit und ihren Ergebnissen.

(4) Hierzu sind Presbyter und Erziehungsberechtigte besonders einzuladen.

§ 19 Sonderfälle

Wer an der Konfirmandenarbeit teilgenommen hat, aber aus zwingenden Gründen nicht am Konfirmationsgottesdienst teilnehmen konnte, kann in einem anderen Gottesdienst den besonderen Zuspruch (Segenshandlung) erfahren (§ 2 Abs. 2). In Ausnahmefällen kann dies auch außerhalb eines Gemeindegottesdienstes geschehen.

§ 20 Elternarbeit

Aufgabe der Elternarbeit ist, die Erziehungsberechtigten zum Verständnis der Konfirmandenarbeit zu führen und ihnen Hilfe für die Begleitung ihrer Kinder in dieser Zeit zu geben.

§ 21 Übergangs- und Schlußbestimmungen

Der Landeskirchenrat erläßt die zu diesem Gesetz notwendigen Ausführungsbestimmungen.

§ 22

Dieses Gesetz tritt am 1. Dezember 1971 in Kraft.

Dieses Gesetz wird hiermit verkündet.

Speyer, den 26. November 1971, Prot. Kirchenregierung der Pfalz, Ebrecht

Gesetz über die erstmalige Teilnahme von Konfirmanden am Abendmahl

Vom 26. November 1971

Die Landessynode hat auf Grund des § 76 Nr. 1 der Verfassung der Pfälzischen Landeskirche mit der für den Erlaß von Vorschriften in bezug auf Lehre und Kultus nach § 77 Abs. 2 der Verfassung der Pfälzischen Landeskirche notwendigen Mehrheit folgendes Gesetz beschlossen:

Artikel 1

Während der Konfirmandenarbeit können getaufte Konfirmanden erstmals am Abendmahl teilnehmen, wenn zuvor eine Einführung in die Abendmahlslehre nach der Heiligen Schrift und in die Abendmahlspraxis der örtlichen Kirchengemeinde stattgefunden hat.

Artikel 2
Alle entgegenstehenden Ordnungen und Regelungen, insbesondere die Konfirmationsordnung vom 23. Juni 1950 (ABl. Seite 103), werden aufgehoben.

Artikel 3
Dieses Gesetz tritt am 1. Dezember 1971 in Kraft.
Dieses Gesetz wird hiermit verkündet.

Speyer, den 26. November 1971, Prot. Kirchenregierung der Pfalz, Ebrecht

Gesetz über die Ordnung der Kirchenvisitation

Vom 26. April 1978 (ABl. S. 64)

Die Landessynode hat aufgrund des § 75 Abs. 1 und 2 Nr. 3 der Kirchenverfassung folgendes Gesetz beschlossen:

Präambel

I.

(1) Niemand kann für sich allein Christ sein. Auch eine christliche Gemeinde braucht den Austausch mit anderen, ist angewiesen auf Hilfen, benötigt das kritische Gespräch. Dieses Miteinander in der Kirche hat seit alter Zeit in der Visitation einen Ausdruck gefunden. Diese kann in einzelnen Teilen oder als ganze jeweils stärker eine persönlich-seelsorgerliche, beratend-aufsichtliche, gemeindlich-missionarische oder volkskirchlich-repräsentative Ausrichtung gewinnen, stets aber geschieht sie in einer Einheit von theologischen, seelsorgerlichen und rechtlichen Gesichtspunkten.

(2) Im Vollzug der Visitation wird gefragt nach der auftragsgemäßen, auf die Gegenwart bezogenen Verkündigung des Evangeliums in allen Handlungsfeldern der Kirche, nach ihrer Auswirkung im Leben und Dienst der Gemeinde sowie nach der Einhaltung und Sachgemäßheit der kirchlichen und gemeindlichen Ordnung.

(3) Die Visitation wird so angelegt, daß sie einerseits die besonderen Aufgaben und Nöte, die ungeklärten und strittigen Fragen in den Gemeinden und die Bemühungen der Visitierten erkennen läßt und andererseits diesen hilft, die besonderen Aufgaben der kirchenleitenden Organe und deren Planungen und Entscheidungen zu verstehen und aufzunehmen. Dabei kommt dem Gespräch

über das Predigen, Feiern, Unterrichten, Lehren und Beraten besondere Bedeutung zu.

(4) Eigenart und Prägung erhält die Visitation durch die Feier des Gottesdienstes, in dem Visitatoren und Visitierte miteinander Gottes Wort hören, Gott loben und Jesus Christus als ihren Herrn bekennen.

II.

(1) Ziel der Visitation ist es, Pfarreien, Kirchengemeinden, Kirchenbezirke, gesamtkirchliche Dienste, Pfarrer und andere Mitarbeiter bei der Erfüllung ihres Auftrages zu unterstützen und sie zur Selbstprüfung anzuleiten. Sie achtet auf das Vorhandene, regt Neues an, begleitet neue Versuche, hilft bei der Lösung von Konflikten und erörtert in Kirche und Gesellschaft aufgebrochene Fragen.

(2) Die Visitation fördert die kirchliche Arbeit, indem sie zu Koordination und Arbeitsteilung anregt. Sie läßt an den Planungen der Region und der Gesamtkirche teilnehmen und macht die wechselseitigen Verpflichtungen bewußt.

(3) Die Visitation soll die Gemeinschaft der kirchlichen Mitarbeiter fördern. Sie regt die Zusammenarbeit an, ermutigt zur Wahrnehmung von Verantwortung füreinander, wehrt der Vereinsamung und leitet erforderliche Fürsorge ein.

(4) Die Visitation soll ermutigen zum ökumenischen Gespräch, zur Beteiligung an der Lösung der gegenwärtigen Probleme der Weltmission und an der Aufgabe der Christen, für Gerechtigkeit und Frieden zwischen den Völkern einzutreten.

Erster Abschnitt Visitation der Pfarrei

§ 1 Häufigkeit und Art der Visitation

(1) Jede Pfarrei soll regelmäßig alle sechs bis acht Jahre visitiert werden. Dies kann als Visitation der Pfarrei, einer einzelnen Kirchengemeinde oder im Rahmen einer Visitation des Kirchenbezirkes geschehen. Wo kooperative Zusammenschlüsse entstanden sind, können die daran beteiligten Kirchengemeinden gemeinsam visitiert werden.

(2) Eine Visitation kann auch von der Pfarrei oder einer Kirchengemeinde erbeten oder vom Landeskirchenrat angeordnet werden. Eine solche Visitation kann sich auf die ganze Pfarrei, eine Kirchengemeinde oder einen Arbeitsbereich erstrecken.

§ 2 Gegenstand der Visitation

(1) Die Visitation umfaßt in der Regel alle Handlungsfelder der kirchlichen Arbeit, insbesondere: Gottesdienst, seelsorgerliche

Dienste und Amtshandlungen, Unterricht, die verschiedenen Arten und Zweige kirchlicher Gemeindearbeit und der Diakonie am einzelnen und an der Gesellschaft sowie Leitung und Verwaltung der Pfarrei.

(2) Die Prüfung der Vermögens- und Finanzverwaltung sowie die Inspektion der kirchlichen Gebäude kann vor der Visitation durch die zuständigen Stellen geschehen. Das Ergebnis wird zur Visitation vorgelegt.

§ 3 Visitationskommission

(1) Der Dekan ist für die Durchführung der Visitation verantwortlich. Die Visitationskommission besteht aus dem Dekan als Vorsitzenden und Mitgliedern des erweiterten Bezirkskirchenrates.

(2) Ordnet der Landeskirchenrat die Visitation an, beruft er die Mitglieder der Visitationskommission und bestellt den Vorsitzenden. Ein geistliches und ein weltliches Mitglied des Bezirkskirchenrates können sich an der Visitation beteiligen.

(3) Die Visitationskommission und die Visitierten können zu ihrer Beratung sachverständige Personen hinzuziehen.

§ 4 Vorbereitung der Visitation

(1) Der Dekan stellt einen Visitationsplan auf und teilt ihn den Pfarreien und dem Landeskirchenrat mit. Der genaue Zeitpunkt wird mindestens vier Monate vor Beginn der Visitation in Absprache mit der Pfarrei festgelegt.

(2) Zur Vorbereitung der Visitation wird von dem zuständigen Presbyterium der Pfarrei ein Bericht aufgestellt und beschlossen. In diesem Bericht soll Auskunft über den gegenwärtigen Stand der kirchlichen Arbeit und über ihre Probleme gegeben werden. Darüber hinaus soll der Bericht auch auf das Verhältnis zu den Nachbargemeinden, zum Kirchenbezirk, zur Gesamtkirche und gegebenenfalls auf die gemeinsamen Aufgaben eingehen.

(3) In den Bericht können Arbeitsberichte einzelner Mitarbeiter aufgenommen werden. Jeder Presbyter hat das Recht, abweichende Auffassungen dem Bericht beifügen zu lassen. Der Bericht wird mindestens einen Monat vor Beginn der Visitation der Kommission vorgelegt.

(4) Die Durchführung der Visitation im einzelnen wird von der Visitationskommission im Benehmen mit dem zuständigen Presbyterium festgelegt, wobei auch Vorschläge für mögliche Schwerpunkte der Visitation oder die Hinzuziehung von Sachverständigen gemacht werden können.

(5) Die Visitation wird in der Pfarrei rechtzeitig öffentlich bekanntgemacht. Zu den gemeinsamen Veranstaltungen wird eingeladen.

§ 5 Durchführung der Visitation

(1) Grundlage der Visitation ist die Erörterung des vorgelegten Berichtes. Die an seiner Abfassung Beteiligten sind berechtigt, an der Erörterung teilzunehmen.

(2) Während der Visitation findet ein Gespräch der Visitationskommission mit dem Pfarrer statt.

(3) Das zuständige Presbyterium erhält Gelegenheit zu einem Gespräch mit der Visitationskommission in Abwesenheit des Pfarrers. Von Beschwerden und Beanstandungen ist der Pfarrer noch vor Beendigung der Visitation zu unterrichten. Gleichzeitig ist ihm Gelegenheit zur Stellungnahme zu geben.

(4) Je nach der Situation und den zeitlichen Möglichkeiten können Begegnungen mit Gemeindegruppen und besonderen Berufsgruppen sowie mit Vertretern des öffentlichen Lebens in die Visitation einbezogen werden. Kirchliche Einrichtungen innerhalb der Pfarrei werden besucht.

(5) Zur Durchführung von Besuchen verschiedener Einrichtungen und von Gesprächen kann die Visitationskommission Untergruppen bilden.

(6) Die Gemeinschaft der Visitatoren mit der Gemeinde findet ihren besonderen Ausdruck im Gottesdienst. In der Regel predigt einer der Visitatoren. Predigt der Gemeindepfarrer, richtet einer der Visitatoren ein Wort an die Gemeinde.

(7) Die Begegnung zwischen den Gemeindegliedern und der Visitationskommission geschieht auch in einer Gemeindeversammlung. Sie ermöglicht es, die Gemeinde über die bisherige Visitation zu informieren, und gibt den Gemeindegliedern Gelegenheit zu Fragen und Anregungen. Die Visitationskommission soll dabei über Vorgänge und Planungen im Kirchenbezirk, in der Landeskirche sowie in der EKD und in der Ökumene unterrichten.

§ 6 Abschluß und Auswertung

(1) Nach Abschluß der Visitation fertigt die Visitationskommission innerhalb eines Monats einen Bericht. Als Anlage werden der Bericht der Pfarrei (§ 4 Abs. 2) und gegebenenfalls die von den beteiligten Pfarrern und Mitarbeitern für die Schwerpunkte der Visitation erarbeiteten Konzepte hinzugenommen (§ 4 Abs. 3).

(2) Der Dekan erteilt aufgrund des Berichtes innerhalb von zwei weiteren Monaten den Visitationsbescheid.

(3) Der Landeskirchenrat erhält jeweils einen Abdruck des Berichtes und des Visitationsbescheides.

(4) Bericht und Bescheid werden im zuständigen Presbyterium ausführlich beraten. Die Gemeindeglieder werden im Gottesdienst und in anderer geeigneter Weise informiert.

(5) Nach einer angemessenen Frist berichtet das zuständige Presbyterium dem Dekan über das Ergebnis der Besprechungen und die Verwirklichung der Anregungen.

§ 7 Visitation mehrerer Kirchengemeinden und Seelsorgebezirke
In den §§ 1 bis 6 treten an die Stelle des zuständigen Presbyteriums und des Pfarrers die zuständigen Presbyterien und die Pfarrer, wenn sich die Visitation auf mehrere Kirchengemeinden oder Seelsorgebezirke erstreckt.

Zweiter Abschnitt   Visitation des Kirchenbezirks

§ 8 Häufigkeit und Art der Visitation
(1) Jeder Kirchenbezirk soll regelmäßig alle sechs bis acht Jahre visitiert werden.

(2) Eine Visitation kann auch vom Kirchenbezirk erbeten oder vom Landeskirchenrat angeordnet werden. Eine solche Visitation kann sich auf den Kirchenbezirk, auf mehrere Pfarreien oder einzelne Arbeitsbereiche erstrecken.

§ 9 Gegenstand der Visitation
(1) Die Visitation umfaßt in der Regel alle Handlungsfelder im Kirchenbezirk. Sie erstreckt sich auf die Organe, die Arbeitsgebiete und gemeinsamen Einrichtungen des Kirchenbezirkes sowie auf die Vermögens- und Finanzverwaltung.

(2) Die Visitation des Kirchenbezirkes kann auch die Visitation einzelner Pfarreien (z. B. die Pfarrei des Dekans) oder alle Pfarreien des Kirchenbezirkes einbeziehen. Für diesen Teil der Visitation gelten die Bestimmungen des ersten Abschnittes – Visitation der Pfarrei –.

(3) Die Visitation kann mehrere Kirchenbezirke umfassen, insbesondere wenn diese in einem regionalen oder einem anderen sachlichen Zusammenhang stehen oder wenn einzelne oder mehrere Arbeitsbereiche visitiert werden sollen.

(4) Die Visitation des Kirchenbezirkes achtet insbesondere auf die Zusammenarbeit der Pfarreien und die Wahrnehmung übergemeindlicher Aufgaben. Dabei soll auch die gesellschaftliche Entwicklung in den Blick kommen.

§ 10 Visitationskommission
(1) Die turnusmäßige Visitation wird von einer Visitationskommission, deren Mitglieder der Landeskirchenrat beruft, durchgeführt.
(2) Die Visitationskommission und die Visitierten können zu ihrer Beratung sachverständige Personen hinzuziehen.

§ 11 Vorbereitung der Visitation
(1) Der Landeskirchenrat stellt jährlich einen Visitationsplan auf und teilt ihn den Kirchenbezirken mit. Der genaue Zeitpunkt der Visitation wird mindestens sechs Monate zuvor in Absprache mit dem Bezirkskirchenrat festgelegt.
(2) Zur Vorbereitung und Unterrichtung der Visitationskommission reicht der Bezirkskirchenrat vier Monate vor Beginn der Visitation Berichte über die kirchliche Arbeit und über die gesellschaftliche Situation des Kirchenbezirkes ein.
(3) Die Durchführung der Visitation im einzelnen wird von der Visitationskommission im Benehmen mit dem Bezirkskirchenrat festgelegt, wobei auch Vorschläge für mögliche Schwerpunkte der Visitation oder die Hinzuziehung von Sachverständigen gemacht werden können.
(4) Die Visitation wird im Kirchenbezirk rechtzeitig öffentlich bekanntgemacht. Zu den gemeinsamen Veranstaltungen wird eingeladen.

§ 12 Durchführung der Visitation
(1) Grundlage der Visitation ist die Erörterung der Berichte. Die an ihrer Abfassung Beteiligten sind berechtigt, an der Erörterung teilzunehmen.
(2) Im Verlauf der Visitation wird den vom Kirchenbezirk angestellten oder beauftragten Mitarbeitern Gelegenheit zu Einzelgesprächen mit den Mitgliedern der Kommission gegeben.
(3) Der Bezirkskirchenrat erhält Gelegenheit zu einem Gespräch mit der Visitationskommission in Abwesenheit des Dekans. Über Beschwerden und Beanstandungen ist der Dekan noch vor Beendigung der Visitation zu unterrichten. Gleichzeitig ist ihm Gelegenheit zur Stellungnahme zu geben.

(4) Zur Visitation können neben der Besprechung mit dem Bezirkskirchenrat auch Konferenzen mit Vertretern der Bezirkssynode, dem Pfarrkonvent, den Religionslehrern und anderen Mitarbeitern gehören, außerdem Zusammenkünfte mit einzelnen Berufsgruppen und Vertretern des öffentlichen Lebens.

(5) Im Verlauf der Visitation wird dem Dekan, den Pfarrern, den anderen Mitarbeitern und den Mitgliedern des Bezirkskirchenrates Gelegenheit zu Einzelgesprächen mit Mitgliedern der Kommission gegeben.

(6) Diakonische und andere Einrichtungen des Kirchenbezirkes werden besucht. Dazu kann die Visitationskommission Untergruppen bilden.

(7) Zur Visitation gehören Gottesdienste. In der Regel predigt einer der Visitatoren. Predigt der Dekan oder einer der visitierten Pfarrer, richtet einer der Visitatoren ein Wort an die Gemeinde.

(8) Während der Visitation kann eine öffentliche Veranstaltung stattfinden, in der über Vorgänge und Planungen in der Landeskirche sowie in der EKD und Ökumene gesprochen und Gemeindegliedern Gelegenheit zu Fragen und Anregungen gegeben wird.

§ 13 Abschluß und Auswertung

(1) Nach Abschluß der Visitation fertigt die Visitationskommission innerhalb eines Monats einen Bericht an. Als Anlage werden die zur Vorbereitung der Visitation angefertigten Berichte hinzugenommen.

(2) Der Landeskirchenrat erteilt aufgrund des Berichtes innerhalb von zwei weiteren Monaten den Visitationsbescheid.

(3) Bericht und Bescheid werden im Bezirkskirchenrat, im Pfarrkonvent und gegebenenfalls in weiteren Mitarbeiterkreisen ausführlich beraten und der Bezirkssynode mitgeteilt.

(4) Der Landeskirchenrat prüft, ob aus der Visitation Folgerungen für andere Kirchenbezirke oder für einzelne Einrichtungen oder Arbeitsgebiete zu ziehen sind und ob durch die Visitation zutage getretene Probleme der Kirchenregierung und der Landessynode vorgelegt werden sollen.

Dritter Abschnitt   Visitation von gesamtkirchlichen Diensten

§ 14 Häufigkeit und Art der Visitation

(1) Die gesamtkirchlichen Dienste sollen regelmäßig alle sechs bis acht Jahre von einer Visitationskommission visitiert werden.

(2) Eine Visitation kann auch von den gesamtkirchlichen Diensten erbeten oder vom Landeskirchenrat angeordnet werden.

(3) Zur Visitation gehören neben den Gesprächen mit den Pfarrern und Mitarbeitern gegebenenfalls Gespräche mit katholischen, freikirchlichen und anderen Partnern sowie mit den zuständigen kommunalen und staatlichen Stellen.

§ 15 Gegenstand der Visitation
Die Visitation umfaßt alle Handlungsfelder der gesamtkirchlichen Dienste.

§ 16 Visitationskommission
(1) Die Visitation wird von einer Visitationskommission durchgeführt, deren Mitglieder der Landeskirchenrat beruft.

(2) Vertreter von Gliedkirchen der EKD, verwandten Einrichtungen, Dachverbänden oder Werken können hinzugezogen werden.

§ 17 Vorbereitung, Durchführung und Auswertung der Visitation
Die Bestimmungen zur Vorbereitung, Durchführung und Auswertung der Visitation des Kirchenbezirkes finden sinngemäß Anwendung.

Vierter Abschnitt   Schlußbestimmungen

§ 18
(1) Dieses Gesetz tritt am 1. Januar 1979 in Kraft.

(2) Mit Inkrafttreten dieses Gesetzes treten alle Bestimmungen außer Kraft, die durch dieses Gesetz ersetzt oder mit ihm nicht zu vereinbaren sind, insbesondere das Gesetz über die Kirchenvisitation vom 25. November 1921 (ABl. S. 217) und die zur Ausführung, Ergänzung und Änderung erlassenen Bestimmungen.

(3) Die zur Durchführung dieses Gesetzes erforderlichen Ausführungsbestimmungen erläßt die Kirchenregierung.

Dieses Gesetz wird hiermit verkündet.

Speyer, den 28. April 1978,
Prot. Kirchenregierung der Pfalz.   *Kron*

J
STAATLICHES RECHT

Grundgesetz (229) – Weimarer Verfassung (230) – Verfassung für Rheinland-Pfalz (232) – Verfassung des Saarlandes (234) – Staatsvertrag (236) – Sammlungsgesetz (247)

Die grundsätzlichen Aussagen über das Verhältnis von Staat und Kirche werden im Grundgesetz, in der Weimarer Reichsverfassung und in den Verfassungen der Länder Rheinland-Pfalz und Saarland gemacht. Daraus sind einige besonders wichtige Aussagen abgedruckt.

Grundgesetz für die Bundesrepublik Deutschland (Auszug)

Präambel. Im Bewußtsein seiner Verantwortung vor Gott und den Menschen, von dem Willen beseelt, seine nationale und staatliche Einheit zu wahren und als gleichberechtigtes Glied in einem vereinten Europa dem Frieden der Welt zu dienen, hat das Deutsche Volk ... um dem staatlichen Leben für eine Übergangszeit eine neue Ordnung zu geben, kraft seiner verfassungsgebenden Gewalt dieses Grundgesetz der Bundesrepublik Deutschland beschlossen.
Es hat auch für jene Deutschen gehandelt, denen mitzuwirken versagt war.
Das gesamte Deutsche Volk bleibt aufgefordert, in freier Selbstbestimmung die Einheit und Freiheit Deutschlands zu vollenden.

Artikel 3
(1) Alle Menschen sind vor dem Gesetz gleich.
(2) Männer und Frauen sind gleichberechtigt.
(3) Niemand darf wegen seines Geschlechts, seiner Abstammung, seiner Rasse, seiner Sprache, seiner Heimat und Herkunft, seines Glaubens, seiner religiösen oder politischen Anschauungen benachteiligt werden.

Artikel 4

(1) Die Freiheit des Glaubens, des Gewissens und die Freiheit des religiösen und weltanschaulichen Bekenntnisses sind unverletzlich.

(2) Die ungestörte Religionsausübung wird gewährleistet.

(3) Niemand darf gegen sein Gewissen zum Kriegsdienst mit der Waffe gezwungen werden. Das Nähere regelt ein Bundesgesetz.

Artikel 7

(1) Das gesamte Schulwesen steht unter der Aufsicht des Staates.

(2) Die Erziehungsberechtigten haben das Recht, über die Teilnahme des Kindes am Religionsunterricht zu bestimmen.

(3) Der Religionsunterricht ist in den öffentlichen Schulen mit Ausnahme der bekenntnisfreien Schulen ordentliches Lehrfach. Unbeschadet des staatlichen Aufsichtsrechtes wird der Religionsunterricht in Übereinstimmung mit den Grundsätzen der Religionsgemeinschaften erteilt. Kein Lehrer darf gegen seinen Willen verpflichtet werden, Religionsunterricht zu erteilen.

Artikel 33

(3) Der Genuß bürgerlicher und staatsbürgerlicher Rechte, die Zulassung zu öffentlichen Ämtern sowie die im öffentlichen Dienst erworbenen Rechte sind unabhängig von dem religiösen Bekenntnis. Niemandem darf aus seiner Zugehörigkeit oder Nichtzugehörigkeit zu einem Bekenntnis oder einer Weltanschauung ein Nachteil erwachsen.

Artikel 140

Die Bestimmungen der Artikel 136, 137, 138, 139 und 141 der Deutschen Verfassung vom 11. 8. 1919 sind Bestandteil dieses Grundgesetzes.

Deutsche Verfassung (Weimarer Verfassung)

vom 11. 8. 1919 (Auszug)

Artikel 136

(1) Die bürgerlichen und staatsbürgerlichen Rechte und Pflichten werden durch die Ausübung der Religionsfreiheit weder bedingt noch beschränkt.

(2) Der Genuß bürgerlicher und staatsbürgerlicher Rechte sowie die Zulassung zu öffentlichen Ämtern sind unabhängig von dem religiösen Bekenntnis.

(3) Niemand ist verpflichtet, seine religiöse Überzeugung zu offenbaren. Die Behörden haben nur so weit das Recht, nach der Zugehörigkeit zu einer Religionsgesellschaft zu fragen, als davon Rechte und Pflichten abhängen oder eine gesetzlich angeordnete statistische Erhebung dies erfordert.

(4) Niemand darf zu einer kirchlichen Handlung oder Feierlichkeit oder zur Teilnahme an religiösen Übungen oder zur Benutzung einer religiösen Eidesform gezwungen werden.

Artikel 137

(1) Es besteht keine Staatskirche.

(2) Die Freiheit der Vereinigung zu Religionsgesellschaften wird gewährleistet. Der Zusammenschluß von Religionsgesellschaften innerhalb des Reichsgebiets unterliegt keinen Beschränkungen.

(3) Jede Religionsgesellschaft ordnet und verwaltet ihre Angelegenheiten selbständig innerhalb der Schranken des für alle geltenden Gesetzes. Sie verleiht ihre Ämter ohne Mitwirkung des Staates oder der bürgerlichen Gemeinde.

(4) Religionsgesellschaften erwerben die Rechtsfähigkeit nach den allgemeinen Vorschriften des bürgerlichen Rechtes.

(5) Die Religionsgesellschaften bleiben Körperschaften des öffentlichen Rechtes, soweit sie solche bisher waren. Anderen Religionsgesellschaften sind auf ihren Antrag gleiche Rechte zu gewähren, wenn sie durch ihre Verfassung und die Zahl ihrer Mitglieder die Gewähr der Dauer bieten. Schließen sich mehrere derartige öffentlich-rechtliche Religionsgesellschaften zu einem Verbande zusammen, so ist auch dieser Verband eine öffentlich-rechtliche Körperschaft.

(6) Die Religionsgesellschaften, welche Körperschaften des öffentlichen Rechtes sind, sind berechtigt, aufgrund der bürgerlichen Steuerlisten nach Maßgabe der landesrechtlichen Bestimmungen Steuern zu erheben.

(7) Den Religionsgesellschaften werden die Vereinigungen gleichgestellt, die sich die gemeinschaftliche Pflege einer Weltanschauung zur Aufgabe machen.

(8) Soweit die Durchführung dieser Bestimmungen eine weitere Regelung erfordert, liegt diese der Landesgesetzgebung ob.

Artikel 138

(1) Die auf Gesetz, Vertrag oder besonderen Rechtstiteln beruhenden Staatsleistungen an die Religionsgesellschaften werden durch die Landesgesetzgebung abgelöst. Die Grundsätze hierfür stellt das Reich auf.

(2) Das Eigentum und andere Rechte der Religionsgesellschaften und religiösen Vereine an ihren für Kultus-, Unterrichts- und Wohltätigkeitszwecke bestimmten Anstalten, Stiftungen und sonstigen Vermögen werden gewährleistet.

Artikel 139
Der Sonntag und die staatlich anerkannten Feiertage bleiben als Tage der Arbeitsruhe und der seelischen Erhebung gesetzlich geschützt.

Artikel 141
Soweit das Bedürfnis nach Gottesdienst und Seelsorge im Heer, in Krankenhäusern, Strafanstalten oder sonstigen öffentlichen Anstalten besteht, sind die Religionsgesellschaften zur Vornahme religiöser Handlungen zuzulassen, wobei jeder Zwang fernzuhalten ist.

Verfassung für Rheinland-Pfalz (Auszug)

(Zu bestellen bei der Landeszentrale für politische Bildung, Postfach 2448, 6500 Mainz)

Artikel 41 Freiheiten der Kirchen und Religionsgemeinschaften
Die Kirchen sind anerkannte Einrichtungen für die Wahrung und Festigung der religiösen und sittlichen Grundlagen des menschlichen Lebens. Die Freiheit, Religionsgemeinschaften zu bilden, Religionsgemeinschaften zusammenzuschließen und sich zu öffentlichen gottesdienstlichen Handlungen zu vereinigen, ist gewährleistet.
Die Kirchen und Religionsgemeinschaften haben das Recht, sich ungehindert zu entfalten. Sie sind von staatlicher Bevormundung frei und ordnen und verwalten ihre Angelegenheiten selbständig. Sie verleihen ihre Ämter ohne Mitwirkung des Staates oder der bürgerlichen Gemeinden. Die Kirchen und Religionsgemeinschaften genießen in ihrem Verkehr mit den Gläubigen volle Freiheit. Hirtenbriefe, Verordnungen, Anweisungen, Amtsblätter und sonstige die geistliche Leitung der Gläubigen betreffende Verfügungen können ungehindert veröffentlicht und zur Kenntnis der Gläubigen gebracht werden.
Die für alle geltenden verfassungsmäßigen Pflichten bleiben unberührt.

Artikel 42 Kirchliche Hochschulen
Die Kirchen und Religionsgemeinschaften haben das Recht, zur

Ausbildung ihrer Geistlichen und Religionsdiener eigene Hochschulen, Seminarien und Konvikte zu errichten und zu unterhalten. Die Leitung und Verwaltung, der Lehrbetrieb und die Beaufsichtigung dieser Lehranstalten ist selbständige Angelegenheit der Kirchen und Religionsgemeinschaften.

Artikel 43 Rechtsform von Kirchen und Religionsgemeinschaften

Die Kirchen und Religionsgemeinschaften erwerben die Rechtsfähigkeit nach den Vorschriften des allgemeinen Rechts.

Die Kirchen und Religionsgemeinschaften sowie ihre Einrichtungen bleiben Körperschaften des öffentlichen Rechts, soweit sie es bisher waren; anderen Religionsgemeinschaften sowie künftigen Stiftungen sind auf ihren Antrag die gleichen Eigenschaften zu verleihen, wenn sie durch ihre Satzungen und die Zahl ihrer Mitglieder die Gewähr der Dauer bieten. Schließen sich mehrere öffentlich-rechtliche Religionsgemeinschaften zu einem Verband zusammen, so ist auch dieser Körperschaft des öffentlichen Rechts.

Die Kirchen und Religionsgemeinschaften, die öffentlich-rechtliche Körperschaften sind, dürfen auf Grund der ordentlichen Steuerlisten Steuern erheben.

Gesellschaften, die sich die Pflege einer Weltanschauung zur Aufgabe machen und deren Bestrebungen dem Gesetz nicht widersprechen, genießen die gleichen Rechte.

Artikel 44 Eigentum und andere Rechte der Kirchen

Das Eigentum und andere Rechte der Kirchen, Religions- und Weltanschauungsgemeinschaften sowie ihre Einrichtungen an ihrem für Kultus-, Unterrichts- und Wohltätigkeitszwecke bestimmten Vermögen werden gewährleistet.

Artikel 45 Staatliche Leistungen an die Kirchen

Die auf Gesetz, Vertrag oder besonderen Rechtstiteln beruhenden bisherigen Leistungen des Staates, der politischen Gemeinden und Gemeindeverbände an die Kirchen und sonstigen Religionsgemeinschaften sowie an ihre Anstalten, Stiftungen, Vermögensmassen und Vereinigungen bleiben aufrechterhalten.

Artikel 46 Gemeinnützigkeit

Die von den Kirchen, Religions- und Weltanschauungsgemeinschaften oder ihren Organisationen unterhaltenen sozialen Einrichtungen und Schulen werden als gemeinnützig anerkannt.

Artikel 47 Sonn- und Feiertage

Der Sonntag und die staatlich anerkannten Feiertage sind als

Tage der religiösen Erbauung, seelischen Erhebung und Arbeitsruhe gesetzlich geschützt.

Artikel 48 Seelsorge in Krankenhäusern, Strafanstalten u. a.

In Krankenhäusern, Strafanstalten und sonstigen öffentlichen
Anstalten und Einrichtungen ist den Kirchen und Religionsge-
meinschaften Gelegenheit zur Vornahme von Gottesdiensten und
Ausübung der geordneten Seelsorge zu geben.

Für die entsprechenden Voraussetzungen ist Sorge zu tragen.

Verfassung des Saarlandes (Auszug)

(Zu bestellen bei Landeszentrale für politische Bildung, Staats-
kanzlei, Am Ludwigsplatz 14, 6600 Saarbrücken)

3. Abschnitt   Erziehung, Unterricht, Volksbildung, Kulturpflege

Art. 26

Unterricht und Erziehung haben das Ziel, den jungen Menschen
so heranzubilden, daß er seine Aufgabe in Familie und Gemeinschaft erfüllen kann. Auf der Grundlage des natürlichen und
christlichen Sittengesetzes haben die Eltern das Recht, die Bildung und Erziehung ihrer Kinder zu bestimmen.

Die Kirchen und Religionsgemeinschaften werden als Bildungs-
träger anerkannt.

Art. 29

Der Religionsunterricht ist an allen öffentlichen Grund- und
Hauptschulen (Volksschulen), Sonderschulen, Berufsschulen,
Realschulen und Gymnasien ordentliches Lehrfach. Er wird erteilt im Auftrag und im Einvernehmen mit den Lehren und Satzungen der betreffenden Kirchen und Religionsgemeinschaften.

Die Kirchen und Religionsgemeinschaften haben das Recht, im
Benehmen mit der staatlichen Aufsichtsbehörde die Erteilung des
Religionsunterrichtes zu beaufsichtigen. Lehrplan und Lehrbücher für den Religionsunterricht bedürfen der Zustimmung der
staatlichen Aufsichtsbehörde.

Die Eltern können die Teilnahme ihrer Kinder an dem Religionsunterricht ablehnen. Den Kindern darf daraus kein Nachteil entstehen. Diese Ablehnung kann auch durch die Jugendlichen
selbst geschehen, wenn sie das 18. Lebensjahr vollendet haben
...

Art. 30

Die Jugend ist in der Ehrfurcht vor Gott, im Geiste der christlichen Nächstenliebe und der Völkerversöhnung, in der Liebe zu Heimat, Volk und Vaterland, zu sittlicher und politischer Verantwortlichkeit, zu beruflicher und sozialer Bewährung und zu freiheitlicher demokratischer Gesinnung zu erziehen.

4. Abschnitt   Kirchen und Religionsgemeinschaften

Art. 35

Die ungestörte Ausübung der Religion ist gewährleistet und steht unter staatlichem Schutz. Öffentliche gottesdienstliche Handlungen sind gestattet. Der Staat erkennt die zu Recht bestehenden Verträge und Vereinbarungen mit den Kirchen an.

Die Kirchen genießen auf ihrem eigenen Gebiet volle Selbständigkeit; sie verleihen ihre Ämter ohne Mitwirkung des Staates oder der Gemeinden, unbeschadet bestehender anderweitiger gesetzlicher Bestimmungen oder Vereinbarungen; sie haben volle Freiheit der Lehrverkündigung und der geistlichen Leitung; ihr Verkehr mit den Geistlichen und den Gläubigen durch Hirtenbriefe, Amtsblätter, Verordnungen und Anweisungen unterliegt keiner staatlichen Aufsicht oder Einschränkung; sie haben das Recht, Vereine und Organisationen zu gründen und zu unterhalten, die ihren religiösen, karitativen, sozialen und volkserzieherischen Aufgaben dienen. Die Pflichten, die sich aus den Grundsätzen der Verfassung für den einzelnen, für Personengemeinschaften und Körperschaften ergeben, bleiben hiervon unberührt.

Art. 36

Die Ausbildung der Geistlichen und Religionsdiener ist das ausschließliche Recht der Kirchen und Religionsgemeinschaften. Zu diesem Zwecke haben sie volle Freiheit in der Einrichtung und im Lehrbetrieb, der Leitung und Verwaltung von eigenen Hochschulen, Seminaren und Konvikten.

Die Kirche kann im Einvernehmen mit dem Staat theologische Fakultäten einrichten.

Art. 37

Die Kirchen und Religionsgemeinschaften erwerben die Rechtsfähigkeit nach den Vorschriften des allgemeinen Rechtes.

Die Kirchen und Religionsgemeinschaften bleiben Körperschaften des öffentlichen Rechtes, soweit sie es bis jetzt waren. Andere Religionsgemeinschaften und Stiftungen können diese Eigenschaft auf Antrag erwerben, wenn sie durch ihre Satzungen und die Zahl ihrer Mitglieder die Gewähr der Dauer bieten.

Schließen sich mehrere derartige Religionsgemeinschaften zu einem Verband zusammen, so ist auch dieser eine Körperschaft des öffentlichen Rechtes.

Die Kirchen und Religionsgemeinschaften, die Körperschaften des öffentlichen Rechtes sind, dürfen, um ihre für das Saarland erforderlichen Ausgaben zu decken, auf Grund der bürgerlichen Steuerlisten Steuern erheben.

Art. 38

Das Eigentum und andere Rechte der Kirchen, Religionsgemeinschaften und ihrer Einrichtungen an ihrem für Kultus-, Unterrichts- und Wohltätigkeitszwecke bestimmten Vermögen werden gewährleistet.

Art. 39

Die auf Gesetz, Vertrag oder sonstigen Rechtstiteln beruhenden bisherigen Leistungen des Staates, der politischen Gemeinden an die Kirchen und sonstigen Religionsgemeinschaften sowie an ihre Anstalten, Stiftungen, Vermögensmassen und Vereinigungen bleiben erhalten.

Art. 40

Die von den Kirchen und Religionsgemeinschaften oder ihren Organisationen unterhaltenen sozialen und karitativen Einrichtungen sowie ihre Schulen werden als gemeinnützig anerkannt.

Art. 41

Der Sonntag und die staatlich anerkannten kirchlichen Feiertage sind als Tage der religiösen Erbauung, seelischen Erhebung und Arbeitsruhe gesetzlich geschützt.

Art. 42

In Krankenhäusern, Strafanstalten und sonstigen öffentlichen Anstalten und Einrichtungen ist den Kirchen und Religionsgemeinschaften Gelegenheit zu geben, Gottesdienste zu halten und eine geordnete Seelsorge zu üben.

Gesetz betreffend den Vertrag der Evangelischen Landeskirchen in Rheinland-Pfalz mit dem Lande Rheinland-Pfalz

Vom 27. Juni 1962 (Amtsblatt S. 199)

§ 1

(1) Dem in Mainz am 31. März 1962 unterzeichneten Vertrag der

Evangelischen Landeskirchen in Rheinland-Pfalz mit dem Lande
Rheinland-Pfalz nebst dem dazugehörenden Schlußprotokoll und
dem Schriftwechsel zu Artikel 14 und Artikel 22 vom gleichen
Tage wird zugestimmt.

(2) Vertrag, Schlußprotokoll und Schriftwechsel werden nachste-
hend veröffentlicht.

§ 2

(1) Dieses Gesetz tritt mit seiner Verkündigung im Amtsblatt in
Kraft; den Zeitpunkt der Verkündung setzt die Kirchenregierung
fest.

(2) Der Landeskirchenrat wird ermächtigt, den Tag des Austausches der Ratifikationsurkunden und damit des Inkrafttretens
des Vertrages im Amtsblatt bekanntzumachen.

*Vertrag der Evangelischen Landeskirchen in Rheinland-Pfalz mit
dem Lande Rheinland-Pfalz*

Vom 31. März 1962 (Amtsblatt S. 200)

Die Vereinigte Protestantisch-Evangelisch-Christliche Kirche der
Pfalz (Pfälzische Landeskirche),
    vertreten durch ihren Landeskirchenrat,
die Evangelische Kirche im Rheinland,
    vertreten durch ihre Kirchenleitung,
die Evangelische Kirche in Hessen und Nassau
    vertreten durch ihre Kirchenleitung,
    und
    das Land Rheinland-Pfalz,
    vertreten durch den Ministerpräsidenten,
haben,
geleitet von dem Wunsch, das freundschaftliche Verhältnis zwischen dem Land und den Kirchen zu festigen und zu fördern,
ausgehend von der Tatsache, daß die Verträge des Bayerischen
Staates mit der Pfälzischen Landeskirche vom 15. November 1924
und des Freistaates Preußen mit den Evangelischen Landeskirchen vom 11. Mai 1931 nebst dem dazugehörenden Schlußprotokoll unbestritten in Geltung stehen,
und in Anerkennung der Eigenständigkeit der Kirchen und ihres
Öffentlichkeitsauftrages beschlossen,
diese Verträge im Sinne ungehinderter Entfaltung kirchlichen Lebens und seiner Freiheit von jeder Bevormundung fortzubilden

und zur einheitlichen Gestaltung des Verhältnisses von Staat und Kirche wie folgt zu fassen:

Artikel 1

Das Land Rheinland-Pfalz gewährt der Freiheit, den evangelischen Glauben öffentlich zu bekennen und auszuüben, den gesetzlichen Schutz.

Artikel 2

(1) Die Kirchen ordnen und verwalten ihre Angelegenheiten selbständig innerhalb der Schranken des für alle geltenden Gesetzes.

(2) Sie haben das Recht, ihre Ämter ohne Mitwirkung des Staates oder der bürgerlichen Gemeinden zu verleihen oder zu entziehen.

(3) Die Kirchen, die Kirchengemeinden und die aus ihnen gebildeten Verbände sind Körperschaften des öffentlichen Rechts; kirchlicher Dienst ist öffentlicher Dienst.

Artikel 3

Die Landesregierung und die Kirchenleitungen werden zur Pflege ihrer Beziehungen regelmäßige Begegnungen anstreben, sich vor der Regelung von Angelegenheiten, die die beiderseitigen Interessen berühren, miteinander ins Benehmen setzen und sich jederzeit zur Erörterung solcher Fragen zur Verfügung stellen.

Artikel 4

(1) Kirchliche Gesetze, Verordnungen und Satzungen, welche die vermögensrechtliche Vertretung der Kirchen, ihrer öffentlich-rechtlichen Verbände, Anstalten und Stiftungen betreffen, werden dem Minister für Unterricht und Kultus vorgelegt.

(2) Der Minister für Unterricht und Kultus kann Einspruch erheben, wenn eine geordnete vermögensrechtliche Vertretung nicht gewährleistet ist.

(3) Der Einspruch ist innerhalb eines Monats vom Tage der Vorlegung an zulässig. Über den Einspruch entscheidet auf Antrag der Kirche ein Schiedsgericht.

Artikel 5

(1) Die Kirchen werden Beschlüsse über die Bildung und Veränderung ihrer Kirchengemeinden und der aus ihnen gebildeten Verbände spätestens mit Ausfertigung der Organisationsurkunde dem Minister für Unterricht und Kultus mitteilen.

(2) Bei der Bildung kirchlicher Anstalten und Stiftungen mit eigener Rechtspersönlichkeit wirken Kirche und Staat nach Richtli-

nien zusammen, die von den Vertragschließenden vereinbart werden.

Artikel 6

(1) Das Land zahlt an die Kirchen ab 1. Januar 1962 als Dotation für kirchenregimentliche Zwecke, als Zuschüsse für Zwecke der Pfarrbesoldung und -versorgung sowie als katastermäßige Zuschüsse einen Gesamtbetrag von jährlich 10 716 000 DM – zehnmillionensiebenhundertsechzehntausend Deutsche Mark – (Staatsleistung an die Evangelischen Kirchen). Die Staatsleistung ist den allgemeinen Veränderungen der Besoldung der Landesbeamten anzupassen.

(2) Von der Staatsleistung entfallen auf

die Pfälzische Landeskirche	4 757 300 DM,
die Evangelische Kirche im Rheinland	3 095 000 DM,
die Evangelische Kirche in Hessen und Nassau	2 863 700 DM.

(3) Für eine Ablösung der Staatsleistung gemäß Artikel 140 des Grundgesetzes für die Bundesrepublik Deutschland in Verbindung mit Artikel 138 Abs. 1 der Deutschen Verfassung vom 11. August 1919 bleibt die bisherige Rechtslage maßgebend.

Artikel 7

(1) Das Land überträgt das Eigentum an staatlichen Gebäuden nebst Einrichtungsgegenständen und Grundstücken, die ausschließlich evangelischen ortskirchlichen Zwecken gewidmet sind, den Kirchen oder, wenn darüber Einverständnis zwischen Kirchen und Kirchengemeinden hergestellt ist, den Kirchengemeinden. Bei Vorliegen besonderer Umstände kann im Einzelfall etwas anderes vereinbart werden.

(2) Das Land überträgt das Eigentum an den Grundstücken Domplatz 4 und 5 in Speyer nebst den darauf stehenden Gebäuden an die Pfälzische Landeskirche.

(3) Die Eigentumsübertragungen nach Absatz 1 und 2 sowie die dazu erforderlichen Rechtsgeschäfte sind frei von Gebühren einschließlich der Beurkundungs- und Beglaubigungsgebühren; Grunderwerbsteuer und Vermessungsgebühren, die im Zusammenhang hiermit entstehen, werden nicht erhoben. Das gleiche gilt für die Weiterübertragung von den Kirchen an die Kirchengemeinden und die dazu erforderlichen Rechtsgeschäfte, wenn sie innerhalb von fünf Jahren nach Inkrafttreten dieses Vertrages vorgenommen werden.

Artikel 8

(1) Die Verpflichtungen des Landes zur baulichen Unterhaltung

kirchlicher Gebäude sollen im Interesse einer Vereinfachung der kirchlichen und staatlichen Verwaltung abgelöst werden. Ausgenommen hiervon bleibt die Konstantinsbasilika in Trier.

(2) Die Ablösung der fiskalischen Baulast wird durch Verträge des Landes mit den berechtigten Kirchengemeinden im Einvernehmen mit der zuständigen Kirchenleitung nach Richtlinien vollzogen, die zwischen Kirche und Staat vereinbart werden.

(3) Die Pfälzische Landeskirche übernimmt nach der Übertragung des Eigentums an den Grundstücken Domplatz 4 und 5 in Speyer (Artikel 7 Abs. 2) die bauliche Unterhaltung der damit verbundenen Gebäude. Das Land gewährt für die Übernahme eine Entschädigung, die zwischen dem Land und der Kirche vereinbart wird.

Artikel 9

(1) Den Kirchen, den Kirchengemeinden und den aus ihnen gebildeten Verbänden sowie den kirchlichen Anstalten, Einrichtungen, Stiftungen und Vereinen werden ihr Eigentum und andere Rechte an ihrem Vermögen im Umfang des Artikels 140 des Grundgesetzes für die Bundesrepublik Deutschland in Verbindung mit Artikel 138 Abs. 2 der Deutschen Verfassung vom 11. August 1919 gewährleistet.

(2) Die Landesbehörden werden bei der Anwendung enteignungsrechtlicher Vorschriften auf die kirchlichen Belange Rücksicht nehmen. Beabsichtigen die Kirchen, in Fällen der Enteignung oder der Veräußerung kirchlicher Grundstücke, gleichwertige Ersatzgrundstücke zu erwerben, werden ihnen die Landesbehörden bei der Erteilung von Genehmigungen, die nach besonderen Bestimmungen des Grundstücksverkehrs vorgeschrieben sind, im Rahmen der geltenden gesetzlichen Bestimmungen entgegenkommen.

Artikel 10

(1) In das Amt des leitenden Geistlichen einer Kirche, dessen Besetzung nicht auf einer Wahl oder Berufung durch eine Synode beruht, wird niemand berufen werden, von dem nicht die zuständigen kirchlichen Stellen durch Anfrage bei der Landesregierung festgestellt haben, daß Bedenken politischer Art gegen ihn nicht bestehen. Wird das Amt auf Grund einer Wahl oder Berufung durch eine Synode besetzt, so zeigt die Kirche der Landesregierung die Vakanz an und teilt ihr später die Person des neuen Amtsträgers mit.

(2) Als Bedenken im Sinne des Absatzes 1 gelten nur staatspolitische, nicht dagegen kirchliche oder parteipolitische Bedenken. Bei etwaigen Meinungsverschiedenheiten hierüber (Artikel 29) wird die Landesregierung auf Wunsch die Tatsachen angeben, aus denen sie die Bedenken herleitet. Die Feststellung bestrittener Tatsachen wird auf Antrag einer von Staat und Kirche gemeinsam zu bestellenden Kommission übertragen, die zu Beweiserhebungen und Rechtshilfeersuchen nach den für die Verwaltungsgerichte geltenden Vorschriften befugt ist.

Artikel 11
(1) Die Kirchen werden einen Geistlichen als Vorsitzenden oder Mitglied einer Behörde der Kirchenleitung oder einer höheren kirchlichen Verwaltungsbehörde, ferner als Leiter oder Lehrer an einer der praktischen Vorbildung der Geistlichen gewidmeten Anstalt nur anstellen, wenn er
a) Deutscher im Sinne des Artikels 116 Abs. 1 des Grundgesetzes für die Bundesrepublik Deutschland in der Fassung vom 23. Mai 1949 ist,
b) ein zum Studium an einer deutschen Universität berechtigendes Reifezeugnis besitzt,
c) ein mindestens dreijähriges theologisches Studium an einer deutschen staatlichen Hochschule zurückgelegt hat.
(2) Wird in einem solchen Amt ein Nichtgeistlicher angestellt, so wird die Vorschrift des Absatzes 1 Buchst. a) angewandt.
(3) Bei staatlichem und kirchlichem Einverständnis kann von den in Absatz 1 und 2 genannten Erfordernissen abgesehen werden; insbesondere kann das Studium an anderen als an den in Absatz 1 Buchst. c) genannten Hochschulen anerkannt werden.
(4) Die Personalien der in Absatz 1 und 2 genannten Amtsträger werden dem Minister für Unterricht und Kultus mitgeteilt.

Artikel 12
Für die Anstellung als Pfarrer gelten die in Artikel 11 Abs. 1 Buchst. a) bis c) genannten Erfordernisse. Artikel 11 Abs. 3 findet Anwendung.

Artikel 13
(1) Im Verfahren vor den Kirchengerichten und im förmlichen Disziplinarverfahren gegen Geistliche und Kirchenbeamte sind
a) die Kirchengerichte und die kirchlichen Disziplinarbehörden berechtigt, Zeugen und Sachverständige zu vereidigen,
b) die Amtsgerichte verpflichtet, Rechtshilfeersuchen stattzugeben.

(2) Dies gilt nicht für Verfahren wegen Verletzung der Lehrverpflichtung.

Artikel 14

(1) Die Evangelisch-Theologische Fakultät an der Johannes-Gutenberg-Universität in Mainz bleibt als Stätte der theologischen Forschung und Lehre und für die wissenschaftliche Vorbildung der Pfarrer bestehen.

(2) Vor der Besetzung eines Lehrstuhles wird den Kirchen Gelegenheit zur Äußerung über die in der Vorschlagsliste enthaltenen Persönlichkeiten gegeben.

Artikel 15

(1) Das Land wird dafür sorgen, daß an der Johannes-Gutenberg-Universität, den Pädagogischen Hochschulen und an den sonstigen Ausbildungsstätten den Studierenden, die die Lehrbefähigung in evangelischer Religion anstreben, die wissenschaftliche Vorbildung geboten wird, die sie fachlich und methodisch zur Erteilung des Religionsunterrichtes befähigt.

(2) Bei der Anstellung der hauptamtlichen Professoren und Dozenten für evangelische Theologie an den Pädagogischen Hochschulen und sonstigen Ausbildungsstätten wird den Kirchen Gelegenheit zur Äußerung gegeben.

(3) Der Wechsel von einer Pädagogischen Hochschule des Landes zu einer anderen gilt nicht als Anstellung im Sinne dieser Bestimmung.

Artikel 16

(1) Die Lehrbefähigung für den Religionsunterricht wird staatlicherseits erteilt.

(2) Zur Erteilung des Religionsunterrichts an den Schulen in Rheinland-Pfalz werden nur die Lehrer zugelassen, deren Bevollmächtigung durch die zuständige vertragschließende Kirche nachgewiesen wird.

(3) Mit dem Widerruf der Bevollmächtigung endet auch die Berechtigung, Religionsunterricht zu erteilen.

(4) Die Studien- und Prüfungsordnungen für das Fach evangelische Religion werden im Einvernehmen mit den Kirchen aufgestellt.

(5) Bei der Prüfung in dem Fach evangelische Religion kann ein Vertreter der zuständigen Landeskirche mitwirken; die Landeskirche ist einzuladen.

Artikel 17

Die Kirchen haben das Recht, Privatschulen einzurichten. Das

Land wird diese Schulen nach Maßgabe der gesetzlichen Vorschriften genehmigen, anerkennen und fördern.

Artikel 18
An allen Schulen in Rheinland-Pfalz wird im Benehmen mit den zuständigen kirchlichen Aufsichtsbehörden den Schülern ausreichend Gelegenheit zur Erfüllung ihrer kirchlichen Pflichten gegeben.

Artikel 19
Die allgemeinbildenden öffentlichen Schulen beruhen auf christlicher Grundlage. In Erziehung und Unterricht ist auf Empfindungen Andersdenkender Rücksicht zu nehmen.

Artikel 20
(1) Der Religionsunterricht ist ordentliches Lehrfach an allen Volks-, Berufs-, Berufsfach-, Berufsaufbau-, Mittel- und höheren Schulen.
(2) Die Kirchen haben das Recht, im Benehmen mit der staatlichen Aufsichtsbehörde in die Erteilung des Religionsunterrichtes Einsicht zu nehmen; die näheren Bestimmungen hierüber werden von den Kirchen mit dem Land vereinbart.
(3) Für Geistliche, die ein kirchliches Amt innehaben, gilt auf Grund ihres kirchlichen Amtes die staatliche Genehmigung zur Übernahme des evangelischen Religionsunterrichtes als erteilt. Für kirchlich ausgebildete Religionslehrer (Katecheten), denen ihre Kirche die Befähigung zur Erteilung von Religionsunterricht zuerkannt hat, wird die staatliche Genehmigung zur Übernahme des evangelischen Religionsunterrichtes in einem Verfahren erteilt, das zwischen den Kirchen und dem Land in einer besonderen Vereinbarung geregelt wird.
(4) Lehrpläne und Lehrbücher für den Religionsunterricht sind im Einvernehmen mit der zuständigen Kirche zu bestimmen.

Artikel 21
(1) In Krankenhäusern, Strafanstalten sowie sonstigen Anstalten und Einrichtungen des Landes werden die Kirchen zu seelsorgerischen Besuchen und kirchlichen Handlungen zugelassen. Wird in diesen Anstalten eine regelmäßige Seelsorge eingerichtet und werden hierfür Pfarrer hauptamtlich eingestellt, so wird der Pfarrer von dem Träger der Anstalt im Einvernehmen mit der Kirche oder von der Kirche im Einvernehmen mit dem Träger der Anstalt berufen.

(2) Bei Anstalten anderer Träger wird das Land dahin wirken, daß die Anstaltspfleglinge entsprechend seelsorgerisch betreut werden.

(3) Die vom Land bestellten Geistlichen unterstehen unbeschadet der Disziplinargewalt des Landes der geistlichen und disziplinären Aufsicht der zuständigen Kirche, soweit es sich um die Ausübung der durch die Ordination erworbenen Rechte handelt. Das Land wird einen Geistlichen, sobald er die durch die Ordination erworbenen Rechte verloren hat, zu pfarramtlichem Dienst in staatlichen Einrichtungen nicht mehr zulassen.

Artikel 22

(1) Die Kirchen und Kirchengemeinden sind berechtigt, auf Grund eigener Steuerordnungen Kirchensteuern einschließlich Kirchgeld zu erheben. Das Land gewährleistet die Erhebung der Kirchensteuern nach Maßgabe dieses Vertrages und des staatlichen Kirchensteuerrechts.

(2) Die Kirchensteuerordnungen und ihre Änderungen und Ergänzungen sowie die Beschlüsse über die Kirchensteuersätze bedürfen der staatlichen Anerkennung.

(3) Die Kirchen werden sich für die Bemessung der Kirchensteuern, die von den Finanzämtern veranlagt und erhoben werden, über einen einheitlichen Steuersatz verständigen.

Artikel 23

(1) Auf Antrag der Kirchen ist die Veranlagung und Erhebung der Kirchensteuern, die als Zuschlag zur Einkommensteuer (Lohnsteuer), zur Vermögenssteuer oder nach Maßgabe des Einkommens erhoben werden, den Finanzämtern zu übertragen. Soweit die Einkommensteuer durch Steuerabzug vom Arbeitslohn in rheinland-pfälzischen Betriebsstätten erhoben wird, sind die Arbeitgeber zu verpflichten, auch die Kirchensteuer nach den genehmigten Steuersätzen einzubehalten und abzuführen. Die Festlegung der Entschädigung für die Veranlagung und Erhebung der Kirchensteuern bleibt einer besonderen Vereinbarung der Vertragschließenden vorbehalten. Die Finanzämter erteilen den von den Kirchen benannten Stellen Auskunft über die ihnen zur Veranlagung und Erhebung übertragenen Kirchensteuern.

(2) Auf Antrag der Kirchen ist die Veranlagung und Erhebung der Kirchensteuern, die nach Maßgabe der Grundsteuermeßbeträge oder des Grundbesitzes erhoben werden, den Gemeinden zu übertragen. Absatz 1 Satz 3 und 4 gilt entsprechend. In Fällen, in denen diese Kirchensteuern nach den Grundsteuermeßbeträgen

bisher durch die Finanzämter veranlagt und erhoben werden, verbleibt es bei dem bisherigen Verfahren, soweit die Kirchenbehörden nichts anderes beantragen.

(3) Die Vollstreckung der Kirchensteuern ist auf Antrag der Kirchen den Finanzämtern bzw. den Gemeinden zu übertragen, die mit der Veranlagung und Erhebung der Kirchensteuern betraut sind. Kirchgeldbescheide, die den Voraussetzungen des Kirchensteuergesetzes entsprechen, können nach dem Landesverwaltungsvollstreckungsgesetz vollstreckt werden; Vollstreckungshilfe wird gewährt.

Artikel 24

(1) Die Kirchen und Kirchengemeinden sind berechtigt, von ihren Angehörigen freiwillige Gaben zu sammeln.

(2) Jede Kirche kann alljährlich in ihrem Gebiet eine Haussammlung ohne besondere staatliche Ermächtigung veranstalten. Die Zeit der Sammlung wird im Benehmen mit dem Minister des Innern festgesetzt.

Artikel 25

Die Kirchen werden ihre denkmalwerten Gebäude nebst den dazugehörenden Grundstücken und sonstigen historisch bedeutsamen Gegenständen nach ihren Kräften erhalten und sachgemäß pflegen. Sie werden Veräußerungen oder Änderungen sowie die innere Ausgestaltung nur im Benehmen mit der staatlichen Denkmalpflege vornehmen. Sie werden dafür sorgen, daß die Kirchengemeinden und die der kirchlichen Aufsicht unterstehenden Verbände entsprechend verfahren.

Artikel 26

Auf Landesrecht beruhende Gebührenbefreiungen für das Land, auch soweit sie die Befreiung von Beurkundungs- und Beglaubigungsgebühren gewähren, gelten auch für die Kirchen, die Kirchengemeinden und ihre öffentlich-rechtlichen Verbände, Anstalten und Stiftungen.

Artikel 27

(1) Die im Eigentum der Kirchengemeinden stehenden Friedhöfe genießen den gleichen staatlichen Schutz wie die Kommunalfriedhöfe.

(2) Die Kirchengemeinden sind berechtigt, neue Friedhöfe anzulegen.

(3) Die Anlegung oder Veränderung der Benutzung von Begräbnisplätzen und die Gebührenordnungen für ihre Benutzung bedürfen der Genehmigung der zuständigen staatlichen Behörde.

(4) Die Friedhofsgebühren werden auf Antrag im Verwaltungs-vollstreckungsverfahren eingezogen. Das Land bestimmt die Voll-streckungsbehörde.

Artikel 28
Die landesrechtlichen Vorschriften über nicht mit Lasten verbun-dene Patronate werden, soweit sie staatliche Normen sind, aufge-hoben. Dasselbe gilt für die mit Lasten verbundenen Patronate, sobald die Beteiligten sich über die Ablösung der Lasten geeinigt haben, die Ablösung auf Grund landesgesetzlicher Regelung stattfindet oder der Patron von den Lasten freigestellt wird.

Artikel 29
Die Vertragschließenden werden eine etwa in Zukunft zwischen ihnen entstehende Meinungsverschiedenheit über die Auslegung einer Bestimmung dieses Vertrages auf freundschaftliche Weise beseitigen.

Artikel 30
Gleichzeitig mit dem Inkrafttreten dieses Vertrages treten entge-genstehende Bestimmungen außer Kraft, insbesondere das preu-ßische Staatsgesetz betreffend die Kirchenverfassungen der Evan-gelischen Landeskirchen vom 8. April 1924 (GS. S. 221).

Artikel 31
(1) Dieser Vertrag soll ratifiziert werden; die Ratifikationsurkun-den werden in Mainz ausgetauscht.
(2) Er tritt mit dem Tage des Austausches in Kraft.
Zu Urkund dessen ist der Vertrag in vierfacher Urschrift unter-zeichnet worden.

Mainz, den 31. März 1962

Für die Vereinigte Protestantisch-Evangelisch-Christliche Kirche der Pfalz (Pfälzische Landeskirche)
gez. *D. Hans Stempel*

Für die Evangelische Kirche im Rheinland
gez. *D. Dr. Beckmann*
gez. *D. Schlingensiepen*

Für die Evangelische Kirche in Hessen und Nassau
gez. *D. Niemöller*

Für das Land Rheinland-Pfalz
gez. *Altmeier*

Sammlungsgesetz für Rheinland-Pfalz

Vom 5. März 1970 (Auszug)

§ 8 Mitwirkung von Kindern und Jugendlichen
(1) Kinder unter 14 Jahren dürfen zum Sammeln nicht herangezogen werden. Dies gilt nicht für Sammlungen nach § 12 Abs. 1 Nr. 2.
(2) Jugendliche vom vollendeten 14. bis zum vollendeten 18. Lebensjahr dürfen nur bei Straßensammlungen und nur bis zum Eintritt der Dunkelheit eingesetzt werden; die Erlaubnisbehörde oder die nach § 10 Abs. 2 zuständige Behörde kann im Einzelfall, bei Haussammlungen jedoch nur bis zum Eintritt der Dunkelheit, Ausnahmen zulassen, wenn eine Gefährdung der Jugendlichen nicht zu befürchten ist und jeweils zwei Jugendliche zusammen eingesetzt werden.

§ 9 Überwachung nicht erlaubnisbedürftiger Sammlungen
(5) Der Sammlungsertrag darf nur mit Genehmigung der zuständigen Behörde ganz oder teilweise für einen anderen als den in dem Spendenbrief oder dem öffentlichen Aufruf angegebenen Sammlungszweck verwendet werden. Stellt sich nachträglich heraus, daß der vorgesehene Sammlungszweck nicht zu verwirklichen ist, und ist der Veranstalter nicht bereit oder nicht in der Lage, einen anderen Sammlungszweck vorzuschlagen oder ist die Sammlung verboten worden, so ist der Sammlungsertrag unter Berücksichtigung des mutmaßlichen Willens der Spender einem von der zuständigen Behörde bestimmten Zweck zuzuführen.
(6) § 7 gilt entsprechend.

§ 10 Zuständige Behörden
(1) Erlaubnisbehörde ist
1. die Kreispolizeibehörde
   für Sammlungen, die auf ihren Zuständigkeitsbereich beschränkt sind,
2. die Bezirkspolizeibehörde
   für Sammlungen, die sich über den Zuständigkeitsbereich einer Kreispolizeibehörde hinaus erstrecken,
3. das Ministerium des Innern
   für Sammlungen, die sich über den Zuständigkeitsbereich einer Bezirkspolizeibehörde hinaus erstrecken.
(2) Zuständige Behörde im Sinne des § 9 ist diejenige Behörde, die für den Veranstalter als Erlaubnisbehörde zuständig wäre,

wenn es sich um eine in ihrem Zuständigkeitsbereich durchzuführende erlaubnisbedürftige Sammlung handelte.

§11 Bußgeldvorschriften
(1) Ordnungswidrig handelt, wer vorsätzlich oder in den Fällen der Nummern 2 bis 8 auch fahrlässig ein Kind oder einen Jugendlichen entgegen § 8 zu einer Sammlung heranzieht.
Die Ordnungswidrigkeit kann mit einer Geldbuße bis zu zehntausend Deutsche Mark geahndet werden.
Verwaltungsbehörde im Sinne des § 36 Abs. 1 Nr. 1 des Gesetzes über Ordnungswidrigkeiten ist die Erlaubnisbehörde (§ 10 Abs. 1), in den Fällen des § 9 die in § 10 Abs. 2 bezeichnete Behörde. Soweit nach Satz 1 das Ministerium des Innern zuständig wäre, ist Verwaltungsbehörde die Bezirksregierung Rheinhessen-Pfalz.

§ 12 Sammlungen der Kirchen, Religionsgesellschaften und Weltanschauungsgemeinschaften
(1) Dieses Gesetz findet mit Ausnahme des § 8 und § 11 Abs. 1 Nr. 8, Abs. 2 und 4 keine Anwendung auf Sammlungen, die von Kirchen, Religionsgesellschaften und Weltanschauungsgemeinschaften, die Körperschaften des öffentlichen Rechts sind,
1. auf ihnen gehörenden oder von ihnen genutzten Grundstükken,
2. in Kirchen oder sonstigen, dem Gottesdienst oder der Pflege der Weltanschauung dienenden Räumen,
3. in örtlichem Zusammenhang mit kirchlichen, anderen religiösen oder der Pflege der Weltanschauung dienenden Veranstaltungen oder
4. in Form von Haussammlungen bei ihren Angehörigen durchgeführt werden.
(2) Das Gesetz ist mit Ausnahme des § 8 und des § 11 Abs. 1 Nr. 8, Abs. 2 und 4 ferner nicht anzuwenden auf Sammlungen, die von Orden und religiösen Kongregationen nach ihren kirchlich genehmigten Regeln zur Bestreitung ihres Lebensunterhaltes durchgeführt werden.

K
ANHANG

Fundstellenverzeichnis

In diesem Verzeichnis sind die für den Dienst des Presbyters wichtigsten Gesetze und Bestimmungen unserer Landeskirche aufgeführt, soweit sie im Amtsblatt veröffentlicht wurden.

Das Verzeichnis erhebt keinen Anspruch auf Vollständigkeit, will aber eine Hilfe für die Arbeit des Presbyters sein.

	Amtsblatt Jahrgang/Seite
Abendmahl	
– gemeinsamer Abendmahlsgang von Frauen und Männern	1971/116
– Einzelkelche	1971/199
– erstmalige Teilnahme von Konfirmanden	1972/9
– Mitwirkung von Gemeindegliedern bei der Austeilung	1969/68
Amtseinführung	
– Pfarrer	1969/51
Ordnung der Einführung	1983/100
– Presbyter	1966/231
Ordnung der Einführung	1966/240

Stichwortverzeichnis

Nachwort

Der Landeskirchenrat hat am 6. Dezember 1983 beschlossen, daß ein neues „Handbuch für Presbyter" erstellt werden soll. Nach einer ersten Materialsammlung und Rückfragen in die Kirchenbezirke sowie an interessierte Einzelpersonen bildete der Landeskirchenrat am 28. August 1984 einen Ausschuß, dem die Erarbeitung des Handbuches übertragen wurde. Dieser Ausschuß trat erstmals am 12. September 1984 zusammen und berief noch weitere Personen als Mitarbeiter.

An diesem Handbuch arbeiteten mit:
- Pfarrer Eberhard Cherdron
- Amtsrat i. K. Paul Dötschel
- Presbyter Adolf Faber
- Landeskirchenamtspräsident i. R. Dr. Erich Grauheding
- Pfarrer Alfred Kuby
- Pfarrer Hermann Kuntz
- Kirchenrat i. R. Hermann Lübbe
- Presbyter Karlheinz Nestle, Ev. Presseverlag GmbH
- Kirchenpräsident i. R. Prof. D. Theo Schaller
- Pfarrer Adolf Schmitt
- Oberkirchenrat Werner Schramm
- Kirchenrat Udo Sopp

Der Evangelischen Landeskirche in Württemberg sei für die Abdruckgenehmigung zu den Schaubildern auf den Seiten 141, 142, 144, 150, 155, sowie zu den Beiträgen auf den Seiten 139–147 und 149–157 herzlich gedankt.

Der Landeskirchenrat ist dankbar für alle Hinweise, Anregungen, mögliche Berichtigungen und auch Kritik zu diesem Handbuch.

Wenden Sie sich damit bitte schriftlich an
Evangelische Kirche der Pfalz
– Landeskirchenrat –
Dezernat IV
Domplatz 5
6720 Speyer

EVANGELISCHER KIRCHENBOTE

SONNTAGSBLATT FÜR DIE PFALZ

Der »Evangelische Presseverband in der Pfalz e. V.« ist Mitglied des Gemeinschaftswerkes der Evangelischen Publizistik (GEP) und unabhängig von der Landeskirche. Er ist Herausgeber von »Evangelischer Kirchenbote – Sonntagsblatt für die Pfalz«. Im Bereich der Evangelischen Kirche in Deutschland (EKD) ist der »Kirchenbote« das älteste Gebietskirchenblatt.

Seinen Beziehern bietet der »Kirchenbote« Woche für Woche eine Andacht zum sonntäglichen Predigttext, um den Bezug zum gemeindlichen Leben herzustellen. Pfarrer und Pfarrdiakone, aber auch Prädikanten aus allen Bereichen der Landeskirche arbeiten mit. Eine Bild-Meditation auf der letzten Seite sowie die »Bibellese« gehören zum typischen Bestandteil der Kirchenzeitung, die sich so gestern wie heute als ein »Bote der Kirche« versteht, der vor allem Glaubensstärkung und Seelsorge in die Häuser bringen will.

Als Gebietskirchenblatt informiert er vielfältig über das Geschehen in den Kirchengemeinden der Landeskirche und er lenkt den Blick über den eigenen Kirchturm hinaus, damit sich die Leser als eine große Gemeinschaft der Evangelischen in unserem Raum erfahren können.

Was christlicher Glaube in der Praxis des Alltags bedeutet, soll mit Grundsatzbeiträgen verdeutlicht werden, die aktuelle Themen behandeln und Hilfen zum Glauben und Handeln als Christ in der Gegenwart anbieten. Sie sollen zur Klärung der eigenen Meinung beitragen. Dabei bemüht sich der »Kirchenbote«, auch unterschiedliche Auffassungen zu Wort kommen zu lassen; Anregungen zum Nachdenken und zum Gespräch mit anderen sollen sie anbieten.

Nachrichten aus der EKD, aus der Ökumene, der äußeren und inneren Mission, das heißt der Weltmission und der Diakonie, der Dritten Welt und dem Dialog mit fremden Religionen gehören zum Redaktionsprogramm des »Kirchenboten«, der damit jüngere und ältere Leser informieren möchte. Gezielt spricht er die Jugend mit den Doppelseiten »auf ein Wort« und die mittlere und ältere Generation mit den Doppelseiten »die Familie« an.

In Kooperation mit den Gebietskirchenblättern von Baden und Hessen und Nassau werden auf den Mittelseiten Bild-Text-Berichte aus dem südwestdeutschen Raum und darüber hinaus gebracht.

Der »Evangelische Presseverband in der Pfalz e. V.«
wie der »Evangelische Kirchenbote«
haben die gleiche Anschrift:
Beethovenstraße 4 in 6720 Speyer.

EVANGELISCHER PRESSEVERLAG PFALZ GMBH SPEYER

Der Presseverlag ist eine Einrichtung der Landeskirche und des Evangelischen Presseverbandes e. V. Als Dienstleistungsbetrieb ist seine Aufgabe Herstellung und Vertrieb von Printmedien (Zeitschriften, Broschüren, Bücher, Prospekte) im Rahmen und im Bereich unserer Kirche. Er betreut:

---

für die Landeskirche
- Zeitschrift „Informationen"
- Buchpublikationen (u. a. „Schaller: Darum liebe ich meine Kirche"; „Handbuch für Presbyter"; „Kirche zwischen Rhein und Saar")
- Das evangelische Kirchengesangbuch
  Ausgabe für die Kirchengemeinden und Geschenkausgaben

---

für Kirchengemeinden, Werke und Einrichtungen
- Buchpublikationen (u. a. „Erpolzheim – Festgabe zur Orgelweihe"; „200 Jahre Rockenhausen"; „Die evang. Kirche Höheinöd und ihre Fenster")
- Broschüren (u. a. „Gustav-Adolf-Werk: Evang. Kirche der Böhmischen Brüder"; „Jahresbericht des Diakoniewerks Zoar"; „10 Jahre Ökumenische Sozialstation Landau")
- Prospekte (u. a. „Trifelsgymnasium Annweiler"; „Darstellung des VCP")
- Zeitschriften (u. a. „Deutsches Pfarrerblatt-Anzeigenabteilung"; „VCP-Landeszeitung")

Fachkundiger Partner
bei Planung und Herstellung
Ihrer Publikationen

Anschrift:
Beethovenstr. 4, 6720 Speyer
Tel. (0 62 32) 2 49 26